全国高职院校专业教学创新系列教材

机车行车安全心理学（第2版）

JICHE XINGCHE ANQUAN XINLIXUE

主　审◎李益民
主　编◎薛振洲　邵静云　韩宾凯
副主编◎周文博　王永卿　李　晴

西南交通大学出版社
·成　都·

内容简介

本书按照项目模块，系统地介绍了有关心理过程、个性心理、机车乘务员心理、机车乘务群体心理和机车领导心理的基本理论；分析了心理学的基本理论与行车安全行为的关系；结合机车乘务员的工作性质和特点，分析了机车乘务作业行为不安全的原因，用心理学理论知识阐述了如何加强行车安全管理；通过事故案例，分析了机车乘务心理过程，介绍了铁路行车安全教育和心理健康的相关内容，提出了安全教育方法、心理疾病预防的方法以及培养职工安全心理品质的方法；介绍了心理测试的知识和方法。

图书在版编目（CIP）数据

机车行车安全心理学 / 薛振洲，邵静云，韩宾凯主编. -- 2版. -- 成都 : 西南交通大学出版社，2024. 8.（全国高职院校专业教学创新系列教材）. -- ISBN 978-7-5643-9996-2

Ⅰ. U298.1-05

中国国家版本馆 CIP 数据核字第 2024SG9747 号

全国高职院校专业教学创新系列教材

Jiche Xingche Anquan Xinlixue（Di-er Ban）

机车行车安全心理学（第 2 版）

策划编辑 / 李　伟

主　编 / 薛振洲　邵静云　韩宾凯

责任编辑 / 孟　媛

封面设计 / 墨创文化

西南交通大学出版社出版发行

（四川省成都市金牛区二环路北一段 111 号西南交通大学创新大厦 21 楼　610031）

营销部电话：028-87600564　028-87600533

网址：http://www.xnjdcbs.com

印刷：四川煤田地质制图印务有限责任公司

成品尺寸　185 mm × 260 mm

印张　11.75　　字数　280 千

版次　2018 年 2 月第 1 版　　2024 年 8 月第 2 版　　印次　2024 年 8 月第 6 次

书号　ISBN 978-7-5643-9996-2

定价　39.00 元

课件咨询电话：028-81435775

前　言

本教材以思想性、科学性、先进性、启发性、实用性为原则，适用于全日制高职高专铁路机车专业三年制的学生。全书从机车专业学生就业岗位的实际出发安排框架体系，以培养在不同层次的铁路（地铁）系统从事乘务作业的工作人员为目标，体现机车专业教学中的工学结合导向，保证教学内容的“必需、够用”。本教材力求突出专业特点。机车专业学生的就业去向一般为各大铁路局、地铁公司及铁路机车生产企业等，因此，本书在框架体系上将“三基一案例”内容，即基本理论、基本知识、基本技能、事故案例，作为编写重点，希望读者能掌握行车安全心理基本内容和技巧。本书融入大量事故案例，具有可读性强和操作性强的特点；同时结合新型机车的发展，体现了机车发展的前沿性特点和机车乘务人员的适应性。本书除可作为高等职业技术教育教材外，亦可作为铁路局（地铁）现场行车管理干部培训或业务进修用书，此外，也可作为相关研究者的参考书。

全书按照项目教学，主要内容有绪论、职业个性心理、机车乘务作业与行车安全、机车乘务群体与行车安全、机车乘务领导与行车安全、行车应急处置、行车安全事故案例分析、行车安全与心理教育、行车安全心理测试。系统地介绍了有关心理过程、个性心理、机车乘务员心理、机车乘务群体心理和机车领导心理的基本理论；分析了心理学的基本理论与行车安全行为的关系；结合机车乘务员的工作性质和特点，分析了机车乘务作业行为不安全的原因，用心理学理论知识阐述了如何加强行车安全管理；通过事故案例，分析了机车乘务心理过程，介绍了铁路行车安全教育和心理健康的相关内容，提出了安全教育方法、心理疾病预防的方法以及培养职工安全心理品质的方法；介绍了心理测试的知识和方法。

参加本书编写的人员有：西安铁路职业技术学院薛振洲（负责编写项目三、项目五），西安铁路职业技术学院邵静云（负责编写项目一、项目二），中国铁路西安铁路局集团有限公司西安机务段韩宾凯（负责编写项目六），西安铁路职业技术学院周文博（负责编写项目四、项目八），西安市轨道交通集团有限公司运营分公司王永卿（负责编写项目七），西安铁路职业技术学院李晴（负责编写项目九）。其中，薛振洲、邵静云、韩宾凯担任主编，周文博、王永卿、李晴担任副主编。西安铁路职业技术学院李益民教授担任主审，对本书进行了仔细审阅，为本书的成稿做了大量的工作。

本书在编写过程中参考了大量的文献资料，得到了中国铁路西安铁路局集团有限公司有关部门和站段的大力支持和帮助，在此致以深深的谢意。尽管编者进行了深入广泛的调研，查阅了许多文献资料，倾注了大量心血，但由于水平有限、时间仓促，书中难免存在疏漏和不当之处，欢迎各位专家、学者和读者提出宝贵意见，在此一并表示感谢！

编　者

2024 年 03 月

目　录

项目一　绪　论

任务一　行车安全概述

【本项目要点】

主要讲解了行车安全背景与现状、对策及重要意义，介绍了心理学的定义、分类及研究成果，说明了心理过程和个性心理与行车安全之间的关系。

一、背　景

自世界上第一条铁路在英国通车后，1830 年 9 月在瑞因罕尔发生“火箭”号机车撞死一人的事故。这是世界上第一起铁路运输行车事故。其后在 150 多年的世界铁路行车史上，伤亡最严重的事故是：1917 年 12 月，法国东南部发生军用列车脱轨，造成 543 人死亡。此外，西班牙、意大利、日本、印度、中国等国也发生过伤亡数百人的事故。铁路运输虽然有利于国民经济的发展，但是，疏忽造成的铁路事故，也会给国民经济和人民生命财产造成重大的损失。因此，保证铁路安全运行，一直是铁路运输的最高目标。

铁路运输的安全状况反映出铁路的管理水平、设备质量、人力资源的素质和社会秩序的状况，是铁路运输质量的重要表现，在铁路运输生产过程中，保证旅客的生命财产安全，保证货物的完整无缺，是铁路运输服务的重要目标。

我国铁路部门贯彻安全第一方针，制订了完善的规章制度，开展标准化活动，严格作业纪律，加强设备检修，不断采用新装备、新技术，以保证运输安全。同时，还制订了控制及考核运输安全的有关事故规则，其中行车事故主要有冲突、脱轨等 52 项，按损失程度分为重大、大、险性、一般等 4 类行车事故；旅客伤亡事故分为死亡、重伤、轻伤 3 类；行李包裹事故主要是丢失、破损等 7 项，按损失大小分为重大、大、一般 3 类；货物运输事故主要有火灾、被盗、丢失等 9 项，按损失程度分为重大、大、一般 3 类。中国铁路总公司、各铁路局还分别设置安全监察机构，对铁路运输安全工作进行监督检查。为了加强铁路运输安全管理，保障铁路运输安全和畅通，保护人身安全、财产安全及其他合法权益，我国出台了《中华人民共和国铁路法》和《铁路运输安全保护条例》。

改革开放以来的 40 多年，在市场经济体制下，各种服务都可以是商品，铁路行车就是一种商品。随着科学技术的发展，近 50 年来，铁路运输状况有了很大的改善，高铁的出现大大缩短了城市之间的距离，使列车朝发夕至不再遥不可及。但是，2011 年 7 月 23 日，甬温线浙江省温州市境内，由北京南站开往福州站的 D301 次列车与杭州站开往福州南站的 D3115 次列车发生动车组列车追尾事故，造成 40 人死亡、172 人受伤，中断行车 32 小时，直接经济损失近两千万元，为铁路行车的安全问题敲响了警钟。铁路行车安全是铁路运输最重要，也是最核心的部分，因为所有旅客的运输安全、行李包裹的运输安全都取决于行车安全。

二、铁路行车安全的重要性

当前，我国铁路正处在建设发展的黄金机遇期，大规模铁路建设有序高效地推进，技术装备水平快速提升，运输经营成效显著，实施"走出去"战略形势喜人，内部和谐稳定的环境进一步形成。但我们必须清醒地认识到，我国铁路加快发展的新形势也使运输安全工作面临新的挑战和考验，铁路行车安全进入了关键时期，集中表现在：一是我国高速铁路发展很快，高速铁路网规模迅速扩大，高铁安全管理给我们提出了一系列新的课题，确保高铁安全的任务极为艰巨；二是铁路建设正处于历史最高峰，新线施工十分密集，既有线路施工任务也很繁重，确保施工安全的压力明显加大；三是在路网规模快速扩充、新技术装备广泛运用的情况下，生产和劳动组织正在发生深刻变革，职工队伍结构调整和素质提升的任务相当紧迫；四是铁路治安环境更加复杂，气候环境发生变化，灾害天气增加，对铁路行车安全尤其是高铁运行安全带来影响。面对当前铁路行车安全的新形势，我们必须以高度的政治责任感和强烈的忧患意识对待安全工作，深入研究新情况，抓住新矛盾，探索新思路，制订新对策，解决新问题，不断提升铁路安全工作水平，确保铁路行车安全持续稳定。铁路行车的安全，不仅与铁路的声誉和市场竞争力密切相关，而且直接与社会、人民的生命财产安全息息相关。

三、我国铁路行车安全的现状

铁路行车系统参与部门和人员众多，分布范围广，作业时间长，因此行车安全受到的影响因素较多，概括来说可分为人员、机械设备、环境和管理四大类。

1. 人员对行车安全的影响

铁路运输过程中，机械设备、环境、管理等都需要人员参与和执行，因此人员因素对铁路行车安全的影响极为重要。当人员中不安全行为增多时，行车安全就会受到威胁，安全事故发生率必然提高。人员对行车安全的影响主要分为系统内部人员和外部人员，内部人员主要由基层作业人员、管理人员、指挥人员组成，各部分人员的思想素质、技术业务素质、生理素质、心理素质等综合素质的高低都会对行车安全产生直接影响；外部人员主要包括旅客、货主、铁路沿线居民、机动车驾驶人员等，该部分人员的安全常识和安全态度会对铁路行车安全造成影响。

2. 机械设备对行车安全的影响

铁路行车设备一旦出现故障或者存在故障隐患，就会对行车的安全性产生不利影响。

铁路机械设备的安全性主要表现在两方面，一是运输设备设计的安全性，二是运输设备使用的安全性。设计安全性是指设备本身的可靠性和可操作性。根据设备寿命周期内的故障规律可知，设备在使用早期故障率较低，运行一段时间后，由于磨损和老化等原因，故障率开始提高。根据此规律，设备管理部门可对其进行定期检修，确保设备的可靠性。使用安全性主要指设备的后期维修保养和运行时间管理等，保养维修及时，设备可靠性就高，反之若长期处于带故障作业状态，很容易累积问题从而引发大的安全事故。

3. 环境对行车安全的影响

铁路行车安全主要受内部环境和外部环境的影响。内部环境主要是指车务作业环境、机务作业环境、工务作业环境、电务作业环境、系统内部的经济环境、文化环境等；外部环境主要包括自然环境和社会环境，前者主要包括自然灾害、季节因素、气候因素、地质因素、水文因素等，后者则主要包括对外宣传、社会治安等内容。

4. 管理对行车安全的影响

安全管理是铁路内部为降低或消除安全事故，对运输中的人、物、财、信息等要素进行统一指挥和调度的过程。铁路行车安全管理主要是通过构建安全管理组织，对安全方针、目标及管理制度进行确定，利用信息系统发出指令，搜集不同部门的执行信息，在企业经济条件允许的情况下，将先进的安全技术及安全管理理念进行推广，确保铁路运输过程中行车安全得到有效保障。

四、确保安全行车的措施

我国铁路部门对于铁路安全运行越来越关注，并且在铁路安全管理中引入了风险理论。广大铁路领导干部和铁路工作人员需要对风险理论有所了解，能够对风险进行有效的识别，将不良事故发生的概率根除或者控制在最小范围内。

1. 建立安全预警模型

安全预警模型一是要根据安全风险的等级和权重等建立，要分析各种影响安全生产的因素，并根据作业组织方式、作业量和作业特点等实际情况设置不同参数，用于计算安全风险的数值。二是确定风险等级。通过分析风险因素，根据计算结果，发出对应的不同等级的预警。三是制订响应机制。要根据预警的等级，制订出应对各级预警的措施。

2. 行车人员安全保障

行车人员包括车务、机务、工务、电务、车辆等各部门的专业技术人员。气候、环境、注意力、反应速度、心理素质、思想情绪等均会影响行车安全。为保障行车安全，行车人员应保证以下几点：

（1）行车人员应以精力充沛、注意力集中的年轻群体为主，考虑身体的适应性和工作经验，年龄应以 28 ~ 40 岁的专业技术人员为主。

（2）采取合理班制，采取“三班作业、一班轮休”的作业方式，相关人员连续作业时间以不超过 7 小时为宜。

（3）做好行车人员的劳动保护工作，配备符合行车工作要求的劳动保护用品，配备防护用具及药品等。

（4）把好行车关键岗位人员准入标准，定期开展业务、应急处置培训，提高从业人员的业务素质及应急处置能力。

3. 加强安全管理

铁路运输企业在提升职工综合素质的同时，还要加强行车过程中的安全管理。首先，对安全管理制度进行改进和完善，明确原制度条例中的模糊内容，使其更具指导作用。其次，加强对设备的使用管理和维修管理，对相关人员的责任进行明确划分，确保出现安全问题时，可找到相关负责人。最后，提高全员的管理能力，调动职工参与安全管理的积极性，保证铁路行车的安全。

4. 加强意外事故的检查和排除能力

铁路运输跨地区较广，沿线治安情况复杂，尤其是关塞门、提车钩、摆路障、拆盗设备、列车运行中货物盗窃等问题的存在，严重威胁了铁路运输的行车安全。铁路部门应联合各地区的治安部门，加强对各路段地区的治安管理，严厉打击各类危害铁路行车安全的犯罪活动，将各类意外事故消除在萌芽状态，为铁路的安全运输提供良好的治安环境。

5. 行车环境安全保障

铁路采取多项措施保证行车安全。首先，实行无人网络监控与地方护路队联合共管的模式，根据“预防为主、教育疏导、防止激化”的原则，重点对铁路周边大畜牧饲养户、流动人口进行排查和宣传，尽量将危害铁路安全的各种隐患和问题消除在萌芽状态。其次，加强铁路沿线居民的爱路、护路宣传，重点防护牛、羊进入铁路线路安全保护区，严禁任何单位和个人在铁路防护栅栏或铁路防护网开口；严禁攀爬铁路栅栏。最后，严禁在铁路防护网上挂靠物品和拴牲畜，严禁破坏、拆卸、移动铁路运输设施设备和铁路防护设施。

6. 运输安全应急救援

（1）建立铁路安全应急救援信息网络，逐步实现自动收集和集成安全事故监测信息。在救援过程中，根据造成的损失和影响程度，启动相应级别的事故救援应急响应。事故救援中注意预防和消除次生、衍生灾害，同时及时、准确向公众公布事故救援进展及相关信息，根据法律法规对事故进行善后处理。

（2）建立挖掘机、装载机、抢险车、救援列车、发电机、救生设备等各类应急资源数据库，形成应急培训管理机制和应急演练长效机制。当发生设施设备故障时，迅速组织抢修，减少对运输生产安全的影响，尽快恢复铁路运输正常秩序。

（3）从人力资源保障、资金保障、通信保障、医疗保障、治安保障、民族宗教保障六个方面制订完善的旅客紧急事件处理对策。当旅客运输过程中发生各类非正常情况时，核心任务是确保广大人民群众生命安全，及时对旅客实施救援。旅客列车在组织自救的基础上，以兵站作为应急旅客临时安置基地，专业救援人员 24 小时值守，调集救援列车、旅客救援大客车及时转移旅客，重点对受伤旅客及时救治。

7. 规范摄像手电视频分析管理

对各类作业视频分析进行调研，完善视频的检查分析办法；数据分析人员要严格按照视频分析要求，对作业视频按规定检查，对存在的问题及时通报，并加大考核力度，督促职工按标作业，落实岗位安全职责。各级管理人员加强对摄像手电视频的抽查，切实发现现场作业存在的问题，及时制订有效措施，防止出现人身安全事故。

8. 应用铁路行车安全综合监控系统

铁路行车安全关系到我国的综合建设，行车安全综合监控系统涵盖的内容比较广泛，能够全面地监控到铁路行车过程中出现的安全隐患。针对不同的安全隐患，需要行车安全综合监控系统按照统一规划进行整体设计，分类、分步建设。

铁路行车安全综合监控系统需要在建设整体性构架和综合监控平台的基础上，根据程序的要求，进行分步建设，逐渐做好每个系统中的业务管理和预警工作。实现信息统一处理，再经数据库统一分配给总系统。在铁路行车过程中遇到自然灾害、安防和桥隧等比较分散的因素时，可以将其直接存储在综合监控系统中，通过统一的平台进行检测和管理，充分利用系统应用和监控，实现整个监控系统相互连接、科学化的管理，将数据信息进行交换，避免每一次行车出现问题，最终实现将行车安全有关的数据进行集合处理，形成一个综合性的行车安全管理系统。

五、确保我国铁路行车安全意义重大

铁路行车的根本任务是把旅客和货物及时安全地运送到目的地，物流和人流的主要运输工具是铁路，其中在人流方面更为明显，比例高达 70%以上，不难看出铁路行车在我国交通运输领域的重要地位。就目前的形势来说，铁路行车行业正处于高速发展时期，在规模和数量上有明显的增长趋势，因此，确保铁路行车的安全就显得极为迫切。

铁道部门为了迎合市场的发展，提高自身的竞争力，必须革新思维，转变观念，提升对安全运输的重视程度，创新技术，利用新工艺，不断提升铁路行车的安全系数，力争铁路安全无事故。只有这样才能最大限度地促进我国社会经济的发展，提升自身的核心竞争力。

在确保安全的前提下，我国铁路行业已经实现了 6 次大提速，每一次提速的背后都伴随着新技术、新理念、新的安全思维。高速度、大运量的铁路运行，给铁路行车安全工作带来了不少难题，增加了不小的压力，因此，无论是过去还是现在，确保铁路行车安全仍然是运输生产的永恒主题，更是铁路行车的生命线。

时间已经证明，铁路行车安全工作的影响极为广泛和深远，不仅会影响到铁路企业本身的经济效益和生产效率，还会给我国社会经济的发展带来直接的影响。

一般来说，铁路行车安全是整个运输设备完好无损、运输生产系统正常运行的综合表现。铁路行车生产独特的性质、作用和特点，决定了铁路行车必须把安全生产摆在各项工作的首要位置。其中，实现铁路行车安全的有力工具就是安全管理，这是保障安全和直接控制安全的重要手段。如果安全形势不稳，安全事故频发，势必会扰乱正常的铁路行车秩序，铁路行车管理也会失衡，最终导致铁路工作处于被动状态，长此下去，铁路发展就会大大受挫。因此，确保铁路行车安全，营造良好的安全运输环境，是保证铁路发展顺利进行和铁路改革的重要举措。

任务二　心理学概述

一、心理学的定义

心理学（英文名称 Psychology，由希腊文 PSYCHE 与 LOGOS 两字演变而成）的正式定义是关于个体行为及精神过程的科学研究。

心理学的科学性要求心理学结论建立在依据科学方法、原则收集到的证据的基础上，而行为是有机体适应环境的方式，心理学分析的对象往往是一个个体，一个人或动物。心理学既研究动物的心理，又研究人的心理，主要以人的心理现象为研究对象。研究动物心理主要是为了深层次地了解、预测人的心理的发生和发展规律。因此，心理学是研究心理现象和心理规律的一门科学。

心理现象人皆有之，它是宇宙中最复杂的现象之一，从古至今为人们所关注，科学家们对它进行了不懈的探索。在人的心理活动中，意识是心理发展的最高层次，只有人才有意识。但是，心理的本质是什么，意识的本质又是什么；心理现象是怎么发生的，它又是在什么条件下得以发展和完善，最后达到意识的水平；心理活动遵循什么样的规律，掌握这些规律后怎样为人类的实践活动服务，所有这些问题都是心理学研究所要解决的。因此，心理学是研究心理现象发生、发展和活动规律的科学。

心理学有工程心理学、环境心理学、体育运动心理学、司法心理学、航空航天心理学、文艺心理学以及心理测验学等分支。

基础心理学或普通心理学的任务，则是把上述研究成果集中起来加以概括，总结出人的心理活动最一般的规律。因为正常成人已经发展成熟，在他们身上能够表现出心理活动最一般的规律，所以，基础心理学是以正常成人的心理现象为研究对象，是总结心理活动最普遍、最一般规律的基础学科。基础心理学所总结出来的规律，对心理学各个分支的研究具有一定的指导意义。

二、心理学学科研究

1. 从研究时间的延续性上划分

（1）纵向研究。

纵向研究，也叫追踪研究，它是在比较长的时间内，对人的心理发展进行系统、定期的研究。美国心理学家贝雷（N. Bayley）以 61 个初生婴儿为对象，以智力发展为研究主题，从 1929 年开始进行了长达 36 年的追踪观察研究，取得了许多人类智力发展方面的重要成果，即著名的柏克成长研究（Berkeley Growth Study），可谓历时最长的纵向研究之一。

纵向研究要在规定的时期内对同样对象的心理活动及其特点进行反复测查，因而能详尽地了解其发展、变化过程，具有连续性。但周期较长，易受社会环境的变动影响，被试样本也易减少，且测量的数据也易因反复测量而影响被试情绪，导致准确性下降。

（2）横向研究。

横向研究，也叫横断研究，它是在同一时间内对不同年龄组被试的心理发展进行测查并加以比较的研究。例如，要了解 10～16 岁儿童记忆发展的特点，可以同时对 10 岁、12 岁、14 岁、16 岁四个年龄组个体进行测试，比较研究。这种研究类型省时间，但比较粗糙，不够系统，不能全面反映问题。

（3）纵横研究。

纵横研究，也有人称之为“动态”研究，它是将横向研究和纵向研究灵活地结合起来的一种研究。

2. 从研究对象的选取上划分

（1）个案研究。

个案研究，是对一个或少数几个被试进行的研究，这种研究往往采取纵向的追踪方式，如我国早期心理学家陈鹤琴对自己的孩子出生后 808 天的心理发展进行追踪研究。有些个案研究并不采用追踪方式，如著名心理学家皮亚杰的实验研究。个案研究能对被试进行详细、深入、全面的考察，但被试太少，影响研究的代表性和典型性。

（2）成组研究。

成组研究，是对一批被试进行研究。从统计学的角度看，一般以 30 名被试为下限。该研究取样较多，可以做统计处理，科学性较强，代表性也较好，只是不便于个别深入研究。

（3）个案—成组研究。

个案—成组研究是将上述两种研究类型结合起来的研究。

三、心理学研究方法

心理学研究方法是研究心理学问题所采用的各种具体途径和手段，包括仪器和工具的利用。心理学的研究方法很多，例如观察法、实验法、调查法、测验法、个案法等。

（1）观察法。

观察法是研究者有目的、有计划地在自然条件下，通过感官或借助于一定的科学仪器，对社会生活中人们行为的各种资料进行收集的方法。

（2）实验法。

实验法指在控制条件下操纵某种变量，考查它对其他变量所造成影响的研究方法。实验法是有目的地控制一定的条件或创设一定的情境，以引起被试的某些心理活动从而进行研究的一种方法。

（3）调查法。

调查法是指通过书面或口头回答问题的方式，了解被试的心理活动的方法。

调查法的主要特点是以问题的方式要求被调查者针对问题进行陈述。根据研究的需要，可以向被调查者本人做调查，也可以向熟悉被调查者的人做调查。调查法可以分为书面调查和口头调查两种。

（4）测验法。

测验法即心理测验法，就是采用标准化的心理测验量表或精密的测验仪器，测量被试有关的心理品质的研究方法。例如，常用的心理测验有能力测验、品格测验、智力测验、个体测验、团体测验等。在管理心理学的研究中，心理测验常常被作为人员考核、员工选拔、人事安置的一种工具。

（5）个案法。

个案法就是对某一个体或群体组织在较长时间内，连续进行调查、了解，收集全面的资料，从而研究其心理发展变化全过程的方法。

除了上述常用的几种外，心理学研究方法还有内省法（自我观察）、思维法、临床法、模拟法、日记法等。

四、心理学研究任务

1. 描述心理事实

从科学心理学的角度对各种心理现象进行界定，以建立和发展心理学中有关心理现象的完整的、科学的概念体系。这涉及大至对整个心理现象、小至对某一具体心理现象的概念内涵和外延的确定。

2. 揭示心理规律

科学的心理学不能只限于描述心理事实，而应从现象的描述过渡到现象的说明，即揭示某些现象所遵循的规律。

一方面，研究各种心理现象的发生、发展、相互联系，以及表现出的特性和作用等。另一方面，研究心理现象所赖以发生和表现的机制，它包括心理机制和生理机制两个层面上的研究。前者研究心理现象所涉及的心理结构组成成分间相互关系的变化，后者研究心理现象背后所涉及的生理或生化成分的相互关系和变化。

3. 指导实践应用

指导人们在实践中了解、预测、控制和调节人的心理。例如，可以根据智力、性格、气质、兴趣、态度等各种心理现象所表现的情况，研制各种测试量表，借以了解人们的心理发展水平和特点，为因材施教和人职匹配提供依据。

五、心理学研究原则

1. 客观性

客观性指在心理学研究中必须尊重客观事实。我们在观察和设计实验、收集各种数据材料、分析整理数据和得出结论的过程中，必须坚持客观性原则，不能主观臆测，不能暗示，不能虚构。

2. 发展性

心理现象始终处于发展变化之中，我们必须遵循发展性的原则，不仅要看当前的心理活动特点，还要看心理发展变化的方向，绝对不能把心理看成是固定不变的。即使是比较稳定的心理特征，也可能因各种因素长期影响而发生变化。

3. 实践性

人的心理是在社会实践中发生、发展的。心理学研究，不仅需要在实验室中进行，而且需要在各种实践中进行。既要进行理论研究，也要注重应用研究。

4. 系统性

在对人的心理现象进行研究时，必须考虑各种内外因素相互之间的关系和制约作用，应该把某一心理现象放在多层次、多因素和多维度的系统中进行分析。

5. 伦理性

对心理现象和过程的研究应当符合社会和生命伦理的要求。心理学是关于人的科学，因此，任何心理学研究都不得为了获取研究资料，对被试施加影响其身心健康发展的不利影响，也不得在未经被试允许的情况下，把被试的任何档案资料公布或供其他人使用。

六、心理学的研究目的

（1）认识内外世界。
（2）调整和控制行为。
（3）直接应用在实际工作上。

七、心理学学科性质

从心理现象的发生主体上看，人是自然属性和社会属性的统一；从心理现象产生的器官上看，人脑固有的自然属性是在人的社会生活方式的影响下变化和发展的，其技能也是自然与社会的统一；从心理现象的内容上看，人所反映的客观现实是社会存在和自然现实的统一；从心理现象的形式上看，人的心理是社会的产物，也是自然的产物，“心理是脑对客观现实的反映”这一科学命题本身就蕴含了自然和社会的统一。

任务三　行车安全心理

法国电力公司在 2000 年提出的安全分析最终研究报告中指出，在 70%～80%的事故中，人的因素起着决定性的作用。某铁路局车务段 1990 至 1999 年十年间所发生的事故和严重违章违纪案件，在记录的 51 起案例中，全都是人为因素引起的。可见绝大多数事故的发生均与人的不安全行为有关。然而，由于受生理和心理状态的影响，人的行为状态和技能的发挥会有较大的起伏，仅靠严格的作业过程管理、严格的干部绩效考核、严格的事故责任追究制度，即便所有人员均达到培训要求，也不能有效解决行车安全问题，事故和严重违章违纪案件的当事人并不是不知道严格的规章制度，铁路人身伤亡的受害者也不是不知道人身安全的规定，可见这里面涉及一个铁路日常管理中很重要但往往被忽视的问题——铁路行车安全心理。

一、影响心理状况的因素分析

1. 铁路改革对职工心理的影响

目前，我国铁路系统正在进行体制改革，随着运输管理体制、运输组织方式、利益格局等多方面的深刻变化，不可避免地遇到许多新情况、新问题。站段的合并、人员的流动和职工的下岗是难以避免的，一部分职工将被迫在眼前或暂时的利益上做出某种牺牲，然而一些职工却不能理解这是新设备、新技术更新和信息化社会的大势所趋，心态极不平衡。大部分职工对铁路改革的期望值很高，但又缺乏信心，部分员工面对合并重组及裁员普遍有危机感，有的心理压力还很大，担心自己被挤或裁下来。对于那些家中供养人口多、配偶无工作、家人身体状况不好的职工来讲，待岗、分流或下岗都无疑是当头一棒。有的职工视分流或被送铁路局劳动力调剂中心为领导跟他过不去，从而产生过激、抵触、报复、紧张、烦躁、消沉等不良心理。随着干部制度改革，竞争上岗已成为优化干部队伍的必然途径，优胜劣汰的趋势势不可挡，少数干部面对“干部能上能下、能进能出”心理上很不适应，面子观念重，自尊心上承受不住，从而产生羞愤、紧张、焦虑、烦躁等不良心理。

2. 企业文化对职工心理的影响

企业文化在铁路建设中具有重要意义，但是目前铁路大部分站段还不太重视企业文化的建设，还没有充分认识到企业文化的意义，或者认识到了，但不懂如何去实践人文管理、企业精神的培养、企业形象的塑造等重要工程，使得铁路内部文化建设还比较落后或不成熟，也给职工心理带来了一些消极影响。

有的铁路站段不进行科学的制度建设，管理粗糙、过分集权、官僚成风、裙带关系严重，窒息了职工的积极性和创造性，使职工心理不平衡甚至出现抵触情绪，职工与领导之间、职工与职工之间缺乏凝聚力，人际关系紧张。有的站段内部环境较差，文化体育娱乐设施简陋，几乎不开展集体性的文化娱乐活动，职工容易产生“不受重视，得不到关心”的心理，职工的积极性、创造性不能充分发挥。职工对企业没有产生亲切感、归属感和自豪感。下班后没有良好的休闲场所和方式，职工们就会靠搓麻将、泡歌舞厅来打发时间和调节情绪。有的站段只抓生产，忽视企业精神文化建设，忽视对职工进行主人翁意识、理想信念、价值观念、道德规范的教育，忽视职工的思想感情，工作中没有一点人情味，只管上下班严格考勤，新的规章制度下来只管职工背熟掌握，出了问题严厉批评和处罚，很少做细致的思想政治工作和教育工作，忽视职工的感情、思想，要的是职工尽主人翁的义务，而不让职工享受主人翁权利，把职工当“没有感觉的机器人”，严重伤害了职工的感情和自尊，工作效果也不理想。什么时候我们才能首先把职工当作一个“活生生的、有思想、有感情的人”，让职工得到了尊重和关心，将铁路行车安全工作中的“要我做”变为“我要做”，这是一个值得每一个站段管理者思考的问题。

有的站段出了事故或严重违章案件后，不是分析造成事故或严重违章职工的思想深层原因，而是简单地总结职工违反了《铁路技术管理规程》《铁路行车组织规则》中的哪一条，然后进行严格处罚，在职工心理上形成了违章作业只要不被发现就行的意识，既打击了那些一贯责任感强的职工的积极性，又大大加强了违章者的侥幸心理，造成职工思想混乱，使职工的思想价值取向误入歧途。目前我国铁路不少站段的职工只知道拿工资、奖金，觉得满足日常生活需要即可，职工的工作动力不足，自然就难以激发更高的工作热情，也不利于形成一种奋发向上的企业风气，相反还会导致一些不良行为，出现这种状况与没有培育高尚的企业精神和塑造良好的企业形象有密切关系。要确保铁路安全运输生产，必须要注重铁路企业文化建设，努力创造良好的企业环境，培育铁路的企业精神。

二、影响铁路行车安全的心理因素分析

1. 感觉、知觉、记忆、思维与行车安全

感觉是人通过感觉器官对客观事物的个别属性产生的反应。知觉是客观事物的各种表面现象和诸多属性通过人的各种感官在大脑中的综合反应。感觉和知觉二者密不可分，通常将这两种心理现象称为感知或感知觉。在铁路这个庞然大物面前，感知觉具有它独特的地位。信号的识别、轴温的掌握、气味的分辨、旅客表情的判断等方面，都要依靠我们的感知觉。可以说，铁路职工没有正常的感知觉，就没有铁路运输的安全。

在运输生产过程中，有些事故是由于人的感知觉发生错误而造成的。比如调车员在光线不好的条件下执行调车作业，发生事故的概率就很大。引起错觉的原因很复杂，既有心理因素，也有生理因素。其中，视觉错误对行车安全的影响较大，错觉会引起错误的判断，导致行动上的失误，给行车安全带来隐患，如误认信号、误听或误传命令等。为了避免视觉错误，在接发列车、调车作业中我们必须强调有关作业人员间的“复诵”“互控”“双确认”等制度。知觉具有选择性，面对纷繁多样的客观事物，人的感官能根据需要选择其中特征明显的刺激进行反应。因此，在站段重要作业室设置控制台设备时，要注意设备与房间背景的协调和差别，力求简洁；揭示牌要鲜艳醒目，颜色模糊时必须及时处理；占线板要有足够的、

易确认的、合适的尺寸，占线板上字迹工整清晰，对书写潦草的必须整顿；安全提醒标语必须设置在职工必经之地，宣传用语力求引起职工共鸣。

实践证明，人的感知觉能在实践活动中得到提高和发展，长期使用某种感觉器官进行有目的的训练，可以促进相应器官感知觉的发展。铁路行车工种强调熟练操作，只有加强基本功训练，做到“一口清”“一手精”，才能确保行车安全。感觉器官的功能对人的机体状况也具有很大的依赖性，如果人体机能发生了变故，必然影响感觉器官正常工作，身体疲劳如此，生病不适应也会如此。一个重感冒患者，若泪眼模糊，会影响视觉。可见，健康的体魄是铁路职工做好安全运输生产的重要保证，有病应该及时治疗，带病工作固然精神可嘉，可从安全心理学的角度看，从保证铁路安全生产的目标出发，不值得提倡。

记忆是人脑对所经历过的人和事的识记、保持和重现。思维是大脑在感知和记忆的基础上，对客观信息进行分析、综合、判断和推理的心理过程。在车站行车工作中，经常出现行车指挥人员忘记将计划变更内容及时准确地通知作业人员，或忘记传达作业注意事项，或忘记道岔恢复定位等。可见，记忆和思维是铁路员工重要的心理要素，没有较好的记忆能力，就不能很好地按章办事，执行计划。没有较强的思维能力，就难以面对错综复杂和瞬息万变的多种情况，从而做出正确判断并进行妥善的处理。所以，铁路站段有必要针对重要岗位职工的记忆和思维能力进行测试，将那些记忆和思维较差的职工从核心岗位上调整下来，暂时无法调整时，应提醒相关人员加强互控、他控工作。

2. 注意与行车安全

注意是一种心理活动状态，按其作用或功能分为三种情况：一是注意集中，即把心理活动重点指向特定对象，对其他无关的心理活动进行抑制，不因无关刺激源的干扰而分散精力；二是注意分配，即在同时进行两种及两种以上活动时，把注意有目的地指向不同对象；三是注意转移，即根据活动需要，主动有秩序地把注意从一个对象转移到另一个对象上。

注意是保证行车安全的基本心理条件。任何一项工作都是由多个作业环节组成的，如果作业人员的注意不集中，或过分集中而不能及时转移，或注意分配不当等，都有可能导致发生行车事故。很多事故发生表现是违章违纪，而实质是因注意力分散忽视了规章制度。因此，站段要有意识地培育职工集中注意力，注意分配的工作环节（如遇到接发列车和调车作业冲突时），教育职工掌握作业顺序，从制度上规范互控措施，防止职工慌乱中忘记一些作业。对职工要多一些人文关怀，留意职工家庭中的变化（如孩子上学遇挫、家庭有成员病故等）。对职工注意力的分散，要教育职工对工作及生活中的琐事保持良好心态。

3. 情绪、情感与行车安全

情绪和情感状态有积极和消极之分，良好的情绪和情感是保证行车安全的充分必要条件，情绪不稳、心境不佳则是发生事故的重要原因。实践证明：情绪和情感良好时，人的心情就会愉快，思维也会敏捷，工作主动性和效率就高。反之，郁闷低沉的情绪容易使注意力不集中，反应迟钝，导致失误。极端恶劣的情绪还能使人忘乎所以，做出令人发指的事情。铁路运输工作最忌带“情绪”上岗上车，铁路运输情况的判断不能有半点的分心和闪失，稳定运输人员的情绪是保证铁路运输安全的一项重要工作。

站段要开展有针对性的思想教育，增强运输人员对各种境遇的适应和承受能力，自觉控制自己的情感与情绪。站段一线干部及工班长要热衷于创造美化身心的生活、工作、学习、语言环境，使职工置身于平等与和谐的氛围中。站段各部门，特别是政工部门要全面落实岗位思想政治工作责任制，要多走访职工家庭，为职工排忧解难，争取家属对安全工作的理解和支持，使职工带着良好的情绪参加工作。

4. 气质、性格与行车安全

良好的气质和性格是从事铁路运输作业人员实现自控的心理保证。经调查分析，不少事故与气质、性格有联系。国外铁路高度重视人在保证运输安全中的特殊作用。俄罗斯、德国、日本等国每年都通过不同形式，对铁路职工进行各类技术培训和心理状态、身体素质的检查。现阶段我国铁路还没有考虑按每个人的气质、性格分配工作，但比较全面地了解气质、性格特征，尽可能按职工的气质、性格安排工作或有的放矢地进行教育培训，对保证铁路运输安全还是十分必要的。对于关系到提速安全的关键岗位，一定要择优挑选，不仅业务素质要达到标准，而且要有良好的政治素质、心理素质和身体素质。

5. 疲劳、侥幸心理与行车安全

（1）疲劳与行车安全。

疲劳是人体力和精力消耗超过正常限度所出现的生理心理机能衰退的现象。侥幸心理是由于人们对安全环境歪曲的认识，产生某种愉快的情绪体验或发生某种不安全的行为倾向。疲劳表现为生理、心理机能下降。生理机能下降表现为肌肉酸痛，身体困乏，头痛头晕，视觉模糊，呼吸急躁，心率加快，血压升高等。心理机能下降表现为注意力分散，感知觉失调，记忆和思维减退，反应迟缓等。

大量实践证明：疲劳是造成铁路行车事故和严重违章最重要的原因之一。疲劳直接影响行车人员（主要是接发列车作业人员）的注意力，容易造成误听、误传车次和股道，忘办、错办闭塞和信号，忘扳、错扳道岔，信号、车速、距离判断不准等后果，一旦各种原因偶合，就很可能造成事故。

铁路运输工作中，客货列车运行速度快、噪声大，露天作业自然环境条件差，职工连续工作时间长，加之安全正点要求高，使生产和管理人员心理压力大，消耗的身心能量多，极易产生疲劳。生理上“不能再干下去”和心理上“不想再干下去”情况的出现，轻则使工作效率降低，重则会因判断失误或操作不当导致事故发生。因此，研究和减轻疲劳，对保证行车安全有重要意义。

在运输生产过程中不可避免地会出现疲劳，我们要尽可能地消除疲劳对行车安全的影响，具体可采取以下措施：

① 上班前必须充分休息，合理安排休班时间。休息是消除疲劳的核心措施。

② 要创造一个良好的劳动环境，保障劳动者身心健康，提高工作效率。

③ 要用良好的企业文化吸引职工，通过开展丰富多彩的文体活动将职工从酒场、牌场吸引回来。

④ 高质量制订作业计划，降低职工的劳动强度，避免疲劳。

⑤ 如果工作时间和劳动条件一时难以改变，则员工疲劳时必须增强自控力，靠意志来克服，并加强他控和互控，同时，可以通过设置监控设备来减少因作业人员疲劳引发的事故。

（2）侥幸心理与行车安全。

侥幸心理主要表现在三个方面：一是在完成较困难或较危险的工作时，对危险因素注意力减弱，或需要分配注意力时没有及时分配；二是偷懒的心理在起作用，主要表现为简化作业过程，在简化反应过程中往往出现愉快的表象，因为完成复杂的规定程序往往要付出更大的努力，因而减弱了对复杂的客观环境的判断力；三是臆测判断，即根据不充分的推测而随意进行的判断。

任何人主观上都不愿意出事故，但有时为了满足其他需要，而表现出不安全动机，产生侥幸心理。因为以前有过此种行为而且获得过成功，所以盲目地认为再这样做应该还能够成功，或以前从来没有发生过这样的事情，所以盲目地认为以后也不会发生。正是这一念之差、心存侥幸，往往造成行车事故或人身伤亡事故。侥幸心理的克服方法如下：

① 侥幸心理往往是自身因懒惰而产生省事、省力的念头，出现违章违纪行为，所以克服侥幸心理的办法就是教育职工按规章办事，自觉地遵章守纪，加强作业中的互控工作，并能经常发现不安全因素，同时自觉抵制不安全的行为。

② 结合各种事故案例不断进行安全教育和定期培训，使广大职工安全意识的能动性得到充分发挥。

③ 树立典型示范，使职工牢固树立“安全生产光荣，违章违纪可耻”的观念。

④ 加大制度和纪律的约束力。

复习思考题

1. 如何认识安全在铁路行车中的重要地位？
2. 确保行车安全的对策有哪些？
3. 行车安全心理学研究的对象主要是什么？
4. 感觉、知觉、记忆、思维与行车安全的关系是什么？
5. 注意与行车安全的关系是什么？
6. 情绪、情感与行车安全的关系是什么？
7. 气质、性格与行车安全的关系是什么？
8. 疲劳、侥幸心理与行车安全的关系是什么？

项目二　职业个性心理

【本项目要点】

主要介绍了个性心理特征、个性心理需要、个性心理动机、气质与性格等基本理论知识，说明了气质和性格与行车安全、能力与行车安全、态度与行车安全的关系。

任务一　个性心理特征

一、个性心理概述

人们在现实环境中，每时每刻都受到社会的、自然的各种因素的影响，同时人们的思想、行为也在不断地影响环境和其他人。由于每个人的生活条件和生活经历不同，人的心理活动就必然具有各自的特点。例如，人的能力有高有低，人的脾气有急有慢，人的性格有襟怀坦荡和阴险狡诈的区别等，这就是人的个性心理。

个性和人格两个概念具有相同的含义，常常通用。在日常生活中，人们用个性的概念时，常常强调的是个体之间的差异，用人格的概念时，又常常突出道德的含义，如说某人的人格很差等。

就定义来说，个性心理是指一个人在日常活动中经常地、稳定地表现出来的各种心理现象的总和，包括个性倾向和个性特征两个方面。个性倾向是关于人的行为活动动力方面的特征，决定着人对认识和活动对象的趋向和选择，是个性结构中最活跃的因素。人在各自的生活中，形成了各自的不同追求，诸如需要、动机、兴趣、理想、信念、世界观等，心理学上把这些统称为个性倾向。个性特征是个人身上经常表现出来的相对稳定的心理特征，集中反映了人的心理活动的独特性。个性特征包括能力、气质和性格。性格是区别一个人最明显的特点，它是个性的核心。个性造就了人具体的、与他人不同的基本心理面貌，决定了人的行为方式。

二、个性心理的特点

1. 独特性

每个人都有不同的遗传素质，这些不同的遗传素质又在不同的环境条件下发育成长起来，因而使人具有独特的心理特点，这就构成了人格的独特性。“人心不同各如其面”，就是形容人格的独特性。

2. 整体性

人格的整体性是指包含在人格中的各种心理特征构成了一个有机的整体，它虽然不能直接观察得到，但表现在行为中，体现了内在一致性，让人的各种行为所表现出来的特征是一个整体，展示出个人独特的精神风貌。

3. 稳定性

由各种心理特征构成的人格结构是比较稳定的，它对人的行为的影响是一贯的，不受时间和地点限制，这就是人格的稳定性。“江山易改，秉性难移”就是说人格具有稳定性。而那些在行为中偶然表现出来的属于一时性的心理特性不能称为人格特征。例如，性格内向的人因为喝了些酒比较兴奋，一时话多了点，并不表明这个人具有活泼好动的性格特点。

4. 功能性

外界环境的刺激是通过人格的中介才起作用的，人格决定着一个人的生活方式，甚至决定着一个人的命运。例如，同样面对挫折，性格坚强的人不会灰心，而怯懦的人可能会一蹶不振。

任务二　个性心理需要

一、需要的定义

需要是对有机体内部不平衡状态的反应，表现为有机体对内外环境条件的欲求。有机体的内部平衡状态经常会被打破，这时有机体就会要求恢复平衡，如渴了就需要喝水，冷了就需要穿衣御寒。

需要都有对象，没有对象的需要是不存在的。需要又是不断发展的，人的需要永远不会停留在一个水平上。当旧的需要得到满足，不平衡消除之后，新的不平衡又会产生，人们又会为满足新的需要去追求新的对象，所以需要是推动有机体活动的动力和源泉。

二、需要的种类

1. 自然需要和社会需要

自然需要是由生理的不平衡引起的需要，它与有机体的生存和种族的延续有着密切的关系，如饮食、休息、求偶等的需要。自然需要又叫生理需要或生物需要，动物和人都有。社会需要是反映社会要求而产生的需要，如求知、交往等的需要。社会需要是人所特有的，是通过学习得来的，所以又叫获得性需要。

2. 物质需要和精神需要

就满足需要的对象而言，可把需要分为物质需要和精神需要。物质需要是对社会物质产品的需要，如对食品的需要、对工作和生活条件的需要等。精神需要是对各种社会精神产品的需要，如对文化科学知识的需要、对美的欣赏的需要等。

三、需要层次理论

美国心理学家马斯洛提出的需要层次理论认为，人的需要分为五个层次，即生理需要、安全需要、社交需要、尊重需要、自我实现需要。生理需要即人对食物、空气、水、性和休息的需要。安全需要是人对生命财产的安全、秩序、稳定，免除恐惧和焦虑的需要。社交需要是人要求与他人建立情感联系，如结交朋友、追求爱情的需要，隶属于某一群体并在群体中享有地位的需求。尊重需要包括自尊和受到别人尊重的需要，这种需要得到满足会使人体验到自己的力量和价值，增强人的信心，这种需要得不到满足会使人产生自卑和失去信心。自我实现需要是指人希望最大限度地发挥自己的潜能，不断完善自己，实现自己理想的需要。自我实现需要是人类最高层次的需要，但每个人达到自我实现的途径和方式各不相同（见图 2-1）。

图 2-1　需要层次理论

马斯洛认为，无论从进化的角度还是从个体发展的角度来看，都是层次越高的需要出现得越晚。层次越低的需要力量越强，它们能否得到满足直接关系到个体的生存，因而又叫缺失性需要。只有当低层次的需要得到满足或部分满足之后，较高层次的需要才会出现。高层次的需要的满足有益于健康、长寿和精力的旺盛，所以这些需要又叫生长需要。已经满足了的需要不再是人活动的动力，只有尚未满足的需要才是推动人活动的动力。

四、需要与行车安全

人的需要是客观存在的，在运输安全管理中，只有顾及和了解运输职工的需要，在促使职工认真工作、完成任务的同时，能够使其获得个人需要的满足，才能有效地调动职工安全生产的积极性。

任务三　个性心理动机

一、动机的概念和内涵

动机是激发个体朝着一定目标活动，并维持这种活动的一种内在的心理过程或内部的动力。

动机不能进行直接的观察，但可根据个体的外部行为表现加以推断。动机是在需要的基础上产生的。当人意识到自己的需要时，就会去寻找满足需要的对象，这时活动的动机便产生了。

除需要之外，内驱力、诱因和情绪也都可激发活动的动机。当有机体内部处于不平衡状态时，便会激活有机体，让有机体采取某种活动来恢复机体的平衡，这就产生了活动的动机。内驱力就是由生理的需要引起的，是在需要的基础上产生的一种内部唤醒状态或紧张状态。

诱因是指能引起有机体的定向活动，并能满足某种需要的外部条件。有了这种条件，即使机体内部并没有失去平衡，也会引起活动的动机。

积极的情绪会推动人去设法获得某种对象，消极的情绪会促使人远离某个对象，所以情绪也具有动机的作用。动机和行为之间有着复杂的关系，同一行为可以由不同的动机引起，不同的活动也可由相同的或相似的动机引起。一个人的活动动机也是多种多样的，有些动机处于主体地位起主导作用，有些动机则处于从属地位起辅助作用。一般来说，动机和效果之间是一致的，即良好的动机会产生积极的效果，不良的动机会产生消极的结果。但是，在实际生活中，由于某种因素的作用，动机和效果也会出现不一致的情况。

二、动机的种类

1. 生理性动机和社会性动机

由有机体的生理需要产生的动机叫生理性动机，这种动机又叫驱力或内驱力，如吃饭、穿衣、休息、性欲等动机。以人类的社会文化需要为基础而产生的动机属于社会性动机，如交往的需要引起交往动机、成就的需要产生成就动机、权利的需要产生权利动机。人的兴趣、爱好等也都是社会性动机。

兴趣是人认识某种事物或从事某种活动的心理倾向，它是以认识和探索外界事物的需要为基础，是推动人认识事物、探索真理的重要动机。兴趣可分为直接兴趣和间接兴趣。直接兴趣是由认识事物本身的需要引起的兴趣，间接兴趣是由认识事物的目的和结果引起的兴趣。兴趣的范围叫兴趣的广度，处于中心地位，更浓厚、更强烈的兴趣是兴趣的中心。兴趣的持续时间长短叫兴趣的稳定性。兴趣所产生的推动人活动的力量叫兴趣的效能。当人的兴趣不是指向对某种对象的认识，而是指向某种活动时，人的动机便成为人的爱好。兴趣和爱好都和人的积极情感相联系，培养良好的兴趣和爱好是推动人努力学习、积极工作的有效途径。

2. 原始动机和习得动机

人生而具有的以人的本能为基础的动机称为原始动机，一般生理性动机都是原始动机。通过学习产生和发展起来的动机，即后天获得的动机属于习得动机。

3. 有意识的动机和无意识的动机

能意识到自己行为活动的动机，即能意识到自己活动目的的动机叫有意识的动机。没有意识到或没有清楚地意识到的动机叫无意识动机。无意识动机在自我意识没有发展起来的婴幼儿身上存在着，在成人身上也存在着，如某些定势的作用人们往往是意识不到的。

定势是指人的一种心理活动的预先准备状态，它对人的知觉、记忆、思维、行为和态度都会起重要的作用。你认为某个学生表现好，评分时你就会不自觉地给他较高的分；你认为某个学生表现差，评分时你会不自觉地给他较低的分。这就是一种思维习惯定势的作用。

4. 内在动机和外在动机

人在外部环境影响下所产生的动机叫外在动机，由个体内在需要引起的动机叫内在动机。为获得奖励而学习的动机是外在动机，因认识到学习的重要意义而努力学习的动机是内在动机。

三、动机与行车安全

对劳动物质报酬的欲望、对劳动过程的直接兴趣和对劳动社会意义的认识是构成劳动动机的三要素。这些要素的不同结合形成各种水平的劳动动机，其中，三要素高度有机结合的劳动动机能够使人在劳动过程中最大限度地发挥个体积极性和创造性，达到最佳的劳动效果。

在调动运输职工安全生产积极性的同时，也要重视劳动动机的作用，把培养运输职工对劳动的兴趣和开展运输安全教育有机地结合起来。

任务四　气质与性格

一、气　质

（一）气质的概念

气质是个人生来就有的、典型的、稳定的心理活动的动力特征，表现在强度、速度、稳定性和灵活性等方面，即我们日常生活中所说的脾气、秉性或性情。人的气质差异是先天形成的，受神经系统特性的影响。气质不受个人活动的目的、动机、内容的影响，不直接对个体行为起推动作用，不决定行为的发生和方向，只是表现在心理活动与行为中，是外显的动力特点。

气质是受遗传影响最大的个体心理特征，它更多地受神经系统特性的影响，具有先天性、稳定性和跨时间、跨情境的特点。和气质相比，性格和能力受后天环境的影响较大。气质并非不可改变，当外部环境和教育发生较大变化时，个体气质可暂时掩蔽。

（二）气质类型学说

气质有很多特征，按这些特征的不同组合，可把人的气质分为几种不同的类型。关于气质类型，比较有影响力的学说，主要有以下几种。

1. 体液说

古希腊医生希波克拉特提出，人体内有四种液体，即血液、黏液、黄胆汁和黑胆汁。每一种液体和一种气质类型相对应。黄胆汁相对于胆汁质，血液相对于多血质，黏液相对于黏液质，黑胆汁相对于抑郁质。一个人身上哪种液体占的比例比较大，他就具有和这种液体相对应的气质类型。希波克拉特所划分的这四种气质类型比较切合实际，所以至今仍沿用他提出来的名称。

这几种典型的气质类型的主要外在表现如下：

（1）胆汁质。胆汁质的人活泼好动、敏感、反应迅速；不甘寂寞，善于交际；接受新事物快，但印象不是很深刻，注意力容易转移；情绪兴奋性高，但心境变化剧烈，脾气暴躁，难于自我克制。情绪和情感易于产生也易于改变。其显著特点：有很高的灵活性，容易适应变化的生活条件，在良好的教育下，胆汁质的人可以培养出高度的集体主义情感，对学习、劳动、社会生活有积极主动的态度。在不良教育下，可能表现出轻率、疏忽大意、散漫以及对自己的能力评价过高等不良行为和态度。

（2）多血质。多血质的人直率热情，精力旺盛，脾气急躁，易于冲动；反应迅速，但准确性差；情绪明显表露于外，但持续时间不长，等等。其显著特点：带有明显的周期性。在正确的教育下，他们能具备坚强的毅力、主动性、热情和独创精神。不良环境影响下，他们可能出现缺乏自制、急躁、易激动等不良品质。

（3）黏液质。黏液质的人安静稳重，交际适度；反应缓慢，沉默寡言；善于克制自己，情绪不易外露，注意稳定但又难于转移；善于忍耐，沉着坚定，不尚空谈，埋头苦干，等等。其显著特点是安静均衡。在良好教育环境下，黏液质的人容易形成勤勉、实事求是、坚毅等特性；在不良影响下，则可能养成萎靡、消极、怠惰以至对人甚至对己都漠不关心、冷淡顽固等不良品质。

（4）抑郁质。抑郁质的人心思细腻、情感体验深刻，情绪不易于外，具有很高的感受性；观察能力强，善于觉察到别人不易发觉的小事物；行动缓慢、内向、多愁善感。这种类型的人在良好环境下，在友爱的集体里，可能表现出温顺、委婉、细致、坚定等优良品质，能克服困难，富有同情心；在不利条件下，可能表现出伤感、沮丧、优柔寡断等不良品质。

需要注意的是，大多数人是中间型或混合型气质，应该从实际出发，认真分析，区别对待。

2. 体型说

20 世纪 20 年代，德国精神病医生克雷奇米尔根据自己的临床观察发现，病人所犯精神病的种类和体型有关。躁狂抑郁症的患者多是矮胖型的，精神分裂症的患者多是瘦弱型或强壮型、发育异常型的。他认为，正常人和精神病人之间只有量的区别，没有质的区别，所以可以根据一个人的体型特征来预见他的气质特征。

美国医生谢尔顿和心理学家斯蒂文斯在 20 世纪 40 年代提出，人的体型是由胚叶决定的，因此，胎儿的胚叶发育决定了他的气质类型。

体型说或胚叶说想从生理的因素说明气质的根源，但是这两种学说都没有提出生理因素和气质类型之间因果联系的根据。

3. 血型说

血型说在日本比较有影响，这种学说是古川竹二提出来的。古川竹二认为，A 型血的人消极保守，焦虑多疑，冷静但缺乏果断，富于情感；B 型血的人积极进取，灵活好动，善于交际，爱说寡信，多管闲事；O 型血的人胆大好胜，自信，意志坚强，爱支配人；AB 型血的人，其外表像 B 型血的人，但内在却像 A 型血的人。但是，人的血型不止这几种，而且在实际生活中血型相同而气质类型不同，或者气质相同而血型不同的现象并不少见，所以血型说缺乏一定的科学根据。

（三）正确认识气质类型

1. 气质的稳定性与可塑性

气质类型是由神经过程的特点决定的，而神经过程的特点主要是先天形成的，所以遗传素质相同或相近的人的气质类型也比较接近。一个人的气质类型在一生中是比较稳定的，但又不是不能变化的。如果在童年时期生活条件极为恶劣，或者在成年时期遇到了重大的生活事件，可以导致人的气质发生显著变化。但是，这种变化过程是很缓慢的，甚至当条件适宜的时候，原来的面貌还会得到恢复。所以，有人说气质的变化可能只是一种被掩盖的现象，“江山易改，禀性难移”就是这个道理。

2. 气质类型没有好坏之分

气质仅使人的行为带有某种动力的特征，就动力特征而言无所谓好坏。同时，每一种气质类型都有其积极的方面，也都有其消极的方面，没法比较哪一种气质类型更好。例如，胆汁质的人精力旺盛，热情豪爽，但脾气暴躁；多血质的人活泼敏捷，善于交往，但难于全神贯注，缺乏耐心；黏液质的人做事有条有理，认认真真，但缺乏激情；抑郁质的人非常敏锐，却容易多疑多虑。气质对一个人来说没有选择的余地，重要的是了解自己，自觉地发扬自己气质中的积极方面，努力克服气质中的消极方面。

3. 气质类型影响健康

心理和身体是相互联系、相互影响、相互制约、相互转化的。健康不仅是没有疾病，而且要在生理、心理和社会适应能力方面有良好的状态。一般来说，积极愉快的情绪能够提高人的大脑和神经系统的活动能力，增强其对生活和工作的兴趣和信心；消极不良的情绪会使人的心理活动失去平衡，甚至会造成身体器官及其生理生化过程的异常。

由于不同气质类型的人情绪兴奋性的强度不同，适应环境的能力不同，这会直接影响到人的健康。一般来说，如果气质类型极端的人情绪兴奋性太强或太弱，适应环境的能力就会比较差，容易影响其身体健康。

二、性　格

（一）性格的定义

性格是指人对客观现实稳定的态度，以及与之相适应的行为方式所表现出来的个性心理特征，是人在后天养成的心理特征和品质。

（二）气质与性格的关系

在现实生活中，性格和气质是常常被人们混淆的概念，人们有时把某些性格特征说成气质，如老实稳重；有时又将气质说成性格特点，如文静、活泼等，实际上气质和性格是两个既有区别又有联系的概念。

1. 气质与性格的区别

第一，气质与性格的性质不同。性格是个人对现实的态度和行为方式中表现出来的较为稳定的具有核心意义的心理特征，更多受后天环境影响，具有明显的社会化特征；气质是在人的心理活动和行为中表现出来的稳定的动力特征，受遗传影响较大。

第二，气质和性格有不同的神经机制。气质是高级神经活动的类型特点，它不受生活条件的影响，因而具有很强的稳定性。性格的生理基础是在高级神经活动的类型基础上建立的后天条件反射系统。

第三，气质与性格的表现不同。性格受社会历史文化的影响，有明显的社会道德评价的意义，直接反映了一个人的道德风貌。气质更多地体现了人格的生物属性，性格则更多地体现了人格的社会属性，个体之间的人格差异核心是性格的差异。

2. 气质与性格的联系

气质和性格都是稳定的人格特征。它们是在人的生活实践中形成的，也是由脑的活动实现的，两者相互渗透，又彼此制约。

一方面，气质是性格的基础，会影响一个人对待事物的态度和行为风格，使性格带有气质色彩。气质还对性格的形成和发展起促进或阻碍作用。性格主要是在后天生活环境中形成的。例如，胆汁质的人容易形成勇敢、果断、坚毅的性格特征，但难以形成善于克制自己情绪的性格特征；多血质的人容易形成热情好客、机智开朗的性格特征，但难以形成耐心细致的性格特征。另一方面，性格反过来影响气质，使它服从于生活实践的要求。性格可以掩蔽或改造气质，指导气质的发展，使其适应生活环境。

（三）性格的结构

客观事物是多种多样的，人们对客观事物的态度及行为方式也各不相同。性格在一个人身上表现出来的是一个有机的整体，由以下四个部分组成。

1. 性格的态度特征

性格的态度特征主要指一个人如何处理社会各方面关系的性格特征，即他对社会、对集体、对他人以及对待自己的态度的性格特征，如诚恳、认真负责、谦虚谨慎等。

2. 性格的意志特征

性格的意志特征指一个人对自己的行为进行自觉调节的特征。良好的意志特征有：有远大理想，行动有计划，独立自主，不受别人左右，果断，勇敢，坚忍不拔，有毅力，自制力强，等等。不良的意志特征有：鼠目寸光，盲目性强、随大流，易受暗示，优柔寡断，放任自流或固执己见，怯懦或任性，等等。

3. 性格的情绪特征

性格的情绪特征指一个人的情绪对活动的影响，以及个人对自己情绪的控制能力。良好的情绪特征有：善于控制自己的情绪，情绪稳定，常常处于积极乐观的心境状态。不良的情绪特征有：事无大小都容易引起情绪反应，而且情绪对身体、工作和生活的影响较大；意志对情绪的控制能力比较薄弱，情绪波动，心境容易消极悲观。

4. 性格的理智特征

性格的理智特征是指一个人在认知活动中的性格特征。

（1）认知活动中的独立性和依存性。独立性指能根据自己的任务和兴趣主动进行观察，善于独立思考；依存性指容易受到无关因素的干扰，愿意借用现成的答案。

（2）想象中的现实性。有人现实感强，有人则富于幻想。

（3）思维活动的精确性。有人能深思熟虑，全面看问题；有人则缺乏主见，人云亦云或钻牛角尖。

性格的上述特征并不是相互分离的，而是彼此关联、相互制约，有机地组成一个整体。一般来说，性格的态度特征是性格的核心，其中对社会、对集体的态度又是最为重要的部分。因为态度直接表现出一个人对事物所特有的、比较恒常的倾向，同时它也决定了性格的其他特征。例如，一个人如果对社会、对集体有高度责任感，他对工作、对学习也一定是认真负责、兢兢业业的，他对别人也会是诚恳、热情的，对自己也能严格要求。因此，在分析一个人的性格时，一定要抓住其性格的主要特征，由此可预见其他的性格特征。

三、气质、性格与行车安全

1. 气质与行车安全

气质类型不决定一个人成就的高低，但影响其工作效率。社会实践的领域众多，不同领域的工作对人的要求是不同的，因而就有了气质类型对工作适宜性的问题。在人事选拔或选择职业的时候，都应该考虑这个问题。例如，多血质的人适宜从事环境多变，能做出迅速反应、交往繁多的工作，难于从事较为单调、需要持久耐心的工作；黏液质的人则相反，他们适合从事耐心细致、相对稳定的工作。如果一个人的气质类型正好适合工作的要求，他会感到工作得心应手，对工作有浓厚的兴趣。如果不考虑气质类型对工作的适宜性，则会增加人的心理负担，影响工作效率。

需要注意的是，气质具有相对的稳定性，但后天也可以锻炼改造，况且纯属于某一气质类型的人很少，大多数人都是几种气质类型兼具的混合体。在选择职业时要注意扬长避短。

从安全角度看，同样是完成某项任务，有的人表现为遵章守纪，动作行为安全可靠；有的人则表现为蛮干、急躁，安全行为差。因此，安全管理人员要从分析员工的气质类型入手，合理安排和分配工作，这对保证行业安全有积极的作用。

2. 性格与行车安全

性格对人的职业活动成效有着重要的影响和作用，如勤劳和懒惰、认真和马虎、细致和粗心、守纪和散漫，以及有无责任感都影响着人的工作绩效。因此，在运输安全管理中，了解和掌握职工的性格特征，注意良好性格的培养和不良性格的改造，根据相关人员的性格特征安排相应的工作，对加强运输安全具有重要的意义。

任务五　能力与行车安全

一、能力的含义和种类

1. 能力的含义

能力是人们能够顺利地完成某种活动所必备的心理特征，是从事各种活动、适应生存所必需的且影响活动效果的心理特征的总和。具体来讲，能力可以从以下四个方面来理解：

（1）能力总是在人的学习、工作等活动中表现出来。例如，分析判断能力会在列车检修、行车事故分析过程中表现出来。

（2）在活动中表现出来的心理特征并不都是能力，只有直接影响人的活动效率，使活动顺利完成的心理特征才是能力。例如，在列车检修、行车事故分析中尽管表现出来的急躁或冷静等特征会对其产生一定的影响，但它们并不是完成工作所必需的能力。

（3）顺利地完成某种活动，往往需要多种能力有机地组合在一起。例如，在行车事故处理中需要有快速反应能力、问题分析能力、措施应对能力等多种能力。

（4）能力是完成任务的基本条件，但不是唯一条件。例如，个体的个性特征、工作态度、客观的物质条件、人际关系等都会影响任务的完成。

2. 能力的种类

心理学家将人的能力从不同的角度划分为不同的种类，主要有以下几种。

（1）一般能力和特殊能力。一般能力是在认识活动中表现出来的具有共同性的基本能力，适合多种活动要求，如观察能力、记忆能力、想象能力、思维能力、概括能力和理解能力等，西方心理学把一般能力称为“智力”。特殊能力是在某些专业活动中表现出来的能力，特殊能力仅适合某种特定活动范围的要求，为完成某种特定活动所需要。例如演讲能力、组织能力、技术操作能力等。对于行车安全管理者来说，其特殊能力主要涉及管理能力、人际关系能力和业务能力等。

一般能力越发展，就越能为特殊能力的发展创造有利条件。在各种活动中，发展特殊能力的同时，也会促使一般能力得到发展。这两种能力都是人们成功地完成各项工作所不可或缺的。

（2）再造能力和创造能力。再造能力指顺利地掌握前人积累的知识和技能以及按照提供的式样从事某种活动的能力。创造能力指根据一定的目的，创造出社会价值的、新的、独特的东西的能力。

（3）认识能力、实践能力和社交能力。人们完成活动最基本的条件就是认识能力，认识能力包括感知能力和思维能力。实践能力是人们有意识地调节自己的外部动作，以作用于外界环境的能力，主要包括体育活动、技术操作、生产劳动等能力。社交能力是指人们参加社会群体生活，同其他人相互交往、保持协调的能力。

认识能力、实践能力和社交能力是相互联系的。人们在实践活动和交往活动中认识客观世界，提高认识能力。同时，人们又依靠自身对客观世界的认识去调节实践活动和交往活动。人们进行具体活动时，仅靠某一种能力是无法完成任务的，经常需要多种能力共同发挥作用，方能获得成功。

二、能力的形成和差异

1. 能力的形成

（1）遗传因素。遗传对能力的影响主要表现在身体素质上，如身体各器官的特征、脑的形态和结构等。身体素质是能力形成和发展的前提条件，没有身体素质这个自然前提，人的能力就不可能形成。如聋哑人无法形成音乐能力，盲人无法形成绘画能力等。但具有相同身体素质的人，能力却不一定相同，因为能力的形成和发展还受其他因素的影响。

（2）环境因素。环境因素是能力形成和发展的必要条件，因为能力是在环境因素的影响下形成和发展起来的，离开环境因素，即使具有良好的身体素质，能力也难以形成和发展。

（3）实践活动。实践活动是能力形成和发展的必要条件，因为能力是在实践活动过程中形成和发展起来的，离开实践活动，即使具有良好的身体素质和环境因素，能力也难以形成和发展。例如，记忆力是在不断的记忆过程中形成和发展的。

（4）个性品质。个性品质是能力形成和发展的制约因素。个性品质中的需要、动机、气质、性格等都会影响能力的形成和发展，如强烈的动机、勤奋、谦虚、坚强的毅力等优良的个性品质能促进能力的形成和发展。

2. 能力的差异

（1）能力类型的差异。能力类型的差异指能力中各成分构成方式的不同，包括知觉差异、思维差异、记忆差异、想象差异、言语差异、躯体能力差异。

知觉差异，如有的人能迅速而准确地辨认出不同物体的差异，而有的人则“视而不见”。

记忆差异，如有的人对识记的内容过目不忘，记忆力惊人，而有的人正如我们日常所说的“转头就忘”。

想象差异，如有的人异想天开，而有的人则按部就班。

思维差异，如有的人善于用理性的眼光看问题，而有的人则感情用事。

言语差异，如有的人出口成章，下笔千言，而有的人则不善言辞。

躯体能力差异，如有的人能歌善舞，而有的人则“笨手笨脚”。

（2）能力发展水平的差异。个体的能力在发展程度上有明显的差异，这可用一般能力作为衡量差异的标准。有的人智力超常，有的人智力低下，多数人处在中间状态。美国心理学家韦克斯勒等人研究了人的智力分布，说明了智力差异的常态曲线分布。20 世纪 80 年代，我国心理学家对 2 280 名儿童的智力进行了普查，调查发现，智力超常和智力不足儿童各占 3%左右。

（3）能力发展早晚的差异。在人的一生中，智力水平随个体年龄的增长而变化。一般来说，智力的发展可以分为三个阶段。第一，智力发展的增长阶段（出生 ~ 25 岁），儿童从出生到 15 岁左右，智力的发展与年龄的增长几乎等速，随后增长的速度逐渐减慢。一般在 18 岁到 25 岁之间，智力的发展达到高峰。第二，智力发展的稳定阶段（25 ~ 60 岁），个体进入成人期，智力表现为一个较长时间的稳定保持期，一直持续到 60 岁左右。第三，智力发展的衰退阶段（60 岁以后），个体进入老年期，智力的发展呈迅速下降趋势。

（4）能力发展的性别差异。大量研究表明，男性和女性总的智商方面没有显著差异，只有在一些特殊能力方面存在一定差异倾向。

三、能力与行车安全生产

能力是行车安全生产的保证，在行车安全管理中，应根据职工能力的大小，合理地分配工作，充分发挥职工的潜能。具体来说，能力在行车安全管理中的运用体现在如下几个方面。

1. 安全管理人员应具备的能力

企业的安全管理工作分为组织管理和技术管理两大部分。

（1）安全组织管理是针对企业中人的不安全行为所进行的管理。一般包括安全方针目标的确定，规章制度（包括安全生产责任制）的制订与落实，安全生产的监督与检查，安全总结、评比、奖励与惩罚，安全教育与培训等工作。这些工作需要企业行车安全管理人员具有缜密的思维能力、良好的人际沟通能力、流畅的口头表达能力和优秀的写作能力。

（2）安全技术管理是针对企业中物质的不安全状态所进行的管理。一般包括危险源（危险的物质、设备、设施等）的辨识、分析与评价、检测与检验和实施控制措施等工作。安全技术管理需要安全管理人员具有相应的专业技术知识和解决实际问题的能力，还要有一定的观察能力和分析能力，才能胜任其本职工作。

2. 了解不同工种或岗位对人员能力的要求

不同的工作岗位或工种，如列车驾驶、列车检修、信号、工务、调度、管理等，其工作内容、特性和要求不同，因此它们对能力的要求也各不相同。在行车安全管理中，要考察、了解各个工种或岗位的工作性质，确定该岗位人员实现安全生产的能力要求，制订不同的选人和用人标准。

3. 开展职工能力测评，以能选人、以能定岗

在选择或考核职工时，不应把安全知识和技能作为唯一的指标，在可能的情况下，还应根据工种或工作岗位的要求，采用相应的方式进行能力测评。特别是那些对人的能力有特殊要求的作业或工作岗位，更应进行一定的特殊能力测定。美国一些心理学家研究了36名电机装配工，发现因为能力的差异，这些工人的操作和工作条件虽然是相同的，但最优秀的工人和较差的工人，二者的产量相差一倍以上。

当然，人的特殊能力能通过教育或训练形成和提高，对于大多数人来说，不管原来的素质和个性心理特征如何，通过教育和训练都可以获得提高，但必须认识到，培训所能达到的效果是有一定限度的，它受天赋的制约，也受人在长时间生活过程中形成的心理特征制约。培训只能使人达到一定的水平，而不能达到很高或最高的水平。因而，对于那些不适宜从事某种职业的人们，虽然花费了大量的人力和物力培训，但他们在以后工作中仍然表现得不称职，工作效率低，连他们自己也会感到不满和痛苦。美国心理学家的研究表明，在同一企业中工作的两组缝纫女工，其中一组是经过特殊能力考核挑选出来的，另一组是没有经过考核的。这两组女工在流动性、劳动生产率、职业培训经费等方面有显著差异。

根据专门考核结果挑选出来的那组工人比未经考核的那组，劳动生产率大约高出 26.6%，每月的流动性少 3%，职业培训费少 66.6%。

由此可见，生产过程中人的能力是不同的，不同的人所适宜的职业或岗位也不相同。因此，通过心理学的方法，通过能力测试选拔工作人员，既可以招收到适宜的人员，又有利于节省培训经费，提高工作效率，保证生产安全。

4. 工作必须与人的能力相匹配

人与人之间的能力差异表现在能力水平和能力类型上，因此在安排工作时，要尽量根据职工的能力发展水平和能力类型适当安排工作。

能力水平需与工作要求相适应，存在以下三种情况：

（1）职工的能力水平超过工作的能力范围要求，会使职工感到压抑，不满足于现状，工作效果不佳。

（2）职工的能力水平低于工作的能力范围要求，职工会因感到无法胜任而过度紧张，从而厌恶工作，影响效果。

（3）职工的能力水平与工作的能力范围要求相匹配，不但使职工得到心理上的满足，把工作做好，而且还有利于处理“非常事件”，保证生产的安全进行。

能力类型差异较大，要想做好安全生产管理工作，重要的前提是要使人的能力类型与所从事的工作一致。善于正确认识和区别不同能力类型的人，并能将其安排到相应的岗位上去，做到人尽其才，人尽其用，是有效安全管理的标志之一。

5. 进行技术培训和安全教育，提高职工的能力

无论是否被安排了适合自己的岗位，职工均应通过培训提高工作能力，尤其是安全生产知识以及在紧急状态下的应变知识的培训，从而增强职工的安全意识和应对突发事件的能力，以保证安全生产。

在安全教育中，还要认识到每个人都蕴藏着潜在能力，即潜能。一个人现在的能力不能代表他将来的能力。通常情况下，人的潜能远没有充分发挥出来。如何通过激励和教育手段，充分调动职工潜能，最大限度地保证安全生产，是安全管理面临的一个新课题。

任务六　态度与行车安全

一、态度的概念与特性

1. 态度的概念

态度指人对某一特定的对象所持有的比较稳定的心理和行为倾向。有人进一步提出，态度通常指个人对某一对象所持有的较稳定的评价和内部行为倾向。例如，人们在工作中，

总是对人或事表现出来的积极、肯定的或消极、否定的心理倾向，是一种心理准备状态，它一旦变得比较持久而稳定，就会成为态度。

态度具有相当广泛的对象，既包括自然界的事物和现象，也包括社会现象，如人、物、事件、制度以及相应的思想观念等。例如，在行车安全管理中，企业会有许多安全规章制度。对于这些规章制度，每一位员工都有自己的评价并形成自己的态度。有些员工会在自己态度的引导下，自觉遵守规章制度；而有些员工对规章制度可能有不同意见甚至持反对态度，在这种态度的引导下，可能出现违反规章制度的行为。因此，企业必须引导员工形成正确的安全态度，避免行车事故的发生。

2. 态度的心理成分

态度是一种内在的心理结构，由认知、情感与意向三种心理成分构成。

（1）认知部分。它是指人对态度对象的理解、看法和评价，是构成态度的基础。例如，“我认为行车安全是铁路运输企业受益的保证”，这句话就表明了铁路职工对待安全运输工作的理解和支持。

（2）情感部分。它是指人对于态度对象所持有的好恶态度，如尊敬或蔑视、喜爱或厌恶、热情或冷漠都是人们在相互交往中经常生成的态度体验。情感部分建立在认知的基础上，构成态度的动力和核心。例如，“我喜欢行车安全管理工作”就是在安全管理重要性认知的基础上产生的喜爱情感。

（3）意向部分。它是指人对态度对象的行为的反应倾向，即行为的准备状态，也称行为倾向。它不是行为本身，而是做出行为之前的心理倾向，在态度中具有指导作用和动力作用。它指导着人们对事物的行为方向，制约着人的行为反应，并决定着人们将采取哪些行动。例如，对行车安全规章制度中禁止行车前喝酒这一规定是自觉接受还是拒绝等。

以上三种成分既互相区别，又相互联系。其中，认知是态度的基础，情感是态度的核心，意向是态度的外观。通常情况下，这三种成分协调一致，形成一种影响人从事某种活动的心理动力。例如，某职工对其上级领导的能力、作风、品德及个性的认知与评价是肯定的，那么他对上级的情感则应是亲近、融洽的，在行为倾向上就会产生愿意接近上级领导，服从领导的意向。但是，态度的三种成分有时也会不协调，甚至相互矛盾。例如，在现实生活中，人们常常有这样的感受：从理智上看，某项制度或政策是正确的，但从感情上转变就较困难。可见感情成分在态度中起着极为重要的作用，它是态度转变的关键，而行为倾向是伴随认知、情感而发生的。因此，很多心理学家认为，从某种意义上说，态度的本质就是人们对态度对象的强烈程度和趋向。

3. 态度的特性

人的态度通常具有以下四个方面的特性。

（1）社会性。态度不是遗传来的，而是在后天社会实践中获得的。人们在社会活动中，通过与他人的交往，在社会环境的长期影响下逐渐形成自己对某一对象的态度。态度一经形成，对人的心理和行为有较大的影响，同时态度又会作用于他人和外部环境，在这种相互作用的社会化过程中，个体态度不断得到修正、改变和完善。因此，态度不是先天的，离开社会便无任何态度而言。

（2）内隐性。态度虽然具有行为倾向，但不是行为本身，所以态度不能直接被观察到。人的态度只能从人的言行及表情中进行间接的分析和推测，这就是态度的内隐性，或叫潜在性、间接性。例如，从某一司机一贯严格执行行车安全规程的行为，可推测出他对安全工作抱有认真负责的态度。

（3）指向性。态度有态度主体（态度持有者）和态度客体（态度对象）。如员工对工作的态度、员工对领导的态度、员工对规章制度的态度等。

（4）稳定性。人的态度一旦形成就具有相当的一贯性、持续性和稳定性，从而成为个体性格特征的一个组成部分，并在个体的行为反应上表现出特有的规律性，使个体易于适应社会生活。当然，态度的稳定性是相对的，随着客观条件和经验的变化，原有的态度可以消除，新的态度也会逐渐形成。

二、态度的功能

态度对人的思想观念、心理活动以及人的行为有着十分重要的影响。它能影响个体对外界的知觉、感情和判断，也能影响人学习和工作的效率，同时它对一个人的职业选择、生活方式与人际关系的协调也有一定的影响。

1. 态度对社会性认知与判断的影响

态度一旦形成，便成为个体的一种带有习惯性的反应，成为其特征的组成部分。以正确的价值观为基础的科学、客观的态度会对人的社会性认知、判断和行为产生积极的影响。如果形成心理反应的惰性，即对人对事会产生固定、僵化、刻板的看法，就会干扰或妨碍社会性认知、判断的准确性，甚至造成失误。不正确的态度一旦定型，就会变成偏见。

2. 态度对学习的促进与干扰

人们对学习抱有积极、主动的态度，则容易激发求知欲和学习兴趣，能使人的注意力集中、感知敏锐、思想活跃、记忆力增强、学习效率大大提高。而当学习记忆的内容与个体的态度不一致时，往往会使个体产生厌倦情绪，使记忆力降低、思维呆滞、学习效果下降。实验表明，学习态度与学习效率呈正相关关系。

3. 态度与工作效率

一般认为，职工从事自己喜欢的工作，工作效率必然高。但有实验证明，态度与生产效率不存在必然关系。对工作感到满意的职工，工作效率可能很高，但对工作不满意的职工，其工作效率也可能很高。原因主要是：对一般职工来说，生产效率并非最主要的目标，只是他们借以达到其他目标的手段，如维持生活、获得尊重、自我实现等目标。因此，即使一个人对生产持消极态度，但为了养家糊口多挣奖金，或为了不拉大家后腿，或为了不被别人看不起，也会加紧工作，提高工作效率。而对自己工作满意的职工，也有降低生产效率以谋求与众人一致的可能性，以免遭同伴的指责和排斥。因此，态度与工作效率之间有关系，但这种关系远非通常人们所想象的那样简单。影响生产效率的因素很多，有劳动态度、生产技能、人的需要、劳动目标及周围环境等。

4. 态度对耐受力的影响

耐受力指个体受到挫折时，能摆脱挫折和困扰而免于心理与行为失常的能力，也就是个体经得起打击或经受得起挫折的能力。实验表明，人们对挫折的耐受力与对引起挫折事物的态度有着密切的关系。例如，一个关注职工生命、热爱行车安全管理工作的人，对工作中遭受的挫折会有很高的耐受力，不会被困难吓倒。

5. 态度对相容性、凝聚力的影响

在社会活动中，一个人对自己、对集体、对他人的态度，往往影响他与群体的相容程度。群体成员之间的态度，会影响到群体内部的相容性和凝聚力。一般来说，持诚恳、宽容、友好、互助态度的人，群体相容度越高，由这样的成员组成的群体，凝聚力较高。

6. 态度对工作激励的影响

激励指激发人的动机的心理过程，就是通常所说的调动人的积极性的问题。研究证明，态度具有激励作用，管理者关心职工，主动加强感情交流，改善对职工的态度，让职工参与管理，可以激发职工的工作热情，提高职工的工作效率。职工良好的自我态度，如自尊、自重、自爱、自强、自律等，既可以起到自我保护的作用，也可起到调动自身工作积极性和创造性的作用。

三、影响态度形成的因素

态度是后天形成的，在形成过程中会受各种因素的影响，这些因素归纳起来有主观因素和客观因素两种。

（一）主观因素

1. 社会认识

社会认识是指个体对社会对象的了解、判断和分析。对人际关系、对群体和组织、对社会实践等的社会认识是深刻还是肤浅，是全面还是片面，都直接影响人形成什么样的态度。应该说，社会认识是人的各种社会态度形成的最重要基础。

2. 知　识

知识是态度中的重要因素。知识形成态度，也改变态度。个人某些态度的形成，与其对该对象的认识程度有关，特别是新知识的获得，既可以鉴定原有的态度，又可以改变原有的认识系统。

3. 个体心理

（1）需要。凡是能够满足个体需要的对象，都能使个体产生肯定性的态度，如赞同、喜爱、拥护、支持等；凡是阻碍个体满足的对象或造成个体挫折的需要，个体都持否定性的态度，如反对、厌恶等。因此，管理者应当尽可能减少人为的挫折因素，在保证实现组织目标的前提下，创造一些有利条件，以满足储备管理者的正当需要。

（2）价值观。人的价值对个体态度的形成具有明显的影响，是态度形成的重要基础。价值观是每个人对客观事物的总体评价。每个人对各种事物的评价，如对自由、幸福、荣辱、苦乐、自尊、诚实的评价，有轻重主次之分，这种主次的排列构成个人的价值观体系，它是决定人们态度与行为的心理基础，也是最基本的价值观。在一定历史条件下，这些最基本的价值观相对稳定。

（3）个体心理特征。个体气质与能力也会影响态度的形成。一般情况下，抑郁质的人比胆汁质的人对某些危险事物更容易形成惧怕心态。多血质的人比黏液质的人某种态度的形成相对快些。独立性很强的人不易接受他人的劝告，难以形成新的态度；依赖性强的人态度容易发生改变，稳定性较差；分析水平高的人善于把握信息、新动态，容易形成某方面的新态度；分析水平低的人，则容易固执己见、墨守成规。

（二）客观因素

1. 活动范围及交往对象

一个人的态度总是在一定活动中形成和发展的。在各种各样的活动中，有利于活动进行并被环境所认同的态度会不断得到强化，变得日益牢固。同时，人们对各种事物的态度也与他的交往对象有关，即所谓的“近朱者赤，近墨者黑”。

2. 团　体

同一团体、同一家庭、同一学校的社会成员，在某些方面常具有类似的态度，这是因为他们接受相同的教育和知识的影响。对所属团体的认同感，使其成员愿意遵循团体的规范，无形中受到团体力量的影响，自然也形成与团体一致的态度。例如，在一个良好的团体中，人们具有较强的集体主义观念，对损害团体荣誉的行为，人人都持反对的态度。而一个刚进入该团体的人，尽管集体主义观念较差，也很容易形成与团体一致的态度。

3. 偶发性事件形成的经验

一般来说，人的态度是在经验的积累、知识的吸收与信息的沟通中逐渐形成的，但在许多情况下，偶发性事件所带来的个体创伤或戏剧性经验也可迅速地形成态度。例如，一个小孩第一次吃鱼就卡住了喉咙，致使他在以后很长一段时间内可能不再吃鱼或不喜欢吃鱼。

四、改变态度的理论

态度是怎样改变的，这在理论上是个难以回答的问题，至今心理学家没有形成一致认可的答案，只是做了许多探讨。

(一) 认知一致性理论

认知一致性理论的代表人物有勒温、海德、艾贝尔森和费斯汀廷格等人。他们各自的理论主张并不完全相同，但基本思想一致。他们都认为，对于人来说，在其认识中有一种寻求一致性的倾向，这种倾向乃是影响态度的一个主要决定因素。

1. 平衡理论

平衡理论是心理学家海德研究出的有关认知一致性理论的一种模式。他认为人与人之间的关系是通过人或事形成的，即一个认知主体和两个态度对象。两个态度对象中，一个对象往往是另一个人；另一个可以是一件事情、一种现象、一个观点或一个人等。三者之间存在着一定的感情关系。

海德根据三者的感情关系研究出以下 8 种模式，其中 4 种是不平衡的（如图 2-2）。

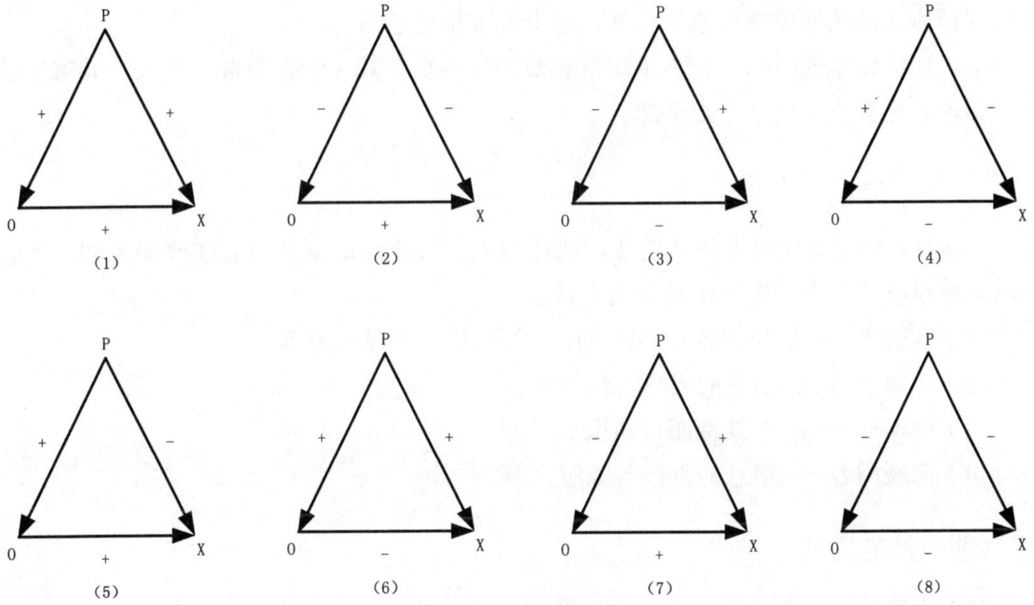

图 2-2 平衡理论

图中，P 是认识主体，O 是另一个人，X 为认知客体。箭头说明关系方向。正号和负号分别代表积极肯定和消极否定的态度。该理论指出：当三角形三边的符号相乘为正时，其结构呈不平衡状态，这将造成认知主体心理紧张，迫使其改变态度，由不平衡状态向平衡状态运动。

2. 认知失调理论

认知失调理论是费斯廷格 1957 年提出的有关认知一致性理论的一种模式。该模式把个人的意见、信念、知识等称为认知元素，认为这些认知元素之间有协调、不协调和不相关三种关系。

比如：认知元素 A——我在大雨中不用雨具走路。

认知元素 B1——我的衣服湿了。

认知元素 B2——我的衣服没湿。

显然 A 与 B1 协调，A 与 B2 不协调。当个体发现自己所持的两种认知元素不协调时，内心就会产生紧张、不愉快之感。为了改变这种紧张和不愉快的感情，就得改变某一认知元素，或者增加新的认知元素，或者强调或降低某一元素的重要性，使之变得协调。

态度的改变可以运用这种机制加以说明。比如：认知元素 A“我喜欢抽烟”与认知元素 B“抽烟致癌”是不协调的，可以否认抽烟致癌说；或者强调某种认识元素，如“抽烟的快乐远远超过生命”。如果这些都做不到，那么会改变认知元素 A，变成“我不喜欢抽烟”，从而导致戒烟。

（二）参与改变理论

参与改变理论的代表人物是勒温。他认为，个体的态度不能离开群体的规范和价值。个体在群体活动的性质决定他的态度，也会改变他的态度。

个人在群体中的活动可分为主动型和被动型两类。凡主动参与群体的人，其态度的改变更迅速、更显著。反之，则不然。

（三）沟通改变理论

沟通改变理论的代表人物是墨菲。他认为人与人之间的信息沟通能改变人的态度，并指出沟通对改变态度的影响依赖下列因素：

（1）沟通者——是否有能力、有风度、可信任、有吸引力等。

（2）沟通过程——信息的表达、组织等。

（3）沟通对象——个性特征、知识水平等。

（4）沟通内容——信息的真假与说服力等。

（四）其他研究

（1）态度是个体人格特征的折射。例如：研究发现，种族偏见强烈者，对其他人亦不友善。分析判断能力高的人能积极主动和自觉地决定或改变自己的态度，固执、倔强的人不易改变态度。

（2）态度是一次创伤性或戏剧性经验的结果。例如，“一朝被蛇咬，十年怕井绳”。

（3）态度是经验积累的结果。

（4）态度是内在心理冲突被压抑的副产品。

五、使职工对行车安全形成积极态度的方法

积极的安全态度的形成与职工的需要及其满意程度、安全意识、工作经验、技术水平及群体的影响等因素有关。为培养职工对行车安全的积极态度，可采取下列措施。

1. 改善行车生产的安全条件，提高职工对行车安全的满意度

态度的形成依赖事实，改变事实更易使态度改变。在行车安全生产管理过程中，应加强对事故隐患和危害的整治，为职工创造出一个安全生产的工作环境，消除职工对运输安全状况的不满情绪。这对企业职工形成积极的安全态度至关重要。

2. 加强对职工的安全教育和培训

组织职工学习安全知识，帮助职工形成积极的安全态度。职工的文化程度和安全技术水平与对安全生产的认识水平有关，与安全态度的形成有着内在联系。企业可通过各种方式提高职工的文化素质，并创造各种条件，让职工获取安全生产的新知识、新技能，以协调职工建立符合企业安全生产所要求的积极态度。

3. 引导职工积极参与企业的安全活动

组织、引导职工参与安全活动对职工形成对安全的积极态度是十分有效的。例如，让职工参与行车安全管理制度的建立，参与行车安全工作的检查，参与行车事故的处理，参与行车安全技术和知识竞赛，参观行车事故危害展览等。

4. 运用群体的影响

运用群体的影响是指企业正确应用管理职能，创造具有安全约束力的作业环境，以利于职工积极安全态度的形成。例如，企业制订的安全生产责任制、安全操作规程等，开始可能仅起到一种强制约束的作用，当人们在实践中认识到这些规章制度对企业和自己均有重要意义时，则更易于接受并认真执行，久而久之，就会对安全态度起到积极的推动作用。

群体的影响还表现在企业领导和各级管理人员在行车安全生产中的影响力（以身作则，处处关注职工的生命与健康等）、正确运用激励机制、上下级关系协调等。

综上所述，铁路运输企业职工对行车安全态度的形成与转变是一个复杂的心理过程，个人的态度具有内涵性和稳定性。行车安全管理人员应仔细分析和研究，采取综合措施，对职工的安全态度进行引导，使其向积极的安全态度转化。

附录：气质问卷量表

指导语：本测验（见表 2-1）共有 60 个问题，只要你能根据自己的实际情况如实回答，就能帮助你确定自己的气质类型。回答这些问题时，要实事求是，自己怎么想的、怎么做的，就怎么选择。

答案是：A. 很符合；B. 较符合；C. 一般；D. 较不符合；E. 很不符合。

表 2-1 气质问卷量表

1. 做事力求稳妥，不做无把握的事。	（ ）
2. 遇到可气的事就怒不可遏，想把心里话全说出来才痛快。	（ ）
3. 宁肯一个人干事，不愿很多人在一起。	（ ）
4. 到一个新环境很快就能适应。	（ ）
5. 厌恶那些强烈的刺激，如尖叫、噪声、危险镜头等。	（ ）
6. 和人争吵时，总是先发制人，喜欢挑衅。	（ ）
7. 喜欢安静的环境。	（ ）
8. 善于和人交往。	（ ）
9. 羡慕那种善于克制自己感情的人。	（ ）
10. 生活有规律，很少违反作息制度。	（ ）
11. 在多数情况下，情绪是乐观的。	（ ）
12. 碰到陌生人觉得很拘束。	（ ）
13. 遇到令人气愤的事，能很好地自我克制。	（ ）
14. 做事总是有旺盛的精力。	（ ）
15. 遇到问题常常举棋不定、优柔寡断。	（ ）
16. 在人群中从不觉得过分拘束。	（ ）
17. 情绪高昂时，干什么都觉得有趣；情绪低落时，又觉得干什么都没有意思。	（ ）
18. 当注意力集中于一事物时，别的事很难使我分心。	（ ）
19. 理解问题总比别人快。	（ ）
20. 碰到危险情景，常有一种极度恐怖感。	（ ）
21. 对学习、工作、事业怀有很高的热情。	（ ）
22. 能够长时间做枯燥、单调的工作。	（ ）
23. 符合兴趣的事情，干起来劲头十足，否则就不想干。	（ ）
24. 一点小事就能引起情绪波动。	（ ）
25. 讨厌做那种需要耐心、细致的工作。	（ ）
26. 与人交往不卑不亢。	（ ）
27. 喜欢参加热烈的活动。	（ ）
28. 爱看感情细腻、描写人物内心活动的文学作品。	（ ）
29. 工作学习时间长了，常感到厌倦。	（ ）

续表

30. 不喜欢长时间谈论一个问题，愿意实际动手干。	(　　)
31. 宁愿侃侃而谈，不愿窃窃私语。	(　　)
32. 别人说我总是闷闷不乐。	(　　)
33. 理解问题总是比别人慢些。	(　　)
34. 疲倦时，只要短暂地休息就能精神抖擞，重新投入工作。	(　　)
35. 心里有话宁愿自己想，不愿说出来。	(　　)
36. 认准一个目标就希望尽快实现，不达目的，誓不罢休。	(　　)
37. 学习、工作同样长时间，常比别人更疲倦。	(　　)
38. 做事有些莽撞，常常不考虑后果。	(　　)
39. 老师或师傅讲授新知识、新技术时，总希望他讲慢些，多重复几遍。	(　　)
40. 能够很快地忘记那些不愉快的事情。	(　　)
41. 做作业或完成一件工作总比别人花的时间多。	(　　)
42. 喜欢运动量大的剧烈体育活动或参加各种文艺活动。	(　　)
43. 不能很快地把注意力从一件事转移到另一件事上去。	(　　)
44. 接受一个任务后，就希望把它迅速解决。	(　　)
45. 认为墨守成规比冒风险强些。	(　　)
46. 能够同时注意几件事物。	(　　)
47. 当我烦闷的时候，别人很难使我高兴起来。	(　　)
48. 爱看情节起伏跌宕、激动人心的小说。	(　　)
49. 对工作持认真严肃、始终一贯的态度。	(　　)
50. 和周围人的关系总是相处不好。	(　　)
51. 喜欢复习学过的知识，重复做已经掌握的工作。	(　　)
52. 希望做变化大、花样多的工作。	(　　)
53. 小时候会背的诗歌，我似乎比别人记得清楚。	(　　)
54. 别人说我“出语伤人”，可我并不觉得是这样。	(　　)
55. 在体育活动中常因反应慢而落后。	(　　)
56. 反应敏捷，头脑机智。	(　　)
57. 喜欢有条理而不甚麻烦的工作。	(　　)
58. 兴奋的事常使我失眠。	(　　)
59. 老师讲新概念常常听不懂，但弄懂以后就很难忘记。	(　　)
60. 假如工作枯燥无味，马上就会情绪低落。	(　　)

评分与解释：

气质测验量表为自陈形式，计分采取数字等级：

A. 很符合 +2 分；B. 较符合 +1 分；C. 一般 0 分；D. 较不符合-1 分；E. 很不符合-2 分。

（1）把每题得分填入下表，然后相加，最后计算各栏的总分。

题号	2	6	9	14	17	21	27	31	36	38	42	48	50	54	58	总分	胆汁质
得分																	
题号	4	8	11	16	19	23	25	29	34	40	44	46	52	56	60	总分	多血质
得分																	
题号	1	7	10	13	18	22	26	30	33	39	43	45	49	55	57	总分	黏液质
得分																	
题号	3	5	12	15	20	24	28	32	35	37	41	47	51	53	59	总分	抑郁质
得分																	

（2）气质类型的确定。

如果某类型气质得分明显高出其他三种，均高出 4 分以上，则可定为该类气质。

如果两种气质得分接近，其差异低于 3 分，而且又明显高于其他两种，则可定为两种气质的混合型。

如果三种气质得分均高于第四种，而且接近，则为三种气质的混合型。

复习思考题

1. 怎样理解个性心理？
2. 谈谈你对需要层次理论的看法。
3. 什么是动机？动机有哪些种类？
4. 谈谈你对气质的认识。
5. 简要说明气质与性格的联系和区别。
6. 说说你对自己性格的认识。
7. 性格的结构特征包括哪些内容？
8. 如何理解能力在行车安全管理的运用？
9. 使职工对行车安全形成积极态度的方法有哪些？

项目三　机车乘务作业与行车安全

【本项目要点】

介绍了机车乘务作业要求、机车乘务作业标准及机车乘务作业特点；讲述了机车乘务员作业行为特征、机车乘务作业行为分类及机车乘务作业安全管理系统；系统分析了机车乘务作业不安全行为的原因、机车乘务作业不安全行为的心理分析、影响机车乘务员行车安全的心理因素；全面分析了机车乘务员作业行为心理现象和机车乘务作业行为的心理过程。

任务一　机车乘务作业基本要求

一、机车乘务作业要求

机车乘务员是铁路运输的主要技术工种，担负着驾驶机车、维护列车安全正点到达的责任。机车乘务员的基本任务是正确操作，爱护机车，合理利用机车功率，安全正点、多快好省地完成客货运输及站段调车任务。运输任务完成的质量好坏，与机车乘务员技术水平的高低、乘务作业过程的规范化关系很大。

为了保证列车安全正点运行，机车乘务员除不断提高操纵技术外，还要加强安全生产知识和规章制度的学习，乘务工作中严格执行《铁路技术管理规程》和《铁路机车操作规则》等有关规章命令；熟悉工作规律，熟悉线路特点和气候情况，根据线路的纵断面，结合季节气候特点，按操作规程要求正确操纵列车运行。

二、机车乘务作业标准

机车乘务员一次乘务作业过程标准化，是机务部门确保铁路运输安全正点、优质服务的一项重要措施。历史的经验和血的教训证明：只有一丝不苟地执行每一次乘务作业过程标准化程序，才能避免行车事故，确保工作时乘务员的人身安全，才能有力地保证实现安全、正点、优质和低耗。为使机车乘务员操纵列车规范化、标准化，国家铁路局制定了《铁路机车操作规则》，该规则是机车乘务员乘务作业的标准，是机车乘务员正确驾驶、精心保养机车和平稳操纵列车的依据。所以，机车乘务员和各级机务管理人员必须认真学习和严格执行本规则的规定，树立良好的职业道德，做到遵章守纪、爱护机车、平稳操纵、安全正点。

三、机车乘务作业特点

（一）工作方面

1. 单一性

单一性指操作动作单一，长时间站在（或坐在）操作台前，还要注意力集中，势必会产生单调感和疲劳感。

2. 受控性

乘务员操纵机车执行牵引任务必须严格按照运行图运行，不允许擅作变动，牵引的车次、时间、方向都有明确规定，行止都须服从有关信号指令。总之，机车乘务员的工作是在严密的计划控制之下进行的，不能有随意性。

3. 协同性

任何一趟列车的开行，都必须通过计划调度，需要车、机、工、电、辆等部门工种的配合，单一机车是无法进行有效生产活动的。即使是单独值乘，也不是单靠一个乘务员就可以完成工作的，就机车乘务员来说，最小的生产单位是机班，而不是个人。

4. 职业性

职业性指机车乘务员是一项专业性很强的工作，非经学校教育或专门训练不可。一旦获得机车乘务员的资格，机车驾驶便很可能成为他终身唯一的职业，职业的专业性使机车乘务员很少有改行的可能。

5. 复杂性

作为大型的现代运输工具，机车的构造和操作都是复杂的，随着新技术、新设备不断地投入使用，机车乘务作业的复杂性也在增加。另外，机车乘务员知识要求的复杂性也很突出，机车乘务员要懂得机车构造原理，懂得电器、电机及制动机的工作原理，要有钳工和电工的基本知识，熟悉铁路运输常识，熟悉各种技规、运规、行规、操规、事规等。

（二）工作环境

1. 空间封闭

机车乘务员长期在机车上工作，空间封闭且狭小，还要时刻注意操纵台及信号、轨道等，很容易产生郁闷感和压抑感。

2. 独立操作

单独值乘要求机车乘务员数小时单独完成牵引任务，这时，无论出现什么意外情况，都需乘务员独自做出决策，并果断及时解决问题，这就使机车乘务员所面对的压力更大，很容易产生紧张、焦虑的情绪。

3. 噪　声

机车内噪声是一种中高频性噪声，对机车乘务员的工作有明显影响，机车乘务员基本是在噪声干扰十分严重的环境下工作，这对他们的身心机能有影响，容易出现听觉迟钝、头痛、心悸、高血压等症状，还会产生烦躁情绪，致使反应迟钝、记忆力减退、工作容易疲劳、注意力不集中，这些都直接影响机车乘务员行车的安全性。

4. 振　动

振动可危及人的听觉，致人眩晕、呕吐，长期在振动的环境下工作，容易使人肌肉紧张、疲劳，严重者还会导致心率加快和血压升高。

任务二　机车乘务作业行为分析

一、行为的含义

人的行为是一个比较复杂的问题。一般人的行为泛指人外观的活动、动作、运动、反应或行动。在铁路运输生产过程中，许多情况下，职工的作业行为能决定事故发生频率、严重程度和影响。

人的行为分为先天性行为和后天性行为。先天性行为是人类遗传下来的行为，如人们手脚疼痛后产生的反射性收缩等；后天性行为是人通过获得知识而产生的行为，如人们操纵机车的技能，就是通过学习而获得的。

人的行为是由一定刺激物引起的，即刺激物通过感觉神经，将信息传给大脑，经大脑分析判断后，立即产生相应的意识，并通过具体的动作加以完成。行车过程中的刺激物（如信号）引起的反应——行为，是受意识支配所产生的结果。它不仅取决于个人的知识水平、心理状态和适应能力，还取决于不同的需要和动机。行为过程是有目的的，它贯穿于意识活动之中。如果由于疲劳、饮酒、疾病等原因导致心理意识降低或丧失，作业者就会降低或失去行为的调节控制能力，就可能出现事故。

人的行为实质是人对环境（自然环境、社会环境）外在的可观察到的反应，是人类内在心理活动的反映。行为是人和环境相互作用的结果，并随人和环境的改变而改变。

二、个体行为的差异和共同特征

（一）个体行为的差异

相同的行为可来自不同的原因，相同的刺激或情境却可以产生不同的行为，这主要取决于个体的差异。造成个体行为的差异主要有以下几个方面原因。

1. 遗传因素

人的体表特征在很大程度上受种族、亲代遗传的影响，如身高、体格、体力等，虽也受环境因素（如营养、锻炼）的影响，但在某种程度上，受遗传因素的影响较大。还有人的气质，在很大程度上受遗传因素的影响，人们常说的“江山易改，禀性难移”，主要指人的气质。人的气质虽然也会受后天环境的影响发生改变，但与其他个性比较，气质则更难改变。由于气质使人的心理活动及外部表现都打上了鲜明的个人烙印，因此气质的差异必然带来个体的差异。再加上人的智力除受后天环境影响外，在一定程度上也受遗传因素的影响。智力因素受遗传因素影响因人而异，少者占30%（即影响该人智商高低的因素30%来自遗传），多者达90%。因此，由遗传因素所决定的行为往往很难改变。

2. 环境因素

环境是对人的行为影响最大的因素，主要表现在以下几个方面。

（1）家庭。家庭对人的行为有明显深刻的影响，特别是在儿童时期，家庭教育和父母的言传身教，对人的发育、成长有很大的影响。如一些破碎家庭给儿童心灵带来的创伤，常使儿童成长后有异常行为，如残忍、厌世、轻生等。家庭是社会组成的基础，是人的主要生活环境之一，若家庭关系处理得不好，夫妻不和或经常发生严重的家庭纠纷，容易使人因情绪波动而产生不安全行为，这常是发生事故的主要原因。

（2）学校教育。学校、班级的风气、教师的态度和作风，青少年时期的同学和朋友，对人性格、态度的形成和发展都有重要影响。此外，人所受的教育不同，知识水平不同，对危险的预知和洞察能力也会不同，导致在安全行为上表现出个体差异。

（3）工作环境。工作环境对人的习惯行为有很大的影响。人的习惯行为含有其职业特点，就拿就餐速度来说，机车乘务员由于运行途中时间和作业时瞭望的限制，就餐速度要比其他工种快一些。

（4）社会经历。社会经历（包括工作经验）不同，常给人的行为带来差异。如与本工种直接有关的经验不同，常使人在处理异常事件时做出不同反应；而行为要求相同的职业则更有益于他们安全行为的形成和职业适应的提高，如当过兵的人会养成服从命令、遵守纪律、行动迅速的军人行为，这与铁路半军事化管理的特点和机车乘务员的作业行为更接近一些。社会阅历丰富的人，常为避免和领导争论而隐藏自己的观点。

（5）文化背景。文化背景在一定程度上影响了人的观念和价值取向。如美国鼓励人才流动，员工一向以跳槽为荣，一生中会在许多公司工作过；而日本却重视终身制，将企业或工厂视为“家族”，跳槽则被视为“背叛”行为。

（6）心理因素。心理因素主要是指前文所讲的心理过程和个性心理。心理过程虽是人类共有的心理现象，但具体到个体，却往往表现出种种不同的特征，因而造成个体行为的不同。再者，由于每个人的能力、性格、气质不同，需要、动机、兴趣、理想、信念、世界观不同，便构成了不同的个体特征，决定了每个人都有自己的行为模式，从而给行为带来千差万别的个体差异。

（7）生理因素。人的身体情况不同，使得安全行为也有很大差异。如机车乘务员需通过眼睛瞭望观察，在不同的作业环境下快速辨别各种颜色的信号和物体，若两眼远视力色觉、视野、视力、立体视力、动视力、夜视力、深视力这些指标中某项不合格，那将是危险的，可能会因瞭望观察的错误或不及时而发生事故。若从事乘务作业的人患有精神障碍性疾病、高血压和心血系统疾病、呼吸系统疾病、贫血和出血性疾病、癫痫或晕厥等能影响手脚活动的脑病和神经性疾病、运动型障碍疾病等，会因其疾病的发作或服药后药物的副作用失去正常的作业能力而发生事故，所以患有这些疾病的人不宜从事这类职业。

由于每个人的上述因素各异，因此，人的行为（包括安全行为）也必然有所不同，从而表现出个体差异的特点。

（二）个体行为的共同特征

人的行为虽然千差万别，但存在着以下共同特征。

1. 捷径反应

在日常生活和工作中，人往往表现出捷径反应，即为了少消耗能量又能取得最好效果而采用最短距离行为。例如伸手取物往往是直线伸向物品，穿越空地往往走对角线等。这在一定程度上符合吉尔布雷斯提出的“动作经济原则”。但捷径反应有时并不能减少能量消耗，而仅是一种心理因素而已。例如，在车站穿越股道时，在有列车停留的股道前，即使有一两节车辆的情况下，翻越、跨钻车辆并不比绕行穿越少消耗能量，但有的员工仍然选择翻越、跨钻车辆的方式。这都是心理上的捷径反应，实际上并不节省能量。

2. 独处的个人空间行为

心理学家发现，人类有“个人空间”的行为特征，这个空间以自己的躯体为中心，与他人保持一定的距离，当空间受到侵犯时，会有回避、尴尬、狼狈等反应，有时会引起不快、口角和争斗。在常见的“个人空间”“亲密距离”“个人距离”“公众距离”等行为和独处的个人空间行为中，独处的个人空间行为和安全行为关系最为密切。例如，从事机车操作或检查等紧张活动和脑力劳动时，人们不喜欢外界干扰。否则，注意力分散，不但效率不高，有时还会出差错甚至发生事故。

3. 躲避行为

当发生危险时，人们有一些共同的逃难行为，这些行为的特征构成了躲避行为。人们在生产场所表现出来的躲避行为可以分为以下几种类型。

（1）对落下物品的规避。当上方落下物品时，有 41%的人只是由于条件反射采取一些防御措施，如抱住头部或弯下腰等；42%的人不采取任何防御措施，只是僵直地呆立不动（不采取措施的人大多数是女性）；只有 17%的人离开危险物落下地区，向后方或两侧躲开，并以向后躲开者居多。

（2）对前方飞来物品的躲避。心理学家曾做过实验，对前方飞来物品的打击，约有 80%的人会发生躲避行为，有 20%的人未做反应或躲避不及。躲避方向中左右侧比率很低，但向左躲避的人为向右躲避的 1.17 倍。对正前方的飞来物，其比率却高至 2.1 倍，即向左侧躲避的人为向右侧的两倍以上。这是因为大多数人惯用右侧，右手、右脚较强劲，因此向左侧躲避的倾向就比较明显。

（3）逃离行为。当发生灾害和事故时，发生恐慌的人为了谋求自身的安全，会争先恐后地谋求逃离机会，但有高度责任感和组织训练有素的人会挺身而出，指挥惊慌失措的群众，面对异常的情况，采取必要的措施。心理学家通过实验研究表明，沿进来的方向返回，奔向出入口，是发生火灾和事故躲避行为的显著特征。

4. 从众行为

遇到突发事件时，许多人往往难以判断事态和采取行动，因而使自己的态度和行为与周围的遭遇者保持一致，这种随大流的行为称为从众行为或同步行为。一些意志薄弱者，从众行为倾向强，表现为被动、服从权威等。

5. 非语言交流

靠姿势及标签而不用语言传递的行为称为非语言交流（也称体态交流）。人表达思想感情的方式，除了语言、文字、音乐、艺术等外，还可以用表情和姿势来表达，这也是一种行为。据体语学创始人伯德戴尔的说法，人脸可以做出 25 万种不同的表情，还有人指出人体可以做出 1000 多种姿势。因此，可根据人的表情和姿势来分析人的心理活动。例如，一个心理相容、彼此默契的机车乘务机班，两人间即可通过简单的表情和姿势等体态语言很快了解对方的情绪或精神状态，并对一些应激的情绪予以化解或至少予以安慰使其减轻，使其能够专心做好乘务作业。

在机车乘务作业过程中也广泛采用非语言交流，如司机和副司机为确认信号呼唤应答所采用的手势，搬道员向司机传达股道信号的手势信号和旗语信号，还有车站值班员、调车员、巡道工等其他铁路有关人员向机车司机发出的各种不同意义的手势信号、哨笛信号、旗语信号（如紧急停车、升降车弓等），都属于非语言的行为。铁路运输中广泛使用的通信信号标志，机车整备检修等部门设置的安全标志，从广义上讲，也属于非语言交流行为的范畴。

三、机车乘务作业行为特性

机车乘务作业行为有着明显的行业特性。根据《铁路机车操作规则》的界定，机车乘务作业一次作业的过程包括出勤、段内作业、出段与挂车、发车准备与发车、途中作业、终点站与退勤六个环节的内容。

1. 机车乘务作业行为是一个过程

过程具备一般操作过程的“准备—进行—结束”的基本特征，但与其他机车乘务作业操作过程有较大的差异。

（1）准备和辅助作业行为所占时间长。如一般货车牵引作业，从段内作业到发车一般要用 2 个小时左右，长者甚至 4 ~ 5 小时，如果加上退勤时间，辅助作业总时间一般为总时长的 1/3 ~ 1/4。

（2）系统性强。机车乘务作业行为的过程是一环套一环、环环相扣、紧密相连，且与其他诸多工种（机车调度、整备和检修人员、列检、值班员、调车员、行车调度等）协同关联，形成了较为完整的作业系统。

2. 信息复杂、信息量大

仅行车信号的粗略统计，视觉信号有固定信号、机车信号、移动信号、手信号、信号表示器和信号标志 6 大类，显示方式达 230 种以上。听觉信号有 39 种，鸣示方式 55 种，仅“起动注意信号”一种鸣示方式就有多种用途，呼唤应答标准用语也很多。

3. 动态作业行为特点

动态作业的特点主要为：动能大、制动距离长、时间制约性强等。

4. 作业和生活无规律、管理要求非常严格

由于铁路运行不分昼夜，不管刮风下雨还是节假日，每天 24 小时不间断，决定了机车乘务作业、吃饭、休息无固定时间、无规律性的特点。还有，值乘前必须充分地待乘休息的作业要求，值乘前和出乘在外也不得饮酒，加之每月甚至每周还有规定的学习时间，即使是业余时间，机车乘务员的行为自由度也有一定的限制。目前机车乘务员的收入和待遇与其他行业相比明显偏低，且半军事化管理相比其他行业更严格，所以其工作和生活压力比较大。

5. 环境复杂，危险因素较多，受自然制约性强

机车乘务作业既有司机室的微环境，也有从出勤到退勤的各类大环境；既有人造的环境，也有自然的环境。最常见的有机车或车辆蕴涵的巨大的电能、机械能、热能以及噪声、振动、温度、湿度、超高压电场；自然界的不良天气造成的塌方、路基松软、瞭望距离不够或瞭望困难等。这些环境从不同层面影响着甚至是制约着机车乘务作业行为。

6. 责任重大，工作辛苦

机车乘务员是运输位移的实现者和安全行车信息交会的中心，也是实现安全行车的关键，担负着保证安全运输的重任。有人曾形象地描述机车乘务员的安全责任，“眼睛观察安全，耳朵听着安全，手中握着安全，心中想着安全”。如果眼睛看不清、耳朵听不对、下手不及时或不准确、心存杂念，就有可能造成事故。

四、机车乘务作业行为分类

机车乘务员作业中的行为是外显的，可以观察到的，甚至是通过各种操作规程和技术规范来明确加以规定的。可以说作业行为的实质是机车设备、作业环境、作业者的反应之间的函数。因此，要分析作业过程中的行为，就必须考虑机车设备、作业环境和作业者的反应。

（一）作业行为与安全行为的概念

作业行为是指作业过程中为完成作业任务所形成的行为。作业行为是规范的行为，绝大多数作业行为必须经过专门的培训才能形成和固定下来。

长期以来，许多心理学家、管理学家、工效学家都对作业行为进行了卓有成效的研究和探索。研究表明，在机器和作业人员之间、作业人员之间，作业者可以通过作业行为的合理分配来提高工作效率，但同时作业行为也带来了效率与安全这个无法回避的问题。

许多作业行为由于本身的单调、重复、模式化以及行为对象（机车设备）本身的特性，不可避免地给机车乘务员带来许多心理和行为的异常状态，而这些异常状态恰恰是发生事故的根源。

（二）机车乘务作业行为的分类

1. 根据作业类别划分

根据作业类别的不同，可分为客、货、调车等类别的作业行为。

不同种类的作业差异较大，例如，客车按运行速度划分，可分为高速、准高速、快速和常速等；货物列车也有快速、直货和解货等。不同种类的列车由于重量、长度、速度、制动距离的差异和操作特性的不同，形成的作业行为的差异也较大。例如，调车作业行为受速度低、过程缓慢、作业量大、操作频繁、多工种协同作业等特点的制约，其作业行为要求一致性好，且个体具备耐心、稳定的气质特性。繁忙而作业量大的调车作业，其作业时间不宜过长，而高速、准高速的客车虽然操作量小，但因为速度高、单位时间内接收信息量大、资源消耗量大而要求作业员在作业行为中反应敏捷、准确，作业时间短。

2. 根据作业行为划分

根据作业行为目的的不同，机车乘务作业行为可分为检测行为、操作行为、维修处理行为。

所谓检测行为是指机车乘务员在交核班时对机车的各部部件、整体状态的检查和性能实验（如高低压实验）、途中运行或停车时的例行检查。操作行为是指对整个列车（含机车）的操作行为（包括启动、自动挂车、加速或调速、停车等）。维修处理行为包括机车途中或交班前发生故障时的处理。

3. 根据信息处理过程划分

根据信息处理过程划分，可分为接受、执行、处理、反馈等阶段的信息处理过程行为。机车乘务作业行为从信息处理的角度来看，是一个复杂而又完整的信息处理过程。从出勤通过眼、耳接受安全行车命令、注意事项开始，到接班检测机车状态，行车过程中瞭望、观察、呼唤应答、车机联控，最后退勤听从调度员的总结结束，作业者都在不断地通过眼、耳、鼻、躯体接受繁多的、不同种类的信息，经大脑判断、通过手脚的不同操作执行信息，另外通过不同的方式与不同人员交流信息和反馈信息等，例如通过鸣笛、车机联控等方式反馈信息。

4. 根据作业状态划分

根据作业状态分析，机车乘务作业行为分为正常情况下的作业行为和特殊情况下的作业行为。

虽然机车乘务作业行为大部为正常操作，但遇特殊情况时，也需较熟练的非正常操作。如救援起复，可能妨碍邻线的处理、分段运行、天气不良时的运行等，要求机车乘务员沉着、准确、迅速。若在这类情况下行为不当，就可能将小事故变成大事故。

5. 根据作业行为性质划分

根据作业行为的性质划分，可将机车乘务员的作业行为分为安全行为和不安全行为。安全行为，即标准化作业，指符合劳动生产规律的合理行为，并在出现危险时能遵章守程、保护列车和自身安全的一切行为。

五、机车乘务作业行为安全管理系统

人—机车—环境—管理构成安全管理系统，如表 3-1 所示。

表 3-1　机车作业行为安全管理系统分析表

机车作业行为	人的因素	1. 素质：智能、文化、知觉、感觉、性格、气质、态度
		2. 心理：注意、沉着
		3. 经验：经验、教育、经历
		4. 需求：地位、待遇、保健、兴趣、气氛
		5. 身体状态：疲劳、疾病、睡眠、休息、喝酒、药物
		6. 人际关系：群体、同事、家庭、社会、经济
	机车环境	7. 设备：人机匹配、机车性能、机车构造
		8. 自然环境：温度、湿度、天气
		9. 机车环境：噪声、振动
		10. 作业条件：工作环境、机车设备、行车设备、运行条件（线路纵断面）
	管理因素	11. 安全方针：操作规则、安全措施、规章制度
		12. 行车组织：运输组织、列车密度
		13. 作业强度：时间、班次、等级
		14. 管理制度：激励、教育、管理
		15. 安全保护：设备、技术、管理

任务三　机车乘务作业心理分析

一、机车乘务作业行为心理过程分析

机车乘务员作业行为是一个复杂的心理过程，在这个过程中某一个环节出了问题，都可能引起不安全行为或事故。分析机车乘务员作业行为的全部心理过程，有助于认知和了解机车乘务员的作业行为，对于选拔、教育、培训机车乘务员有一定参考价值。根据机车乘务员作业的心理分析，进行正确引导、培训，对确保行车安全有一定保障（如图 3-1）。

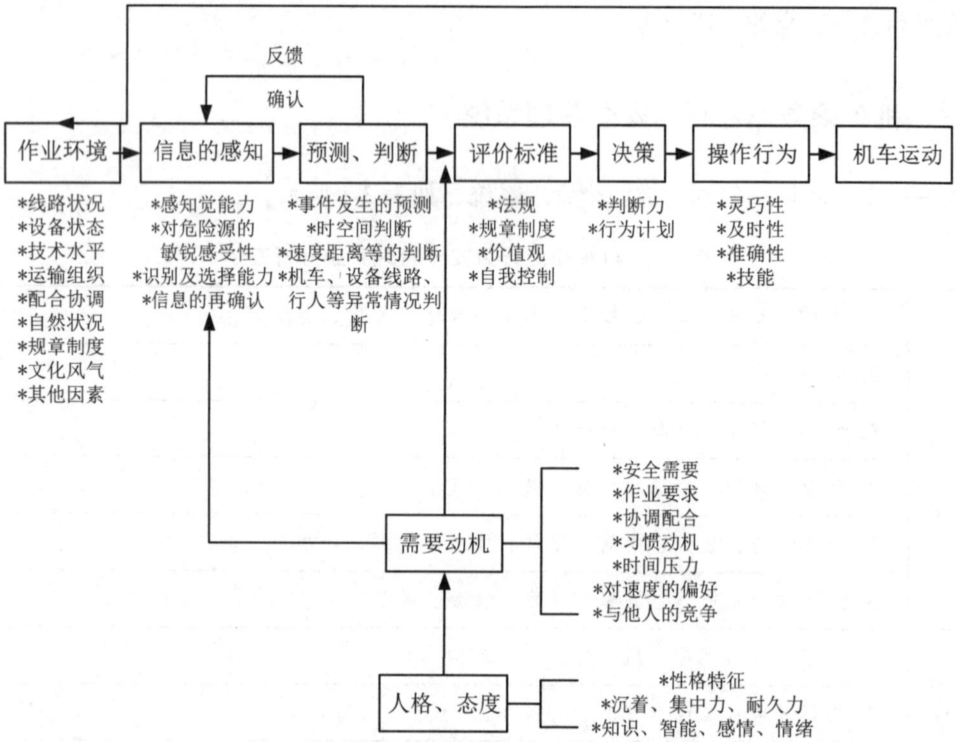

图 3-1　机车乘务作业行为心理过程分析

二、机车乘务员作业行为的个性心理分析

（一）工作方面

1.“大车”心理

火车是现代社会的先进交通运输工具，牵引力大，速度快，迄今为止尚无别的运输工具可以替代。机车高大笨重，却又蕴藏着巨大的力量，操纵这样一个庞然大物，可能会使人产生一种骄傲和神气的感觉。火车风驰电掣，势不可挡，千里之遥，半日可达，而这一

切，只需乘务员轻轻扳动一下手柄，于是，机车乘务员在作业中难免会不自觉地产生一种自尊自信的“大车”心理。

在这种意识下产生的心理效应有：

（1）侥幸与麻痹。

过分相信自己的技术、判断和经验，认为不会出现险情，即使出现也可化险为夷。

（2）臆测行车。

凭经验办事，以“惯例”为行车依据，不估计可能发生的变更，以为客观条件会符合自己的主观愿望。

2. 负重心理

数千吨的货物或千余人的性命都系于机车乘务员一身，责任之大，无可比拟，一旦出事，个人、家庭、单位均承担不起。列车运行受多方关注，全盘统一指挥，若有差池，层层追究，影响全局，因而使乘务员有一种负重感。

此种心理会产生如下心理效应：

（1）依从、疑惧加重。

因为关系重大，所以格外谨慎，想尽量避免个人决断，自信力减弱，过分依赖调度命令，遇到意外情况犹豫不决，反应迟缓，对外界信息的选择能力降低，心理压力大，精神紧张，容易疲劳。

（2）精神松懈。

这是负重心理的负效应，因为心理上长期负重，当任务接近完成或中间间歇时，便有如释重负之感，不自觉地放松了警戒，由谨慎小心向麻痹松懈逆转。

3. 孤寂心理

机车乘务员一出乘就是十几小时甚至一两天，单独操作，程式单调，活动范围有限，尤其是夜间行车，外界刺激也少，因此，很容易产生寂寞、冷清之感。

这种心态可能产生以下心理效应：

（1）注意分散。

因为感到孤寂，乘务员便希望有更多的刺激，于是东张西望，被一些无关的东西吸引，或者默想心事，这样，精力很难集中到行车上，极易产生瞬间疏忽。

（2）精神不振。

单独值乘无交流伙伴，加上工作环境单调，时间一长，人容易精神涣散，兴奋不起来，意志力减弱，甚至打瞌睡，夜间行车更是如此。

（二）心理方面

1. 不公平心理

与别的工种相比，乘务员工作劳动强度大，心理负担重，感觉自己的付出与收入不成正比，于是产生不公平的心理。

2. 不适应心理

乘务员工作纪律性强，自由度小，各种规章的约束很多，再加上实行单独值乘后有被淘汰的可能，所以，许多乘务员感觉自己不适应这一工作，更不适应这一工作带来的竞争压力。

3. 不自知心理

自知就是人对自己的认识和评价。很多人不能正确认识和评价自己，机车乘务员也是如此，要么因自我评价过高而妄自尊大，要么因自我评价过低而妄自菲薄，尤其是后者，会导致信心不足，行为上过分依赖他人，容易轻信，这种心态对单独值乘危害甚大。

三、机车乘务作业不安全行为的原因分析

（一）从行为科学理论分析

从行为科学理论角度看，产生不安全行为的主要原因有如下几种：

（1）对危险性认识不足，从而进行危险作业。

（2）作业程序不当，监督不力，致使违章作业泛滥。

（3）图省事，走捷径，忽略了安全程序。

（4）因身体疲劳，精神不振，导致动作变形。

（5）安全意识差，接近危险场所时无护具或未按规定着装。

（二）从作业行为过程分析

从“感觉刺激—判断—反应”这一行为过程分析，不安全行为产生的原因主要有：

（1）感觉错误，如没有看见、没听见、看错、听错。

（2）联络失误，确认不充分。原因有联络方式与判断方法不完整，接收信息未充分确认，错误领会表达内容。例如，调车作业和特殊情况下行车联络的任何环节出现失误，很可能导致灾难性的事故后果。

（3）由于反射行为引起的失误。因为反射行为特别是无条件反射行为，是通过不断强化而产生，是不需经过判断的瞬间无意识行为，所以即使事先对不安全因素原因有所认识，也会发生。但是，在反射产生瞬间，仍会产生无意识行为以致置身于危险之中。

（4）遗忘。例如，作业中突然接电话，接电话继续作业时忘记了继续程序而导致不安全行为或事故。

（5）单调作业引起的瞌睡、走神和精力不集中。例如，电动车组在列车启动和停车时，为人工操作，而途中运行为自动控制，这种低负荷的单调作业极易引起失误。

（6）不良习惯引起的不安全行为。作业标准化是安全行车的保障，但是，在紧急情况下，操作者往往会用习惯动作代替标准化作业，从而产生不安全行为。

（7）疲劳引起的失误。疲劳引起反应、注意力等作业能力降低，从而导致行为失误。

（8）机车设备更新引起失误。由于对新设备不熟悉，技能水平低，作业程序不当，容易产生操作失误。

（9）异常状态下的错误行为。在异常状态下，由于人的紧张程度增加，从而导致信息处理能力降低，在信息处理和作业行为方面都有一些异常，且注意力只集中于眼前能看到的事物，丧失对信息的选择性和过滤性，导致不安全行为。铁路非正常情况下行车是铁路事故多发的原因。

（10）大脑意识水平问题。人的大脑意识水平决定人的注意水平和作业可靠性，是铁路行车安全的基础。日本的桥本教授就大脑意识水平 5 个阶段与人的注意力、可靠性、生理状态和脑电波图像等的关系制作了大脑意识水平级别的划分表（见表 3-2）。

表 3-2　大脑意识水平级别的划分表

级别	意识状态	注意的作用	生理特点	可靠性	脑电波图像
0	无意识失神	0	睡眠发呆	0	δ波
Ⅰ	正常以下意识迂回	不注意	疲劳单调瞌睡酗酒	0.9 以下	θ波
Ⅱ	正常缓解状态	注意力低下	安静起居休息	2～5	α波（0.99～0.999 99）
Ⅲ	常态清楚	积极的注意	积极活动作业时	6～9	β波（0.999 99）
Ⅳ	超常态过度紧张	固定 1 点	精神紧张恐惧兴奋时	0.9 以下	β波或转换波

（11）环境原因。光线、温度、湿度、噪声、振动、电磁辐射、空气质量、色彩、作业场所布置等环境因素不断影响人的身体健康，同时，也从不同方面影响或制约作业行为。

（12）管理与教育训练方面的原因。由于安全管理制度不健全、作业标准不科学、作业时间班次安排不当、安全教育训练不够等，可造成作业者安全意识差、安全技能和作业方法掌握不够进而产生安全隐患或发生事故。

（三）从作业行为过程人为失误分析

（1）未能正确提供和传达作业情报信息。未提供和未传达；内容不明确或容易搞错，显示时，传递方法不适当，不能让人一看就明白；环境条件不完备或者有来自环境的干扰（黑暗、噪声）；其他。

（2）认知、确认错误。没有感觉输入（看到或听到别的东西；感觉器官被遮蔽；感觉器官的机能下降）；感觉错误（长短、形状、距离、高低、快慢、文字）；认知错误（容易看错形状和颜色类似的排列；记忆错误，记错事物和名称）；不能认知（漏看）（不知道哪个是信息；由于时间紧迫而未发现；注意或想其他事情；由于单调作业或疲劳而发愣）；未认识到（没有确认就认为是对的；认为同事已经确认了；其他）。

（3）判断、决定错误。判断错误（记忆错误，将理论和方法搞错；虽然知道但想不起来；由于已经有成功的经验，所以认为这次也没有关系；状况过于复杂，周围的噪声使头脑混乱；相同作业的单调重复或疲劳而头脑迟钝）；判断决定缺乏（由于时间和情况紧迫，来不及判断）；其他事情插入而分散了注意力；在紧张状况过后，安心地松了一口气（以为事情已经干完，故障已经排除而放松了）；决策和动作启动错误（以为对方知道，所以没做也没联络；习惯动作和反转动作突然出现；不能抑制感情冲动，蛮干；一点儿都不等，立即动手；不知道哪个好时犹豫不决，动作放慢；其他）。

（4）操作和动作错误。姿势紊乱（弯曲的姿势持续太久，不自觉地伸展；站起来头晕眼花摇摇晃晃）；动作紊乱（由于紧张，太注意结果而身体发僵；用力过猛，速度过快，不合节奏；由于过累，动作变得困难而慌乱）；动作次序错误（由于时间和情况紧迫，丧失动作顺序；由于动作单调重复，顺序混乱遗忘操作；由于终止操作，与此紧密相连的其他操作缺失；由于担心，只注意下一个动作，顺序搞错）；操作器具错误（由于其他事情打岔而分散了注意力，操作错误；形状大小相似的扳钮开关容易混淆而操作错误）；操作方向错误（操作不自然；不知不觉地记住了相反的方向；其他）。

（5）操作后的确认错误（反馈错误）。未发觉错误（没有操作结果的反馈，确认困难；打算确认，但因某种情况而忘了；完全忘了确认）；由于别人的帮助和指教才发现错误。米山信三等人于 1985 年运用上述安全评价研究会汇总的分析方法，调查了日本旧国铁中发生的错误的形式和动机。根据这个调查，引起错误的形式可分为判断的疏忽、习惯性操作、注意转换迟钝、沉思和省略、信息收集失误五种类型。

四、机车乘务作业不安全行为的心理分析

不安全行为与失误的一个主要差异，就是不安全行为大都是明知故犯的行为。而人的这些明知故犯的不安全行为同其他不安全行为一样，从心理学的角度来看，都和人心理状态有关，都是由人的心理活动发动、调节和控制的。

根据安全生产的实际经验和安全心理学的研究，当一个人具备不安全行为的心理状态与发生事故的危险因素组合在一起时，就会导致事故的发生。一般认为，下述的心理状态极易导致不安全行为，并且是造成事故的重要隐患。

（一）侥幸心理

当某种行为既可以导致有利后果，也可以导致不利后果时，行为人主观认为不利后果不会发生的臆测判断，属于侥幸心理。这是许多不安全行为者行动前的一种重要心态。有这种心态的人，不是不懂规章制度或缺乏安全知识，也不是技术水平低，而是一种典型的明知故犯。“违章不一定出事故”，这种把事故的偶然性绝对化是其基本的心态。

尽管事故的发生带有偶然性，但偶然性里包含着必然性的因素：

（1）一次不安全行为不一定就发生事故，但多次的不安全行为显然就增加了产生事故的概率。

（2）一次不安全行为侥幸没有出事故，往往会给人的不安全行为起到强化作用，容易使这种行为发展成习惯，而一旦养成习惯，要改就比较困难了。

（3）不安全行为和事故之间存在着必然的联系，无论是以往国内外发生过的事故统计分析，还是从现代安全科学的理论研究证实，不安全行为造成了 80 %以上的事故。发生不

安全行为就伴有发生事故的可能性，而不发生不安全行为从根本上来说，就不存在这种危险性。

通过以上分析我们应当认识到，偶然性绝不是侥幸作业的口实，安全作业的着眼点应放在预防上，“预防为主”应首先体现在我们的认知和态度上。只有认知和态度上的预防，才可能从根本上减少不安全行为。那种等到出了事故再注意和重视，依靠血的教训和巨大的不可挽回的损失才能改变认知和态度的做法是愚蠢而不可取的。

（二）麻痹与盲目自信心理

有麻痹心理的人，在行为上多表现为马马虎虎、大大咧咧，作业中缺乏严肃认真、一丝不苟的精神。对安全作业虽明知重要，但往往是口是心非，内心世界总觉得无所谓，缺乏应有的警惕性。造成麻痹大意心理的因素很多，但主要表现在以下几个方面：

（1）认为自己的技术过硬，不会出什么问题。

（2）以往成功经验的强化。

（3）高度紧张后精神疲劳，思想放松。

（4）个性因素，如一贯松松垮垮，具有不求甚解的个体特征。

（5）因循守旧，缺乏创新意识。

盲目自信的人，总认为“这是经常干的工作”“不知干过多少次”“从来没有什么危险”等。在安全学习和培训时，认为自己一切都行，所以很难听进别人的忠告和安全警告。

自信与麻痹，这两种心态总是形影相随、密切相关。在这类心理状态支配下，作业者往往心不在焉，凭经验、习惯、印象进行操作，进而导致机车检查实验时走马观花，作业时漫不经心，没有意识到操作方法有错误；在作业过程中，缺乏应有的警惕性，不注意出现的异常情况。当突然出现与预料相反的情况时，由于没有心理准备，原有定势遭到破坏。因此往往表现为惊慌失措，手忙脚乱，不能及时采取有效措施，终究造成事故。铁路行车实践中类似的例子比比皆是。

（三）惰性心理

惰性心理也称“捷径心理”或“节能心理”，是指在作业中尽量减少能量支出，能省力时便省力，能将就则将就的一种心理状态。这种心态在作业过程中表现为图省事、怕麻烦，不愿受安全规章制度的制约，简化作业，应付差事。这种心理和冒险心理紧密相连，有些人宁愿冒险也不愿多走一步路，如在车站内宁愿钻车也不愿绕行等。

由于惰性凑合心理的普遍存在，所以对安全行车的影响就特别大。这种心理有时还和侥幸心理密切关联着，持这种心理的人认为省点事不至于出问题。但恰恰是这种心理，常常成为致祸的根苗。

（四）冒险心理

冒险心理也是引起不安全行为的重要原因之一，主要有两种情况。

1. 理智性冒险

一些职业由于特殊要求，作业的危险性较大，但也必须进行，如潜水作业、调车员的调车作业等。但这类有相当风险的作业规章制度和作业程序标准都往往规定得很细或要求较为严格，其目的就是通过科学严格的标准化作业，最大限度地减少危险性。还有一种理智性冒险，就是在特殊情况下，如突发事件（抢救落水儿童），必须立即采取措施，挽救诸多生命财产，而此时安全保障条件又不具备但又不得不冒险。这种理智的冒险行为是一种无畏的勇气和不怕牺牲的精神，是一种高尚的行为。

2. 非理智性冒险

这种心理一是受激情的驱使，或为了满足自己的虚荣心。二是常常和赌博心态相伴，当一些违章违纪的不安全行为存在相当的危险性，或在安全作业与有危险的不安全作业进行选择时，具有冒险心理的人往往选择后者，抱着赌一把的心态而选择不安全行为。当选择不安全行为而冒险成功时，这种人会在心态上获得一种快感和满足，并强化自己的这种心态，使其得到在个体内心的巩固，从而使冒险的不安全行为成为一种习惯。如行车途中，通过信号机显示红灯时有两种可能：一种情况是前边区间有车；另一种情况是该信号机故障。按《铁路技术管理规程》规定，应当在该信号机前停留 2 分钟后再以不超过 20 千米/小时的速度运行至下一信号机前，根据下一信号机的显示运行。但具有冒险心理的作业者，以自己主观的心态猜测为信号机故障（臆测），既不在红灯前停车，也不以 20 千米/小时以下的速度运行。如果这样冒险的不安全行为得不到有效遏制，就会成为习惯，成为巨大事故的隐患。

（五）无所谓心理

无所谓心理一般是由于安全意识淡化和薄弱，所以常表现为遵章或违章时的心不在焉、满不在乎。这种心态也分为以下几种情况。

1. 个体认知上的问题

本人根本没意识到危险的存在，也没有认识到规章制度对安全行车的必要性，认为章程、规章制度都是领导用来卡人扣钱的。这种认知上的问题一般是安全教育训练方面缺乏所造成的。

2. 口是心非的安全态度

口头上遵纪守法，行为上却我行我素，在内心深处，根本没有严肃对待规章制度。口头上说要认真对待安全问题，实际行动时却违章违纪。

3. 自以为是的安全态度

认为规章制度规定得太死板，按章作业根本就行不通，所以违章违纪是必要的，不违章违纪就根本无法作业。

由于无所谓心理在安全认知和安全态度等方面的错误认知，持这种心理者在作业行为上常表现为频繁违章违纪和违反作业标准，这对安全行车的影响较大。

（六）逆反心理

心理学家认为，人的动机具有内隐性的特征。逆反心理便是动机这种内隐性的特征之一。这是一种无视社会规范或管理制度的对抗性心理状态，一般在行为上表现为“你让我这样，我偏要那样”“越不允许干，我偏要干”等特征。

逆反心理的行为表现一般有两种：一是公开，明着与领导和规章制度、作业标准对着干；二是用一种隐蔽的抵触行为，阳奉阴违，对于管理人员和同事因自己不安全行为而提出的批评劝阻，当面虚心接受，中止不安全行为，过后不久，又故态复萌，我行我素。

有逆反心理的人对各种安全法规、规章制度缺乏理性认识，对组织的安全生产要求产生一种反感心理。一般来讲，青年人和个性较强的人容易产生逆反心理。另外，一些现场安全管理人员简单粗暴的管理方式，也容易促使作业人员产生逆反心理。

（七）逞能心理

争强好胜本是一种积极的心理品质，同自我表现欲一样属于马斯洛需要层次中的高层次需要。但这种需求强烈的人，发展到不恰当的地步，就会走向反面，会以牺牲安全需要为代价换取逞能心理的满足。有这种心态者对安全知识略知一二，但往往在其逞能心理的支配下，为炫耀表现自己，产生盲目行为，结果事与愿违，酿成事故。

逞能心理是青年人普遍存在的心理特征。一些年轻职工会在这种心理驱使下，为了显示自己的能耐，头脑发热，干出一些冒险愚蠢的事情来，如有的青年工人，几个人一起在无任何指导监护的情况下，扒车代步、飞上飞下，易酿成惨祸。

（八）凑趣心理

凑趣心理是社会群体成员之间人际关系融洽在个体心理上的反映。个体为了获得心理上的满足和温暖，同时也为了对同事表示友爱或激励，和其他个体凑在一起开开玩笑，说些幽默打趣的话，交换些八卦新闻，等等。如果掌握得当，不失为改进群体气氛、缓解紧张情绪、消除疲惫情绪、增强群体间感情沟通的一种方法。但是，如果掌握得不适度，不但不会起到调节情感、增进团结的积极作用，相反还会伤害一些群体成员的感情，产生一些误会或矛盾，进而导致一些不理智的行为。例如，一些安全意识不强、安全作业经验不足的人员凑在一起，在作业繁忙的站、场内互相取笑，追逐打闹，甚至相互设赌，冒险违章违纪，常常埋下了重大的人身伤害事故的隐患。

（九）急躁心理

急躁心理是一种较为常见的心理品质，办事情、做工作喜欢快捷，内心世界对慢节拍有着反感和厌恶的情结。在作业过程中，无论是机车检查、实验，还是机车操作，缺乏一丝不苟的认真精神和标准化作业心态，常常表现为快节奏、图痛快，总认为越快越好，所以经常伴随着执行作业标准敷衍了事、简化作业的不安全行为。如果遇到调度或其他工种人员的催促，则更会忘乎所以，把安全问题抛到脑后，由快而变成冒险行为，往往由此埋下事故隐患或直接造成事故。

除上述几种易于引发不安全行为，从而导致事故的心理状态外，还有一些心理状态也与安全行为有关，例如从众服从心理、疲劳心理、好奇心理等，也会导致不安全行为。应注意识别这些心理状态并加以重视。

应当注意，一些不安全行为的心理状态常是紧密相连的，一种不安全行为往往由几种心理状态所支配，如侥幸心理常常和冒险心理、凑合心理等联系在一起。同时，一种心理状态也会引起众多不安全行为。在进行安全教育和安全指导时，应加以识别，在了解掌握受教育对象真实的心理状态后，因人而异采取适宜的方法，只有这样才能收到应有的成效。

复习思考题

1. 机车乘务作业的要求是什么？
2. 机车乘务作业的标准是什么？
3. 机车乘务作业的特点是什么？
4. 机车乘务作业的行为特征有哪些？
5. 机车乘务作业的行为分类有哪些？
6. 机车乘务作业的安全管理系统有哪些？
7. 分析机车乘务作业不安全行为的原因。
8. 机车乘务作业不安全行为的心理分析。
9. 影响机车乘务作业行车安全的心理因素。
10. 全面分析机车乘务作业行为心理过程。

项目四　机车乘务群体与行车安全

【本项目要点】

熟知群体的基本概念及特点，了解群体的类型和特征，掌握机车乘务群体内的行为，分析机车乘务群体与行车安全的关系及有效群体与行车安全的关系。

任务一　群体概述

一、群体的概念

群体有广义和狭义之分。广义的群体是指某类人群，如“弱势群体”“农民工群体”等。而本书所说的群体为狭义的群体，有时也称团体或团队，是两个及两个以上的人为了实现共同的目标，以一定方式结合在一起，相互依赖、相互交流，由此组成的人的集合体。

群体是两个及两个以上人员的有机集体，不同于人群个体的无序集合，群体是有其特定内涵的，在车站候车、在马路上围观的人们，是游离无序的聚合，虽然在时间、空间上有某种共同的特点和目的，但在心理上无共同目标，行为上也无相互依赖、相互影响和相互作用的关系，只能称为人群。而群体则是由于某种共同的社会心理特点，以特定的方式组合起来的人群，而不是无序的人群。

机车乘务群体与一般人群相比，具有以下几个特点：第一，群体成员有着共同的目标和共同的社会行为，这是群体存在或形成的基础。第二，有一定的组织结构，群体中的每一个人都处在一定的地位之中，充当一定的角色，承担一定的责任，享受一定的权利。第三，群体成员之间相互依赖，具有共同的社会心理特点（如某种共同的态度和情感）和“我们同属一个群体”的感受。第四，成员之间在行为上相互交往、相互作用、相互影响，有较为一致的行为，群体中的目标、作风、守则、传统、操作规程和一些不成文的规定等对群体成员具有较强的约束力。第五，成员之间心理相容与接受程度比较高，不仅能在工作、生活等方面相互关心、相互帮助、相互尊重、团结协作，而且在思想和观念上趋于一致，对群体都富有责任感、荣誉感、自豪感和归属感等肯定的情感体验。

二、群体的类型

群体的类型较为复杂，可以从不同的角度，根据不同的标准划分。常见的群体类型可分为以下几种。

1. 正式群体和非正式群体

正式群体是指由一定社会组织认可的，有明文规定的群体，如学校、铁路局及车站、车间等都属于正式群体。正式群体在企业内部占主导地位，有完备的组织结构、目标、规章制度、人员定编及明确的职责分工。由于受到规章制度和组织纪律的严格约束，所以成员对群体有一种明显的服从心理。群体成员的行为有着较高的一致性，安全目标主要是依附于正式群体及成员的相互作用来实现。

非正式群体是人际关系中最常见的群体，一般是指人们在相互交往中，建立在某种共同利益或共同目标的基础上，自发形成的、没有正式明文规定的群体，是从成员暂时的活动、交流和情感中发展起来的，以满足他们的社会需要。例如，某一组织中的老乡、志趣相投的伙伴、业务兴趣小组等。群体中往往会自然产生“精神领袖”式的人物，被成员认可和拥护。非正式群体的相互关系结构和一些不成文的规定虽没有正式群体那样严密和正统，但对成员的影响还是较大的。例如，群体能够操纵奖惩规则而迫使成员遵从其行为准则，当某个成员没有遵从群体规范时，会受到嘲笑或被孤立。当凝聚力较强的非正式群体与组织目标不一致或规范准则发生冲突时，非正式群体将会成为组织目标实现的障碍。非正式群体所存在的这种效应，对安全作业的影响应引起有关人员的重视，应通过加强有效的引导予以减少。

2. 大型群体和小型群体

根据群体规模的大小和信息沟通方式的不同，可以把群体划分为大型群体和小型群体。划分标准为：群体成员的数量和成员之间是否存在直接的、面对面的交流。一般说来，2～20 人的群体具有直接、面对面交流的特征，因此构成小型群体。而大型群体成员之间的信息交流主要是间接的，通过共同的目标、群体规范和机构间的信息沟通建立相互联系。如企业、线段等一般可视为大型群体，而生产组、机车组、机班等，可视为小型群体。

大型群体和小型群体不同的内部联系方式、不同规模的群体行为会对群体成员的心理产生不同的影响。在小型群体中，由于人们直接、面对面地交流，成员间存在心理上和感情上的联系，所以心理因素的作用较之大型群体中的作用要大得多，行为一致性也高很多；而大型群体则主要靠规章制度进行行为控制。因而，安全行车的规章制度一般是由中国国家铁路集团有限公司（国铁集团）、铁路局集团公司和站段制定，但规章制度的执行和落实，包括安全目标的最终实现都要靠小群体来完成。

3. 长期群体和临时群体

长期群体是结构相对稳定、存在时间较长的群体，如公司、学校、企业等。这类群体虽然成员可能发生变化，但存在形态是稳定的。长期群体一般都是正式群体。临时群体是指为了完成临时任务而临时组建的群体，可能是正式群体，也可能是非正式群体。例如，安全管理过程中的安全检查组、事故调查组、临时消防队，这类群体存在的时间较短，几个月、几周、几天，甚至几个小时，一旦任务完成，群体即自行解散。

长期群体有利于安全管理的稳定，但也可能缺乏创新而不利于安全行车。例如，一些货运机务段在严格管理方面就不如一些客运机务段。

4. 固定群体和动态群体

固定群体的人员数量、具体人员和作业任务是固定的或相对稳定的。例如，铁路作业现场的调车组，长途客、货机班、解货机班、机车检修车间的班组等，这些群体的人员、人数和任务在相当长的时间内都是固定或相对稳定的，一般都是正式群体。动态群体一般在人员、人数或任务上都不太稳定，如机车乘务机班中由替补人员所组成的机班，在人员和任务上都是根据实际工作需要临时组成的，还有一些非正式群体在人员、人数上经常变动，都属于动态群体。

固定群体和动态群体对行车安全的影响是不同的。固定群体由于人员和作业任务相对稳定，作业人员对同事和作业环境比较熟悉，形成心理相容和行为上的优势互补，有利于彼此之间默契配合和熟练作业，减少疲劳和不安全行为。动态群体的缺陷是彼此间对作业环境不熟悉，若形不成心理相容和优势互补或安全意识淡化，则有可能导致共同违章行为。

5. 实属群体和参照群体

实属群体又称“隶属群体”，指个体属于正式成员，其行为应服从于规章制度和纪律约束的群体，如个体所在的班组、机车组、机车队等。

参照群体也可称为榜样群体或标准群体，指个体并未实际参加群体，但又自觉接受群体的规范、准则，并以此指导自己行为的群体，即个体在心理上向往的群体。参照群体具有比较职能，个体可以用它对自己的行为进行标准评价，如发现不符合参照群体的标准，个体就会修正自己的行为。

研究参照群体在安全管理中具有重要实践意义。应该在作业现场树立达标机车组和标准化机班、个人，使员工有榜样、有目标，从而形成有效的竞争激励机制和环境。但也要注意到对安全生产有负面影响的参照群体，如因违章违纪被发现而未受到处罚，反而受到奖赏的机车组、机班、个人。值乘在外或待乘人员暗地聚众打牌、下棋或娱乐、喝酒等非正式群体，这类群体会对一些安全生产意识不强的员工产生不好的示范效应。如果安全意识不强的员工把这种群体作为自己的参照群体，就会养成违章违纪的恶习，进而埋下事故隐患。

关于群体的划分还有很多种。如按群体的开放程度，可划分为开放群体和封闭群体；根据群体的性质，可划分为任务型群体和人际关系型群体；按群体的不同目标，可划分为职能群体、项目群体和兴趣群体；按群体成员的关系，还可划分为松散群体、联合群体等。

三、群体的功能

群体是社会大系统的基本单位，在个体、群体和组织社会结构中，群体起着中介作用，是组织与个体之间沟通的桥梁，对组织行为和个体的心理及行为有着深刻的影响。具体来讲，群体的功能有以下几个方面。

1. 完成群体目标或组织赋予的任务

这是规范群体的基本功能。群体作为组织的子系统，围绕企业的安全生产总目标，层层分解，展开细化成各个群体的具体目标，在各自的职能范围内加以落实，从而保证组织安全目标的实现。

2. 协调群体内部的人际关系

群体成员长期在一个环境中工作、学习、生活，既可能形成亲密友好的信任协作关系，也可能会产生一些矛盾和冲突。群体可利用本身组织的力量，根据矛盾和冲突产生的不同原因，有效化解和清除。通过思想政治工作和心理咨询、开展批评和自我批评、协调好人际关系，增进成员的团结协作和群体的凝聚力。

3. 有效的信息沟通

在群体内，成员可以利用各种正式渠道和非正式渠道，采用各种方式，了解信息，交换情报，沟通各方面的信息。如有关行车安全方面的事故通报、安全技术、违章违纪的奖惩等安全生产动态，群体内成员的变化等，都可以在群体中得到迅速而又广泛的传播，正因为群体能沟通多方面的信息，所以成为人们了解他人和社会的一个窗口。

4. 满足群体成员的心理需求

个体通过工作来满足部分需求，通过群体得到只有群体才能提供的心理需求。一般认为，群体成员可以在群体中获得以下几种心理需求：

（1）获得归属感和依赖感。群体中个体在与群体成员进行沟通和相互作用时，可获得友谊和支持。作为群体中的一员，当发生心理困惑、生病、疲劳或遇到困难时，能通过群体进行倾诉或发泄，得到群体成员的安慰互助和鼓励。

（2）获得安全感。个体在群体中工作、学习和生活，可减少孤独和恐惧，获得心理上的安全感。

（3）满足自尊的需求。个体可以通过自己在群体中的角色和地位，发挥自己的长处，得到其他成员的尊重、认同和赞扬，产生自我确认感，满足自尊的需求。

（4）增加自信心和力量感。在群体中经过大家共同讨论，交换信息，得出一个正确的结论，可以使个体的某些不明确、无把握的看法获得支持，增加他们的自信心。

5. 促进成员间的相互学习和激励

当今社会是知识爆炸、科技快速发展与更新的社会，终身学习已成为群体中每个成员的使命。个体可以在集体学习进步的气氛中，通过灵活多样、互帮互助的学习方法，不断提高技术水平和作业能力。成员间的行为模仿是群体中一种特有的学习方式，值得重视的是，一些不安全行为也是通过这种方式传播、扩散的。

通过激励可以调动人的积极性，对于提高社会安全生产绩效具有重要作用。群体通过创造竞争向上、安全生产光荣的环境和气氛，可以形成你追我赶、相互竞争、共同提高的安全生产风气和士气。

任务二　机车乘务群体行为分析

一、社会促进与社会抑制

群体行为与个体独自一个人时所采取的行为往往不同。有时候，有其他人在场，个体在群体中的安全心理比没有其他人在场时要好，这种现象被称为社会促进。有时，个体的作业效率和安全行为要比没人在场时差。个体的作业效率降低，而操作失误率增高，这种现象被称为社会抑制。群体对个体安全作业行为究竟起促进作用还是抑制作用，主要取决于以下几个因素。

1. 作业性质

大量的实验表明，如果一种作业需要的是熟练的、简单的反应，即优势反应，那么他人在场所引起的驱动力，对作业绩效的提高会有帮助。因此，在进行简单的作业时，他人在场会起到促进作用。然而，如果一种作业所要求的反应或技能是复杂的、不熟练的，那么，他人在场所引起的驱动力，会影响作业绩效，如初学打字时，他人在场，打字的速度会比没有他人在场时慢得多。

2. 竞争心理

人们通常都有一种成就动机，这种动机的强弱程度与它对个体活动的推动作用的大小成正比。个人的成就动机在有他人在场时表现得特别强烈，希望自己的工作比他人做得更好，这时强烈的成就动机就会转化为竞争动机，即使是两个人在场，也比一个人时作业效果好。而个体单独作业时，缺乏较量的对手，劲头自然不足，这种现象被称为结伴效应。

3. 被他人评价的意识

个体在群体作业时不可避免地会产生被他人评价的意识，总认为他人有评价自己的可能性。这种意识一旦产生，就会对个人的作业行为起推动作用。

以上三种因素都是个体动机或驱动的作用，竞争心理和被他人评价的意识是结伴效应的心理基础，而结伴效应对安全行为是促进还是抑制，不可一概而定，要以群体的环境而定。

二、社会惰化与社会补偿

社会促进作用涉及的是旁观者在场与否对一个人作业绩效的影响。那么，一个人单独作业与一个人同其他人一起作业会对作业绩效有什么不同影响呢？生活中存在着一种普遍的现象，即集体工作时人们常常会“无意识”地懈怠，似乎集体中的大多数人倾向于让少数人去做事情。这种个体在与他人一起工作时付出的努力比单独工作时小的现象叫作社会惰化，也称社会浪费。

1. 社会惰化是集体工作时存在的一种普遍现象

最早的研究始于 19 世纪一位法国的农业工程师格林曼，他精心设计了检测工作效率的拉绳实验。他把被试者分成 1 人组、2 人组、3 人组和 8 人组，要求他们用尽全力拉绳，同时他用灵敏的测力器测量被试者拉绳的力量。根据对社会促进作用的研究，我们猜测在同别人一起拉绳的时候，一个人付出的努力应该比单独拉绳时付出的要多。然而，结果正相反。单独拉绳时付出的力量为 100%，2 人组时为 95%，3 人组时为 85%，而 8 人组时则降为 49%。以后的学者对社会惰化现象进行了一系列的实验研究，证明在拉绳以外的事情中也可以观察到这种现象，且在各种不同的文化背景中都会发生，即使在儿童当中也会发生。由此可知，社会惰化是集体工作时存在的一种普遍现象。

2. 社会惰化的原因是责任扩散和社会评价

当一个人独立作业时，通常认为自己要对所从事的作业负责，然而集体作业时，这种责任感就扩散到其他人身上，这种责任扩散是社会惰化的根本原因。责任扩散也称责任分摊，也是一种较为普遍的社会现象。机车乘务作业中的一些违章违纪行为和不安全行为就是由此心理状态引起的，如两人组成的乘务机班，一些副司机认为由司机操作，他就应该对作业安全负责。所以，在这种心态作用下，就不会全力以赴地辅助瞭望、呼唤应答，甚至作业中打瞌睡。而有的司机在“有一人负责瞭望就行了”的依赖心态驱动下，值乘前不充分休息，在行车作业中打盹睡觉。而当具有这样心态的司机和副司机构成一个机班值乘作业时，所形成的两人同时打盹睡觉、无人瞭望驾驶的不安全状态极易引发行车事故，在以往发生的一些行车重大事故中，不乏这样的案例。

社会惰化的另外一个原因是社会评价。当个人同其他人在一起作业时，会认为自己的努力不会被别人看到，别人不会知道他干得是好是坏，因此不必为自己的行为负责。

3. 减少社会惰化的方法

如何减少社会惰化，可以采取以下几种方法：

（1）在集体作业时，除了对集体作业绩效进行监测外，也对其中的个体作业绩效进行监测。这样每个个体就会竭尽全力，不会出现社会浪费。

（2）采用科学合理的人力资源管理办法，对一个人或少数人能完成的作业，决不增加人数，这样既减少了因多余作业人员有可能增加的不安全因素和责任扩散，也从源头上减少了社会惰化的产生。美国的铁路企业就是采用这种方法来减少社会浪费和安全责任扩散的，如机车乘务作业中的单司机值乘等。

（3）使每一个个人付出努力的作业都易于鉴别，例如计件工资、作业质量的自动记录评定、规范的安全作业奖惩制度等。

（4）对群体的高效率进行激励，如物质奖励和精神鼓励，鼓励团队精神。这样每个人就会把群体的利益同个人利益紧密联系在一起。

4. 社会补偿

社会补偿是集体工作时与社会惰化正好相反的现象或行为。在一些情况下，个体在一个集体中会付出很大的努力去弥补群体中的不足或失误。例如，在行车作业过程中，负责任的副司机会及时弥补因司机间断瞭望或操作不当所造成的失误，防止事故的发生。还有瞭望认真的机车乘务员会及时发现邻线运行列车的不安全状态，并通知其机车乘务员采取措施，从而有效地防止事故的发生。研究者把这些现象称为社会补偿。

社会补偿的出现需要一些基本条件：一是当事人认为同事工作得很不认真。二是当事人认为集体工作的质量是很重要的，如认为行车安全很重要，自己应该对此负责。三是当事人认为涉及个体利益或人身安全，如发生事故自己也要受罚或伤及自身，而防止事故自己就会得到表彰和奖励。这就是说，当人们关心群体的绩效而又认为同事不可靠、不愿努力工作或没能把工作做好或者涉及个体利益和人身安全时，人们会努力工作以补偿他人的不足或失误。

三、从众行为

在社会生活中，从众行为是一种典型的社会现象。特别是在群体内部，这种现象就更为普遍。所谓从众行为是指个体在群体压力下，放弃自己的意见而采取与群体中大多数人一致的意见或行为的现象，也叫相符行为，俗称随大流行为。

（一）从众行为产生的因素

从众行为产生的因素很多，但主要有以下几个方面。

1. 渴望被群体接受和喜欢，获得安全感和归属感

一方面，人们通常希望别人能够接受自己、喜欢自己、友好地对待自己。当人们为了获得群体的接纳而改变自己的行为方式，使其符合群体的规范和标准时，规范性影响便起了作用。另一方面，对一个人来说，当自己的行为与群体的行为完全一致时，心理上就感到安稳；当与大多数人意见不一致时，就感到孤立。因此，人们基于寻求安全归属的心理，产生了从众行为。

2. 信息影响

从众的一个重要原因就是其他人的行为能够提供十分有用的信息。从某种程度上说，一个人掌握的知识信息和实践经验都是有限的，因而他人往往会成为我们获得所需信息的一个重要来源。个人生活在群体里，总是要从他人的知识和经验中获得一些帮助。一般来说，我们对事物了解得越少，就越看重他人的意见，也就越容易产生从众行为。就好像你来到一个新地方，站在无路标的十字路口，辨别不清方向，需要别人指引正确的方向一样。

3. 个性特征

许多基本的个性因素，如个人的智力、能力、情绪、自信心、自尊程度、性别、年龄等都与从众行为有关。独立能力较低、情绪不稳定、依赖性强、缺乏自信和重视权威、墨守成规的人，较易出现从众行为。

4. 情境因素

这方面的因素很多：一是群体的性质。群体的声望越高，成员对它的认同就越强，其作用力也就越大，个体越易从众。二是群体的氛围和凝聚力。群体的凝聚力越强，个体越易从众，群体对坚持己见者无容忍态度或公开威胁，并对从众者给予奖励时，则会强化群体的从众行为。三是群体的规模。一系列的实验表明，在一定限度内，从众性的强弱随多数人一致性的规模增长而增长，群体一致性的人数较多，产生的从众性也就越强，群体规模在 7～8 人时，从众行为最容易出现。

5. 问题的性质

某一问题复杂不清、无明确标准，个体难以把握时，则易受他人的影响；反之，问题较简单，有明确标准时，个体易把握，则不易从众。

（二）从众行为的表现形式

从众行为的表现形式可以分为以下四种。

1. 心服口服的从众行为

这是当群体目标与个体期待目标一致时，个人在心口两方面没有任何冲突，是个体与群体之间最理想的状态。

2. 表面从众，而内心却拒绝

这是假从众，即口服心不服，心理学上称之为“权宜从众”。这是当个体不赞成群体的行为或做法，认为自己反对会造成不利的后果，而自己又无法脱离该群体时容易出现的情况。此时，个体心理上呈现不协调、紧张的状态，内心形成冲突。在这种状态时，个体会出现容纳心理或至少不反对，以实现内心的平衡。例如，值乘在外休息的机班，几个司机和副司机在外就餐时，司机提出离走车还早，为解渴每人喝一瓶啤酒（按规定值乘在外休息时不得饮酒），该班的副司机并不想违规饮酒，但碍于与司机长期搭班的关系和自己以后种种利益，只好一起饮酒，这就属于假从众的情况。

3. 口心一致不从众

这是不与群体妥协的状态。对于原则性问题，一些原则性强的个体往往会持这种态度。造成这种状态的原因可能是个体确信自己正确，有信心改变大家的意见；也可能是个体心中已想脱离该群体，并不感到孤独；还可能是个体在权衡各种利害关系后，认为这样对自己会更好一些。例如上述事例中的副司机若坚持不值乘在外饮酒就属这种情况。

4. 表面不从众，内心却接纳

这种情况在日常生活和作业现场也经常遇到，多发生于个体由于身份地位的特殊而存在某种顾忌，不便于表现其真实的内心状态这种情况。这种状态多发生在公众场合，个体在口头上不同意群体的要求或行为，但内心却赞同。这时，个体表面上虽不从众，但也不会阻止群体的这种行为。如一些安全管理人员在公开场合虽一再要求遵章守纪，但在安全检查人少的场合，对作业者的违章行为却不加制止或不按规定处置，尽管自己没带头违章违纪，但觉得这么做太得罪人，对自己不利，因此容忍了作业者的违章行为。

（三）从众行为对行车安全的作用

从众行为对行车安全具有两面性。若引导得当，可产生积极作用，若放任不管或引导不当，则会产生消极作用或妨碍影响。适当引导、充分发挥从众行为的积极作用，克服其消极作用，使个体行为朝着符合安全行车要求的方向发展，是实现安全行车的一项重要工作。

1. 积极作用

其积极作用在于：从众行为有利于增强个体的安全意识，改变个体的不安全行为，使群体成员产生一致的安全行为，实现群体的安全目标。它能促进群体内部安全价值观、安全态度和安全行为准则的形成和保持，提高群体的事故防范能力，维持群体良好的安全绩效。它有助于群体凝聚力的形成，有益于群体成员的互相学习和帮助，提高群体的安全作业能力，增强成员的安全成就感。

2. 消极作用

其消极作用在于：它易于引发违章违纪的风气和不安全行为的蔓延，不易于发挥个体在安全行车管理中的主动性，容易淡化群体的安全意识，把团体利益放在第一位，形成单纯追求生产任务和经济利益的倾向。

四、群体绩效

群体绩效的高低与群体所完成的任务种类有关。

1. 在累加任务中，群体绩效是群体中每个人努力的总和

当几个人一起在钢轨上推一辆车时，群体的力量就是每个人努力的总和。在累加任务中，一个重要的因素就是群体成员是否能有效地协调他们的努力。例如，在推车辆时，每个人都在同样的时间、同样的方向推车很重要。虽然社会情化可能会减少每个人对累加任务的贡献，但整体效果一般会超过一个人的效果，大群体的生产力一般会超过小群体的生产力。

2. 在联合任务中，只有群体中所有成员成功，群体才能成功

例如，一个机班、站段、铁路局中的一个人发生了事故，就会影响整个站段和铁路局的安全绩效。对于联合任务，群体的效果只能和能力最低或安全绩效最差的人一致。这与管理学中“木桶原理”（木水桶的剩水量是由最低的那块木板决定的）相似。群体成员的成功合作对于联合任务来说也是很重要的。

3. 在分离型任务中，只要群体中有一个成员成功解决了问题，群体就成功了

例如，在事故救援现场，一个人正确救援方案的成功实施，就是救援队或铁路局救援的成功，特别是时间对事故性质有重大影响时更是如此。在这种类型任务中，群体绩效取决于最有能力成员的能力大小。在依靠技术创新和管理创新的群体中，更能充分说明这一点。

4. 在分工型任务中，群体任务是由群体成员分工完成的

例如，在检修一台机车时，是由诸多不同工种的个体按照分工同时进行并完成的。在这类复杂的任务中，群体的检修质量不但依赖于群体中最好或最差的成员，而且依赖于群体成员在压力下的合作努力。对于铁路运输这种极为复杂的任务，总体来说也属这种情况。

任务三　机车乘务群体与行车安全

群体成员之间和不同群体之间每天都在发生着互动，而互动的主要方式为人际沟通、冲突、竞争与合作等。

一、人际沟通

所谓人际沟通，是通过一种或多种信息媒介，对想法、事实、信念、态度和感受进行传递和接受，并且有反应产生的过程。

（一）人际沟通的基本方式和要素

精确的人际沟通，是指发出者想要传递的想法、信仰、事实、态度或感觉，接受者都对其有同样的理解和解释。这一基本方式包含了如图 4-1 所示的要素及含义。

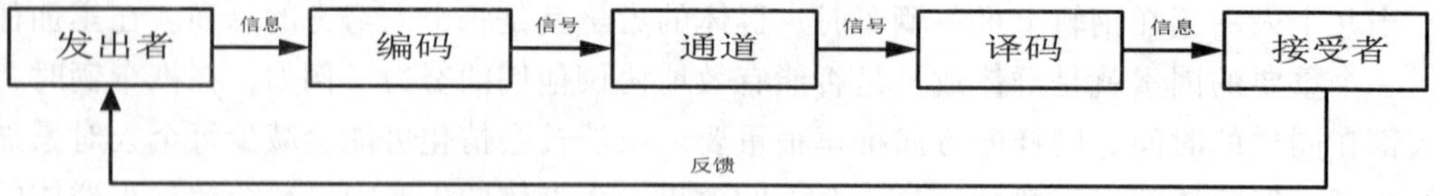

图 4-1　人际沟通的基本方式

1. 发出者和接受者

发出者和接受者是人际沟通的主体，但两者的角色位置不是固定的，而是可以对调的。当接受者对发出者进行反馈时，最初的接受者就成为发出者，而最早的发出者就成为接受者。这实质上是人际沟通过程中个人的想法、感受、信念、价值和态度的相互交换。

2. 媒　介

人际沟通必须借助发出和接收信息的工具，包括发出者使用的传导物和接受者使用的感受器，它们叫作媒介。传递可通过语言和非语言的方式进行。一旦传递开始，沟通过程就超出了发出者的直接控制，一个已经传递的信息是不能收回的。信息传播的媒介有对话（包括面对面、通话、短信等）、电子和声音邮件、QQ、录音、传真等方式，而每一种方式都有其长处和不足，可以根据内容和对象的特点，选择一种或几种方式进行信息传递。

3. 信息和通道

信息的内容应遵循有用、新颖、健康、真实的原则，这样有意义的信息才具有相应的价值，否则无用的信息只能是干扰的噪声或沟通垃圾。这里的意义还代表了发出者个人的想法、感受、信念、价值和态度。通道是信息从发出者到接受者的方式。

4. 编码、解码

所谓编码，就是赋予发送的信息个性化的含义。语言和知识在发出者编码能力中占重要地位。在传递过程中，采用文字、图像、声音、色彩、动作等作为信息的载体。编码后的信息即为信号。接受者必须通过解码赋予接收到的信息以个性化的解释含义，才能将信息内容还原，然后以自己的认知模式对其进行解释和接受。这种认知模式受个体知识、经验、职业、性格等因素的影响。人际沟通的理想状态是发出者的本来意义与接受者的理解意义相同。

5. 反　馈

反馈是指接受者对信息的反应。反馈让发出者知道信息是否如所想的那样被接受了。通过反馈，人际沟通成为一个动态的、双向的程序，而不仅只是一个事件。反馈是信息沟通得以持续进行的重要保证。

（二）影响人际沟通的因素

由于人际沟通是在人与人之间进行的，所以人的沟通能力、方式、心理状态和沟通环境是影响人际沟通的主要因素。

1. 语言文字的运用和沟通的表达方式

语言文字是沟通的工具，只有规范、明确、易懂，才能发挥其作用。表达方式必须是双方都明确的或可手比眼看的方式，若达不到标准化要求，采用可理解和可接受的方式，如“呼唤应答”中的语言就不能进行准确的沟通。

2. 个体人格因素

如个体人格特质所导致的低适应（紧张、自我怀疑、喜怒无常）、低社交（羞怯、不自信、退缩）、低责任心（冲动、粗心、无责任心）、低合作性（独立、冷漠、粗鲁）、低心智开放（迟钝、没有想象力、平淡）等沟通障碍。还有内向者好静、不愿意表露情感，教条的人思想封闭、人云亦云等，这些问题都从不同方面影响着正常的人际沟通。

3. 人的知觉状态

人的知觉是人际沟通时发出和接收信息的传导物和感受器，其状态如何，直接影响着正常的沟通。个体知觉错误，包括知觉防御（保护自己的观念和目标免受威胁）、定型（仅仅根据个人被归属的类别，就把某种品质赋予某人身上）、晕轮效应（仅仅在一种喜欢，不喜欢的印象基础上就对某个人进行评价）、投射（在他人身上看到自己特质的倾向）和高期望效应（左右知觉事件、目标和人的预先期望）。判断问题时过低估计情景外在因素影响，过高估计个人行为因素影响，这类问题容易导致沟通中轻信或责备他人的后果。

4. 通道噪声

通道噪声指在通道中对原信息的任何干扰。如两人谈话时电视或收音机里播放的嘈杂的音乐、列车的振动声和机车的轰鸣声等都是噪声。噪声的大小决定着对沟通的干扰程度。人们只有通过重复信息或提高信息的强度（音量）来克服噪声。

5. 撒谎和失真

发出者为了误导一个或多个接受者，或为了满足自己的某种需要，有时会发出错误的信息，其目的是让接受者把谎言当成事实。失真是发出者在撒谎和完全诚实之间使用的信息，如使用暧昧的、含糊的、非直接的语言发出的信息等。沉默也是一种失真形式。无论是撒谎还是失真，都无法实现有效的人际沟通。

6. 反馈状况

人际沟通总是在不断反馈的过程中持续进行的，而只有信息反馈，才能保证和提高信息交流的速度和质量。如乘务作业中“呼唤应答”和“车机联控”中的“应答”都属标准的信息反馈。若无及时准确的反馈，将会中断沟通或降低沟通效果。

（三）人际沟通对安全行车的影响

铁路运输是由多工种同时协调进行的，正常有效的人际沟通是安全行车的前提和保证。如各类行车信号的发送和接收、“车机联控”“呼唤应答”等，都必须标准且快捷。在特殊情况下，行车沟通时，若稍有差错，就会直接导致事故的发生。同时，诸多的事故研究表明，沟通过程中各环节（信息发送、接收、转换等环节）的失误是造成人为事故的主要因素。此外，各类群体内和群体间有效的人际沟通是保证群体生存、发展和实现安全目标的基础，也是提高和培养群体成员沟通能力所必备的条件。

二、竞争与合作

任何群体都普遍存在竞争与合作。有时候，群体成员相互合作，互帮互助，分享信息，为共同利益而工作。但有时候，群体成员也会相互竞争，他们首先考虑个人利益，希望在能力等方面超越其他人。

（一）竞争与合作的决定因素

1. 奖励方式

奖励方式主要有竞争性奖励方式、合作性奖励方式和个体化奖励方式。

（1）竞争性奖励方式。当一个人的获得意味着另一个人的损失时为竞争性奖励方式。这是一种为鼓励竞争上进而普遍采用的方式。例如，在一个车间或一个机车组安全奖金固定的情况下，一个人的多得意味着其他人的少得。在这种情境下，各成员竞争的相互联系是负性的，也就是说一个人做得很好，意味着其他人就做得很差。这种情境被称作竞争性共存。如果个体希望得到奖励，就必须竞争。

（2）合作性奖励方式。合作性奖励方式是对竞争中获胜的群体予以奖励。在这种情境中，群体各成员之间的相互关系是正性的，这种情境被称作合作性共存。如一个机班、一个机车组想获得安全奖励，就必须通力合作，赢得优胜。每一名成员的表现越好，群体优胜的可能性就越大。在一个合作性奖励的情境中，对希望获得奖励的个体来说，最佳途径就是合作。

（3）个体化奖励方式。如果个体彼此独立、互无影响，对此个体的奖励即称作个体化奖励方式。这时，个体间的关系是独立的，某个个体的结果不会对其他个体造成影响。如果某机务段对实现安全牵引 1000 列的司机予以奖励，那么这个机务段每个司机不受其他司机的影响。在这种情况下，司机可以选择竞争或者合作。

2. 个人价值观

个体在与他人发生关系的过程中，通常采用以下三种方式中的一种：

（1）合作者倾向于个体利益最大化和与他人的共同利益最大化。

（2）竞争者倾向于使自己的收益相对于他人的收益最大化，他们希望比其他人做得更好。

（3）个人主义者倾向于自己的收益最大化，而不考虑他人的利益或损失。

在群体工作或作业的情况下，个人的价值观对他们的最初行为有重要影响。合作者通常以合作的行为开始互动，而竞争者则以竞争性的行为开始行动。随着时间的推移，人们会根据另一方的表现改变自己的行为。如果对方是个高度竞争性的人，那么即使是最希望合作的个体也会采取竞争性的行为。

3. 沟　通

通常，沟通越多，人们越倾向于合作。群体内一般存在三种不同的沟通情境，有的要求彼此沟通，有的对沟通表现出犹豫，有的则不愿彼此沟通。当沟通是强制性要求的时候，合作性最高；当不愿彼此沟通时，合作性最低。

4. 互惠性

在群体中常常看到，最初的竞争会引发更多的竞争，最初的合作有时鼓励了更多的合作。在这种相互作用的过程中，双方轮流做出让步的策略，对促进合作十分有效。

（二）竞争与合作的作用

群体内无论是合作还是竞争都没有绝对的好坏之分，都是群体必不可少的，主要取决于情境。

提倡或保持群体间或群体成员之间适宜的竞争，如“安全百日竞赛”“安全知识竞赛”等，有助于增强群体和群体成员的安全意识和安全作业能力，培养和造就员工竞争向上的精神。但若把握不好，也可能会产生副作用或反作用。例如，过多的竞争或过度的竞争会使员工产生厌烦情绪或感觉压力过大。

合作亦是如此。铁路运输的许多作业都是依靠分工合作才能进行或完成的，无有效的合作，其安全作业是无法保证的。以两人的机班为例，起码会产生出 $1+1>2$、$1+1=2$ 和 $1+1<2$ 三种截然不同的结果。然而，无原则的合作会诱发群体共同违章违纪，甚至造成事故。在以往的事故案例中，因群体共同违章违纪所造成的事故也是相当多的。

三、冲　突

即便是最好的群体或个体的关系中，冲突也是不可避免的，所谓冲突，是指一方（个体或群体）感到自己利益受到另一方反对或消极影响的过程。有效把握，及时处理好各种冲突事件，是保障行车安全的一项重要内容。

（一）冲突的种类

常见的冲突有目标冲突、认知冲突和情感冲突三种。目标冲突是指不一致的看法所引起的冲突，来源于偏好或预期的结果不一致，既包括个体本人内心的不一致、个体或群体之间的价值观和规范的不一致，也包括个体或群体之间的价值观和规范（如行为标准）与组织的要求或者分派任务不一致。认知冲突是在个体本人或个体之间的思想不一致时发生的冲突。情感冲突则发生于当个体本人或个体之间的情感不一致时。例如，热恋中的情人的冲突多为情感冲突，而作业现场个体本人或个体之间在选择遵章或违章就是由于思想上的不一致，属于认知冲突。

（二）冲突的层面

群体中有四个基本层面的冲突：个体自身的、个体之间的、群体内部的以及群体之间的冲突。这些层面通常是相互联系的。

1. 个体自身的冲突

个体自身的冲突发生在个体内部，通常涉及一些目标认知或情感形式的冲突，往往在个体的行为将导致互不相容的结果时会引发这种冲突。个体自身的冲突常导致内部的紧张和挫折。引起个体自身冲突的原因主要有以下两方面：

（1）认知失调。当个体认识到自己的思想和行为不一致时，就会产生认知失调。这种不一致通常会引起压力感和不舒服感，导致个体内部的冲突。当不舒服感达到一定水平时，会使个体通过改变思想或行为，或者获得有关造成不协调的事件的更多信息来达到平衡。

（2）神经过敏倾向。神经过敏倾向是个体在无意识情况下运用的引起内部冲突的非理性人格机制。神经过敏倾向者不信任他人，总是担心不确定性和风险，依赖于预感和印象，而不是依据事实进行判断和处世。其常见的反应是对他人公开的或隐蔽的攻击和敌意，所以常常引起冲突而又不能自己解决问题。

2. 群体内的人际冲突

当群体内两个或更多的个体感觉他们的态度、行为、价值观或目标不一致或各种信息和压力不相容（相对立），或人格差异较大难以相处的时候，就会产生人际冲突。这些应对行为通常包括争执、言辞攻击与敌意的沟通、退缩或共同努力解决问题。这类冲突通常具有两面性，一方面是影响群体的发展与作业的有效性；另一方面是鼓励正常的争执，可使个体畅所欲言，发挥其在安全生产中的主动性和创造性，同时可减少个体的内心压抑。

3. 群体间的冲突

群体间的冲突是指群体之间的对立、意见不同和争执，如机车组之间或机车组内的机班之间的冲突等。在高度竞争和激烈冲突的情况下，当事方会对对方产生不信任、只关心自我利益、不愿意聆听等特征，如分析事故时，不同群体之间为推脱责任，大多采取这种态度。群体间的冲突大致有纵向冲突、横向冲突两种。

（1）纵向冲突，指组织或群体内不同层次员工之间的争执。当上级试图更严密地控制下属，而下属报以抵制时，通常会发生这种冲突。由于沟通不充分、目标冲突或缺乏信息和价值观的认同，也会造成纵向冲突。例如，在处理事故和违章违纪的处罚程度和公正性等问题上，常常会引起这种冲突。

（2）横向冲突，指组织或群体内同一层次员工之间的争执。当一个群体不顾其他群体的目标或利益，仅为了自己的目标或利益，特别是如果目标不相一致时或不同群体员工的态度相差悬殊时更易引起冲突。

（三）人际冲突的处理方式

群体中的每个人以不同的方式处理人际冲突，但大体上可分为回避、强迫、迁就、合作、折中五种方式。

1. 回避方式

回避是指不合作、明哲保身的行为。群体中的个体运用这种方式来远离冲突、避免争执或者保持中立。回避方式反映了对紧张和挫折的反感。具有回避心态的个体通常不会说出会引起争议的观点，会避开那些引起争论的话题。当群体或组织尚未解决的冲突影响到目标的实现时，这种方式将导致消极的结果，因为躲避不等于冲突的解决。但这种方式在以下几种情况下可能是适当的：一是当问题很细小或者只产生短暂的重要性，不值得个体耗费时间和精力去面对冲突。二是个体在当时没有足够的信息，无法正确判断并有效地处理冲突。三是其他人以更有效的方式解决冲突。四是个体的权力和影响不够，出面无用，有时可能会起到较大冲突。

2. 强迫方式

强迫指的是武断、合作的行为。这样的个体常用强迫的方式努力实现自己的目标而不考虑其他人。他们通常直截了当、固执己见，确信自己的主张是正确的，常用强迫的方式强加于对方。因此，这种强迫方式会降低他人的积极性或工作动力，容易忽视一些正确的意见、方法。但这种方式在以下几种情况下可能是必要的：安全生产紧急情况下，需要迅速的行动；个体需要采取行动保护自我和防止他人利用自己的时候；一些有效的安全措施的贯彻落实；为了群体的生存、发展，必须采取不受欢迎的行动等。

3. 迁就方式

迁就指的是合作、不武断的行为。迁就代表了一个长期被他人所鼓励的合作策略，或者是对他人愿望的服从。这里的迁就也是谦让，表示个体暂停个人的目标，以维持他人关系为重，降低冲突程度（大事化小），以一定的合作来缓和或消除冲突，通过安慰和支持来努力降低紧张和压力。这种方式以情感为重，往往掩盖冲突的实质，所以对于解决冲突基本上是无效的。

4. 合作方式

合作指较强的合作行为，这是解决人际冲突的双赢方法。采用合作方式的个体把冲突看作是自然的、有助益的，认为如果处理得当就会带来更好的结果。他们一般都能力较强，并能得到他人积极的评价。一般做法为：首先是克服双方的不信任，努力建立共同的情感。接着是告诉对方自己的想法，积极主动地了解对方的观点。深入研究后，寻找一个对双方有益的方案。

5. 折中方式

折中指的是中等水平的合作行为。这是一种被广泛使用和普遍接受的解决冲突的方法。运用这种方法的个体进行平等交换，并做出一系列的让步，基本上被视作一种合作性的退让，反映了一种实用主义的解决冲突的方法，并有助于保持良好的关系。

（四）冲突在安全行车中的作用

由于冲突的本质是不相容，其消极作用较为严重。它会使行为偏离目标，发生诸多违章违纪甚至事故，耗尽资源，也会对员工的心理健康造成消极影响并带来压力，如果这种影响很严重，冲突的思想、观点和信念将导致不满、紧张和焦虑。如果冲突持续一段时间，将使得双方难于建立或维持信任关系，危及组织和群体的生存或发展。但冲突也有积极的作用。冲突的产生或解决可能会使积累或存在的问题得到有效解决，而解决冲突的探索会改变作业方法或规章制度使其更加科学合理。冲突解决过程会激发创新和积极的变革。例如，某机务段发生一起大事故后因处理不公正而导致多名司机同时请假，影响正常运输。该段领导在调查后发现其深层次的原因是管理不透明、缺乏沟通机制。改进后使员工安全行车的积极性明显增强。

四、人际关系与行车安全

（一）人际关系的概念

所谓人际关系，是指在社会实践中，个体所形成的对其他个体的一种心理倾向及相应的行为，即人们在相互交往和关系中的一种心理关系。从出生到死亡，个体与个体之间、个体与群体之间、群体与群体之间无不发生着各种各样的人际关系，所以说，人际关系一直是人生经验的核心部分。人际关系以人的情感为联系纽带，我们可以用亲密程度来判断人际的亲疏关系，而人际关系的吸引与排斥，反映着彼此满足对方需要的程度。因此，需要的满足是人际关系的基础。虽然每个人都有人际关系的需要，但因人而异，每个个体都有其特有的人际关系的基本倾向。任何两人的交互反应若相互适应、兼容，就会形成和谐的人际关系；若不能适应、兼容，则会使交往发生障碍。

（二）人际关系对行车安全的影响

人际关系对个体的作业行为可起到积极作用，也可起到消极作用。它对群体或组织的安全行车有以下影响。

1. 影响群体的凝聚力

人际关系协调能促进组织或群体凝聚力增强，表现为群体成员团结一致。如果人际关系紧张，矛盾重重，则组织或群体则无凝聚力可言。

2. 影响群体的安全绩效

人际关系协调有助于群体积极性的发挥，从而提高群体成员在安全行车中的绩效；反之，则效果迥异。

3. 影响行车安全

人际关系与组织或群体在行车作业中的安全行为直接有关。如果群体成员之间人际关系紧张，会使人们产生紧张感，注意力分散，易于导致作业失误，甚至导致事故的发生。例如，1985 年 8 月 6 日，西安东站，一辆机车在挂车时，因司机与副司机发生冲突而间断瞭望，造成机车轧脱轨器后脱线的行车事故。

4. 影响群体员工的身心健康

人际关系不协调时，紧张可使个体的心理发生障碍，甚至引起身心疾病。

（三）改善人际关系的途径

和谐的人际关系是实现安全行车的前提和保证。营造良好的人际关系，主要应从以下几方面入手。

1. 增加交往，沟通情感

通过加强沟通交往，增加相互了解，创造融洽气氛。群体成员之间，应相互表示友好，反映关心，产生更多的共同语言。合作互补是安全行车的必需条件。

2. 珍视友谊，增强信任

友谊是强化人际关系的纽带，应当珍惜。即使有时因某种原因产生误解，应本着与人为善的态度及时化解。

3. 及时沟通，交换意见

人和人之间对某些问题或事物的看法和态度不可能总是一致的，但通过共同的学习和讨论，及时交换意见，可以使对方了解自己的看法、态度以及形成的原因，以便消除隔阂、化解矛盾。

4. 互相关心，互相帮助

在一个人的工作、学习和生活中，难免会遇到困难或挫折，如果能在此时得到别人的安慰、体谅、关心，在他人的帮助下解决困难，便能体会到人与人之间的温暖。在他人遇到困难时伸出援手是改善人际关系、化解矛盾的好时机。

5. 严于律己，宽以待人，乐观豁达，接纳包容

维持、发展良好的人际关系，首先应该从自我做起，对自己严格要求，做到言行一致、表里如一、信守承诺。处世为人要有宽广的胸怀和接纳包容的肚量，大事清楚、小事糊涂，多谦让、多付出，少争多让。遇事要站在对方的角度思考，这样就可避免许多不必要的矛盾或冲突。

6. 改变不良行为，陶冶情操

在群体中与人相处，要注意改变自己的不良性格和行为。如说话时声色俱厉、态度傲慢，听不进不同意见，爱占便宜，工作有成绩时归于自己、有差错时推给别人，文过饰非，不干实事，溜须拍马等，这些都有损人际关系。

7. 及时调解，化解矛盾

作为群体成员或领导，发现有冲突苗头或成员间人际关系紧张时，应及时查明原因，因人因时地予以调解，化解矛盾，防止矛盾激化或引起群体内众人的矛盾冲突。

任务四 有效群体与行车安全

一、有效群体的概念与基本特征

在诸多安全行车的相关群体中，其安全绩效差别较大。如安全绩效高的机班在同等时

间内的安全走行公里比其他机班会高出许多，甚至几倍。这种能在安全行车中充分发挥作用、取得应有成效的群体称为有效群体。

一个有效群体具有以下基本特征：

（1）成员拥有共同的目标和行为规范，具有较强的群体意识。

（2）成员能够正确处理群体内的冲突，合作互助，凝聚力强。

（3）成员素质较高、配合默契、互补性强、心理相容度高。

（4）成员学习兴趣浓厚、上进心强。

一个群体拥有以上特征的程度决定着它的有效性。拥有的特征程度越高，表明这个群体的有效性越好；群体所拥有的特征程度越低，就表明这个群体的有效性越差。

二、群体意识与行车安全

（一）群体意识的含义

群体意识也称集团意识或团体意识，是指群体成员对群体以及自己与群体的关系、情感和行为倾向的总和。个体对群体以及自己与群体关系的认识，是形成群体意识的基础。对群体的认识，包括对群体的目标、规范、价值观、群体性质的了解和评价；对自己与群体关系的认识，包括自己在群体中担任的角色，自己在群体中的地位，自己与其他成员的关系，自己对群体的责任、义务和权力的了解。

一般来说，情感是在认识基础上产生的心理状态或感受，而群体意识的情感是群体意识的核心部分，是认识转化为行为的中介因素。个体对群体的情感主要表现在群体的归属感、认同感、责任感、荣誉感和义务感等方面。行为倾向是行为的准备状态，群体意识的行为倾向是群体意识的主要动力。在行为倾向的激励下，群体成员便能够以自己的实际行动来履行自己对群体的责任和义务，自觉维护群体的利益和荣誉。

（二）群体意识的形成

1. 组织参与群体的活动

群体意识的形成过程，也是群体意识向更高水平发展的过程。只有在参与建设与发展群体的活动中，才能形成和发展群体成员的群体意识。因此，群体领导者应该积极组织丰富多彩的活动，并引导群体成员积极参与，使他们在建设群体的实践中，形成和发展群体意识。

2. 教育引导，提高对个体与群体关系的认识

群体成员对个体与群体关系的认识，是形成群体意识的基础。要使群体成员形成群体意识，首先要提高个体的认识，使他们认识到自己与群体的关系，认识自己对群体的责任和义务，以及群体带给个体的意义和价值。领导者应该在提高群体成员认识的基础上，进一步引导群体成员处理好个体与群体的关系，引导他们积极承担群体的义务，关心群体的利益和荣誉。

3. 制订集体主义的行为准则

合理、可行的集体主义的行为准则，对群体意识的形成有着激励和促进作用。因而，制订集体主义的行为准则，并引导群体成员把行为转化为主观的群体意识，对于提高和强化群体成员的群体意识十分重要。因为，即使最完善的行为准则也不能等同于群体意识。行为准则是对行为的客观要求，而群体意识是调节人们行为的一种心理倾向。外部因素只有转化为内部的群体意识时，群体中个体才能自觉调节自己的行为。因此，要引导群体成员把行为准则转化为主观的群体意识。

4. 建立良好的群体氛围

建立良好的群体氛围，包括建立良好的群体评价、群体议论等激励措施，对于提高群体成员的群体意识意义重大。群体的社会评价和议论，对群体意识的形成有着促进和导向作用。激励措施对群体意识的形成有着强化作用。因此，借助这种手段可以有效地促进群体意识的形成。

5. 发挥群体意识的能动作用

群体意识一旦形成，便会产生实际的影响和作用。群体意识能够使群体成员真正懂得群体规范的本质，激发他们实践规范的自觉性，能够使每一个成员都成为群体活动的主体，让“个体”融化在群体之中，自觉地承担起自己的责任和义务。这样，即使在没有群体规范制约的情况下，群体成员也能自觉地按集体主义的原则调节自己的行为。

（三）群体意识对行车安全的影响

由于群体意识是提高群体凝聚力和士气的基础，是调节人们行为的一种心理倾向，所以对于多工种群作业的铁路运输的行车安全来说，较强的群体意识有助于提高作业者遵章守纪、标准化作业的自觉性，增强群体成员之间作业中心理上的相容性和互补性，以减少作业过程中的不安全行为，提高群体作业的安全可靠性，有利于安全行车。但对于本位主义较强或群体安全目标与组织安全目标不一致的群体来说，过强的群体意识会因目标冲突而干扰组织目标的实现，反而对安全车产生副作用。对此，要因势利导，及时纠正偏差，以保证群体意识在安全行车过程中发挥积极的作用。

三、群体凝聚力与行车安全

（一）群体凝聚力的概念及其特征

群体凝聚力又称群体内聚力或群体吸引力，是指将群体成员吸引在群体内而对他们施加全部力量的总和，既包括群体对其成员的吸引力，也包括群体成员之间的相互吸引力。这一概念与人们日常所说的内部团结的概念类似。它可以通过群体成员对群体的向心力、责任感、荣誉感以及成员之间的关系融洽、相互协作、友谊等态度来说明。

群体凝聚力是维持群体存在和发展的必要条件。一个群体如果失去了凝聚力，也就失去了群体的力量和功能，犹如一盘散沙，不仅难以完成组织的任务，甚至会名存实亡。安全行车的实践表明，有效的安全管理需要正式群体的凝聚力作为保证，在凝聚力低的机车组或机班中，安全行车规章制度的执行和标准化作业必然受到较大影响。同时，良好的安全生产条件和环境，规范安全作业标准，可以增加群体的凝聚力。

高凝聚力群体的基本特征有：

（1）成员间目标一致，相容性强，信息沟通较为频繁，关系和谐，相互了解较为深刻。

（2）成员归属感强，心系群体，积极参加群体活动。

（3）成员关心群体，愿意承担更多的任务，维护群体的利益和荣誉。

（二）影响群体凝聚力的因素

影响群体凝聚力的因素较多，主要有以下几个方面。

1. 奖励方式

群体内部的奖励方式可分为个人奖励和群体奖励及这两种方式相结合的方式三种。不同的奖励方式会影响群体成员的情感和期望，进而影响群体的凝聚力。西方管理学者认为集体奖励方式可增加群体的凝聚力，而个人奖励方式可增加群体成员之间的竞争力。研究表明，采用个人奖励和群体奖励相结合的方式，有利于增强群体凝聚力。

2. 目标结构

群体的目标结构与群体凝聚力也有密切关系。群体成员目标若与群体任务目标不关联就容易降低凝聚力；反之若把个人目标与群体目标有机结合，就能够增强成员的群体意识和凝聚力。

3. 满足成员需要的程度

个人愿意加入某个群体往往是因为群体有助于满足他物质和精神方面的需求。一般说来，群体对个体各种需要的满足度越高，群体对他就越有吸引力，群体的凝聚力也就越大。

4. 领导方式

不同的领导方式，对群体的凝聚力有不同影响。在“民主”“专制”“放任”三种领导方式中，“民主”型领导方式的群体成员之间往往更友爱，思想更活跃，情绪更积极，凝聚力更高；“专制”型领导方式的群体，成员同领导关系一般比较疏远，缺乏工作积极性，群体凝聚力低；在“放任”型领导方式的群体，成员对领导往往并无好感，群体凝聚力也低。此外，群体的领导们是群体凝聚力的核心，对群体的凝聚力的影响和作用也很大。领导之间若不团结，互相拆台，群体就会失去核心，凝聚力便会降低；反之，领导团结一致，那么成员就会紧密地团结在领导周围，从而产生较强的凝聚力。

5. 成员的相似性和互补性

所谓的相似性，是指成员之间在文化、民族、背景、兴趣、需要、动机、信念、价值观及人格有相同相似之处。一般来说，成员之间的相似性越高，群体的凝聚力也就越大。互补性指具有异质性的群体成员之间感到彼此在某个或若干方面能够取长补短，群体的互补较强时，成员间的感情和密切关系便会增加，凝聚力便会增强。

6. 群体的成就和荣誉

当一个群体取得显著成绩，获得组织的表彰，被授予先进、优秀或标兵等荣誉称号时，其群体成员的心理认同感会更强烈，每个成员都会有一种自豪感，并将尽其所能来维护这种荣誉。一个群体的成就越大，社会和组织对该群体的评价就越高，群体成员的归属感和自豪感也就越强烈，群体凝聚力也就越高。

7. 外部的影响

不同群体间的竞争会促使成员更加团结，增强凝聚力，以赢得竞争。外来威胁也会增强群体成员之间的依赖性，提高群体的凝聚力。此外，群体规模的大小、人际的沟通程度等因素也会影响群体的凝聚力。

（三）群体凝聚力与行车安全的关系

高凝聚力可以提高安全作业绩效，也可以降低安全作业绩效，这要看凝聚力和群体的行为规范、目标、态度与组织安全目标的符合程度。当群体的安全态度、规范、目标与组织安全目标一致时，群体凝聚力高，其安全作业绩效也高；反之，当群众的安全态度、规范、目标与组织安全目标不一致时，群体凝聚力高，其安全作业绩效反而会降低。

组织领导应认识到并认真对待群体凝聚力对安全作业绩效的影响，及时了解、掌握和调整不同群体的凝聚力状态，使其成为安全行车的动力。对于群体凝聚力低的群体，要仔细分析影响凝聚力的主客观因素，积极引导群众对这些因素加以克服。对于凝聚力高而其安全作业规范达不到标准的机车组或机班，应加强安全检查和引导，并采取措施提高其作业标准化程度，使群众的安全目标与组织的安全目标保持一致。

四、群体士气和行车安全

（一）群体士气的概念和特征

“士气”一词原用于军队，表示军人的战斗意志和集体精神。在管理中，是指群体的作业意志和工作精神，也称“团队精神”。它是成员对群众有认同感和满意感，愿意为实现群体目标而奋斗的一种精神状态。

士气高昂的群众具有以下特征：

（1）群体的团结来自内部的凝聚力，而不是外部的压力。

（2）群体成员目标与群体目标高度一致。

（3）群体本身具有适应外部变化和处理内部冲突的能力。

（4）群体成员之间以及群体具有强烈的认同感和归属感。

（5）群体成员都认同群体的存在价值，并具有维护其继续存在的意向。

（二）影响群体士气的主要因素

研究表明，影响士气高低的因素主要有以下几个方面。

1. 群体目标与个体目标是否一致

士气是群体中成员的群体意向，它代表着一种个人成败与群体成就休戚相关的心理。这种心理只有在个体目标与群体目标一致时才可能产生，这时个体有较强的归属感和认同感，真心实意地为实现群体目标而努力。

2. 作业环境与心理环境是否适宜

改善员工作业的物理环境，以人为本，科学合理地安排乘务作业制度，使员工在作业中身心舒畅，减少环境因素和作业制度带来的焦虑和挫折，使员工对从事作业充满信心，这些都是提高士气的重要条件。

3. 经济报酬是否合理

经济报酬不仅能够满足人们的许多需求，还代表了个体在群体中的贡献与成就。按劳取酬，公平分配，合理奖罚，有利于调动员工的积极性；否则，会引起员工的不满，降低士气。

4. 个体对作业的满足感

这里是指个体因为对职业产生较浓兴趣而获得的对群体的满意感，满意感必然带来高涨的士气；相反，对所从事职业厌烦的人，由于不能胜任本职工作或不能发挥自己的才能，对群体的满意感低，士气必然低下。因此，组织应根据现代人力资源管理制度，科学地进行职业选拔和管理。

5. 群体领导人是否适宜

群体领导者的素质和管理风格对群体影响较大。如果领导者管理得当，公正无私，尊重、信任、关心群体成员，必然会提高成员士气。

6. 成员之间的和谐与心理相容性

群体中领导和成员之间及成员之间的关系和睦，相互协调，心理相容性较强，则士气高；反之，彼此埋怨，相容性差，则士气较低。

7. 信息沟通情况

群体上下纵横各环节如果出现信息沟通受阻或变异，领导和成员互不了解情况，皆会引起员工的不满情绪而影响士气。领导若让员工参与决策，进行多种形式的民主管理和双向沟通，有利于提高群体的士气。

（三）群体士气和行车安全

士气是一种心理倾向，士气低落者对行车作业感到痛苦，在群体中不能得到满足感导致不能达到标准化作业水平，容易产生疲劳和身心疾病，进而产生不安全行为。由此可见，提高和保持员工高昂的士气，是提高安全行车绩效必不可少的条件。

组织都希望其员工既有高昂的士气，又有较好的安全绩效，但士气只是提高安全绩效的必要条件，而不是充分条件，它们之间存在以下四种较为复杂的关系：

（1）士气低，安全绩效也低。这是个体的需求得不到满足和与组织目标不一致时所出现的状态。

（2）士气低，安全绩效高。这是个体的需求虽暂时得不到满足但与组织目标一致，或采用严格控制的方式出现的状况。由于忽视了个体的需求，这种状态并不能持久维持。

（3）士气高，安全绩效低。这是个体的需求得到满足但与组织目标不一致时出现的状态。

（4）士气高，安全绩效也高。这是个体的需求得到满足且与组织的目标一致时出现的状态。

复习思考题

1. 简述群体的概念及特点。
2. 简述群体的类型和特征。
3. 简述机车乘务群体内的行为。
4. 从众行为有哪些表现形式？
5. 冲突的处理方式有哪些？
6. 如何正确处理人际关系？
7. 影响群体凝聚力的因素有哪些？
8. 影响有效集体的因素有哪些？
9. 影响群体士气的因素有哪些？
10. 简述有效群体与行车安全的关系。
11. 简述机车乘务群体与行车安全的关系。

项目五　机车乘务领导与行车安全

【本项目要点】

了解领导的概念及行为，熟悉激励的概念、功能和过程；掌握机车乘务激励理论与安全管理的重要性。

任务一　领导行为

一、领导的概念

在社会生活中，人们所说的领导包含领导人和领导者行为两层意思。事实上。领导和领导者是两个不同的概念。所谓领导，是影响人们在一定条件下实现某一目标的一种行为过程。处于领导地位行使领导权力和实现领导行为的人，被称作领导者。接受影响的群体和个人，则是被领导者。

该定义把领导看作一个动态的过程，这个过程包含了领导者、被领导者及其所处环境（一定的存在条件）三个因素所组成的复合关系。该复合关系可用公式表示为：

领导 = f（领导者，被领导者，环境）。

领导者是指组织中那些有影响力的人员，他们可以是组织中具有合法职位的、对各类管理活动具有决定权的主管人员，也可以是没有确定权力的权威人士或非正式群体的“头领”。领导是领导者运用权力或威信对被领导者进行引导或施加影响，使被领导者自觉地与领导者一道去实现群体目标的过程。领导是管理的基本职能，它贯穿于管理活动的全过程。

由此可知，领导是一种行为、一个活动过程，是群体中人与人之间和人与工作之间关系的一种表现形式。

二、领导的功能

无论是被指定的领导、被选举的领导，还是随着时间推移而自然形成的领导，其基本职能都是相同的，都是通过有效的领导行为履行决策、组织、激励这些职能实现其组织目标。安全领导也不例外。

（一）安全决策

安全决策是安全领导实施安全管理的基本功能。安全领导同其他领导一样，随时随地面临做出正确决策的要求并需要解决做什么、谁去做、如何去做等问题。所谓决策，是指为了达到某一特定目标，从可供选择的若干行动方案中，有意识地做出合理选择的过程。

安全决策过程没有固定的模式。一般来说，要经过以下几个步骤。

1. 诊断评价，确定目标

首先要调查研究，认识安全风险问题的性质和起因，然后做出安全分析评价，并找出解决这些问题的标准，明确决策的安全目标。

2. 寻找、拟定可供选择的安全措施实施方案

要组织和发动领导群体或相关人员，集思广益，从不同角度出发，提出尽可能多的可供选择的解决方案。一般情况下，人们提出的可行方案越多，则最后所做的安全决策就越科学。

3. 分析比较各方案，做出决策

这是安全决策的关键阶段，通过科学地分析比较各方案，权衡其利弊，在此基础上确定一个最适宜的方案。

4. 实施安全措施方案

确定实施方案后，要列出实施步骤或计划，确定实施负责人，提供实施条件，组织实施落实。

5. 反馈调节再循环

在实施方案的过程中，要及时反馈实施结果，调整偏差，使初始目标得以实现。并通过各种信息重新评价诊断，再循环一次决策的全过程。

领导的安全价值观、安全态度、期望以及安全规范等，由于决策过程会受到社会环境因素和心理因素的影响，所以领导的安全决策过程往往是灵活多变的，没有严格和规范的程序。

决策是领导们安全管理是否科学或成功的关键。决策是否科学、合理、及时，关系到安全管理的成败。正确的决策，能引导安全行车稳定有序，实现安全目标；而错误的决策，可能会带来灾难性的后果，造成人员伤亡或财产损失，也就谈不上安全目标的实现。

（二）组织功能

实现安全目标是安全领导过程的最终目的，围绕这个目的，领导必须根据内外部条件、运输需要与可利用的资源，制定目标，建立组织管理机构，科学合理地组织和使用人、财、物和信息资源，最终实现安全目标。

领导者在实施领导的过程中，只有通过有效组织并制订科学合理的规章制度，提供适宜的作业环境和条件，才能引导员工实现安全目标。

（三）激励功能

激励就是调动员工的积极性、主动性、创造性的过程。对于领导而言，若不能较好地发挥激励职能，即使目标与决策再好，组织机构再合理，管理再科学，也不能很好地实现组织的安全目标。特别是对安全行车来说，大部分为小群体或个体分散在点线上的作业，难以对其进行有效的安全监测和控制，员工主动的安全意识和遵章守纪的自觉性就成为基本要求，而员工主动的安全意识和遵章守纪的自觉性则主要通过领导者有效的激励手段来实现。所以，激励功能是领导者实行安全行车有效管理的主要功能。

三、领导的影响力

所谓影响力，就是个人在与他人的交往中，影响和改变他人心理与行为的能力。安全领导的影响力就是领导者在安全行车管理过程中，对作业者安全意识和安全作业行为的影响能力。这种影响力人皆有之，但强度不同，有效性也不相同。

（一）影响力的构成

依据影响力作用的性质，可将其分为权力影响力和非权力影响力两类。

1. 权力影响力

权力影响力也可称为强制性影响力，它由组织赋予扮演领导角色个人的职务、地位、权力等因素构成。其特点为：对别人的影响带有强迫性和不可抗拒性，以外推力的形式发挥作用。虽然这种影响力也能对被影响者的心理和行为产生一定的影响，但被影响者的心理和行为主要表现为被动、服从。因此，它对人们的心理和行为的激励是有限的。构成权力影响力的主要因素有：

（1）传统观念。在世世代代的社会交往中，大多数人总是在少数人的领导下劳动、工作和生活，慢慢地形成一种观念，即认为领导者不同于普通人，作为领导者不是有才，就是有权，或者兼而有之，久而久之，这种认识就成为一种传统观念。

（2）职位因素。职位是一种社会分工，是一个人在组织中的职务、地位。居于领导职位的人，社会赋予他们一定的权力，有了这种权力，就对下级有一种强制性的力量。领导者运用权力可以左右被领导者的处境，如奖惩、调配工作、升职等，从而使被领导者产生敬畏。职位越高，权力越大，被领导者的敬畏感也就越强，领导者的影响力也就越大。

（3）资历因素。资历因素包括一个人的资格、经历和阅历。资历因素反映一个人的历史状况。人们对于资历较深的领导者总是敬重的。一般来说，资历越深的领导者，影响力越大。

上述强制性影响力不是由领导者的现实行为造成的，而是外界赋予的权力作用。这种权力作用，使被领导者对领导者产生服从感、敬重感和敬畏感，同时反馈于领导者，影响和改变被领导者的心理和行为。

2. 非权力影响力

非权力影响力也称自然性影响力，它与权力无关，也不是外界赋予的，而是由影响者的自然状态引起的，只要有合适的被影响对象，这种影响力人人可以具有。非权力影响力具有这样的特点：对被影响者所产生的心理和行为影响是建立在使人感到信服的基础上，以内驱力的形式起作用，在行为上表现为自愿、主动。因此，它对人的激励作用和影响力要比强制性影响力大。

构成非权力影响力的主要因素有：

（1）品德因素。它主要包括道德、品行、人格、作风等内容，反映在领导者的一切言行中。领导者具有的优秀品格会给自己带来巨大的影响力，会使被领导者对自己产生爱戴感，能吸引、诱使他人去模仿。相反，品德不良，则领导者无论职位多高，其影响力也会丧失殆尽。由此可见，品德因素是影响力的重要组成部分，也是领导者自我修养的重要内容。

（2）才能因素。它是指领导者的才智、工作和管理能力。才能不但反映在领导者能否胜任自己的工作，更重要的是反映在管理业绩上。一位领导者若才能出众，不仅会给自己的事业带来成功，而且还能以此赢得他人对自己的敬佩，使他人自觉地接受其影响。

（3）知识因素。知识渊博的领导者，会使人产生信赖感和尊重感，从而增强其影响力；而知识面狭窄、孤陋寡闻的领导者，其影响力会大为减弱。

（4）技术因素。现代的安全行车管理发生了巨大变化，无论是系统的软件技术，还是硬件的保安设备，已越来越依靠不断创新的安全技术，同时，所使用的机车等装备也在不断更新，其技术含量也越来越高。这就要求领导者不断学习提高，掌握现代安全技术，其技术水平不应低于一般的员工。否则，一个技术水平低下的领导者会被员工打心眼里瞧不起，很难使人信服，

（5）情感因素。情感是融洽人际关系的重要因素。领导者与被领导者之间建立良好的人际关系和深厚的情感，会使领导者在安全管理上得心应手。情感常常是做好领导工作的催化剂。

（二）提高安全领导者影响力的途径

根据上述分析可知，安全领导影响力由权力影响力和非权力影响力两方面构成。一个安全领导者，如果他的自然性影响力较大，那么他的强制性影响力也会随之增大；反之，如果他的自然性影响力较小，他应有的强制性影响力也会降低。由此可知，要提高安全领导的影响力，既要提高权力影响力，更要提高非权力影响力。

1. 正确使用权力影响力

合法权利是最基本的权力，是组织中权力的基石。因此，组织的安全领导者必须首先依靠并正确使用合法权利所产生的影响力。安全领导者在使用合法的权力影响力时应注意以下几个方面。

（1）要持审慎的态度。安全领导不同于安全管理，安全领导要求使用权力的人不仅要

按规章制度办事，还要真正做到秉公办事，应避免过多地采用强制手段。有职权者必须注意，用权力来施加影响一定要持慎重的态度。

（2）要善于授权。授权是现代安全领导工作和安全管理工作的基本行为。授权就是由上级安全领导者委授给下级员工一定的安全责任和权力，使其在安全领导的监督下，能够相当自主地处理安全行车有关的事务，采取必要的行为，防止各类事故的发生。员工授权能够调动员工安全生产的积极性和主动性，使员工在安全决策上有充分的发言权，可以使员工自发实施对安全管理的改进和对事故隐患的消除，对自己的行为负责，并且会为组织的安全绩效感到骄傲。因此，作为安全领导者要学会授权并善于授权。

（3）要以身作则，公正无私。安全领导者在贯彻执行、落实各项规章制度和安全措施的过程中应以身作则。不违章指挥，做遵章守纪的带头人，在安全规章制度和纪律面前一视同仁、人人平等，做到罚不避亲、赏不避仇。

（4）当好教练，有效指导。安全领导者不能只是要求员工做什么或如何做，而要让他们了解和懂得安全原理、原因和方法。因此，这就要求领导者要当好教练，进行有效而具体的指导，使员工在思维和方法上能够做到安全管理或安全作业，牢固树立起"安全第一，预防为主"的安全生产意识，始终保持标准化作业的安全行为，防止由于无知或蛮干而发生事故。

2. 有效运用非权力性影响力

一般来讲，领导实施安全决策和安全管理时主要依靠权力性影响力，但若完全依靠权力性影响力，安全领导工作难以持久见效。安全领导者在运用权力的过程中，权力性影响力确定之后，提高非权力影响力就成为关键，包括不断提高自身的德、学、才、技及人际交往方面的影响力。在提高非权力影响力时应注意以下几个方面：

（1）要注意主次关系。在非权力影响力的诸因素构成中，要以品德、才能因素为主，以知识、情感因素为辅。

（2）要注意安全理论、安全技能知识的提高，并注重具备较强的安全作业技能。在安全行车的作业现场，安全领导总是和有效的安全管理密不可分。作为群体或组织的安全领导，具备应有的安全知识、安全管理技能、安全作业技能不仅是进行有效安全管理的基本功，而且是增强非权力影响力的关键，是安全领导者学、才、识的集中体现。

（3）当一个领导者的品德、才能达到相当水平时，感情因素就不那么重要了。一个德才兼备的安全领导者，还应注意人际交往，善于和人交心，并取得员工的信任。这样既能真正了解员工的安全思想状态、需要和行为倾向，又能及时地掌握安全制度措施的执行情况。

安全领导者这两种权力的运用和所具备的影响力不是固定不变的，要具体情况具体对待。例如，若处理事故或对待现场的违章违纪行为，首先就要运用权力影响力；而对提高员工的安全意识、减少员工的违章违纪行为等期效较长的工作，非权力影响力的作用更大。总之，安全领导者应该在工作实践中不断提高自身的影响力，特别是要扩大和加强自己的非权力影响力。安全行车的实践表明，越是优秀的领导者，越会利用非权力影响力。

四、领导方式和有效性

（一）领导方式

领导方式是指个体与群体之间发生影响和作用的不同方式，按照不同的划分标准，领导方式有不同分类。

1. 按权力控制程度分类

按权力控制程度可分为集权型、分权型和均权型，集权型的领导方式就是领导者直接全权部署执行，偏重运用权力推进工作，因而有时会发生抑制下属的积极性、创造性、责任感的消极作用。分权型具有不同效果、不同过程与组节，因而也被称为“效果管理”的权型。均权型则权责分明，分工负责、分层负责，有利于提高效率、更好地达成目标。

2. 按领导重心分类

按领导重心可分为以事为中心型、以人为中心型和人事并重型三种方式。以事为中心型强调工作效率，以工作的数量和质量、达成目标的程度作为评价成绩的指标，对员工不够关心，员工与组织的感情不深；以人为中心型注重积极的激励，以发挥员工的主动性和积极性，保持其身心健康和精神愉快，从而产生高效率和好效果；人事并重型为两者兼顾，既严格要求，又要发挥员工的主观能动性，从而创造出最佳效果。

3. 按决策权力分类

按决策权力可分为专制型、民主型和自由型三种方式。专制型是把决策权集于一人，以权力推动工作，按领导的好恶进行奖惩；民主型是通过多种方式民主决策，按职授权，注重发挥下属的主人翁思想，按客观标准进行奖惩；自由型则分散领导权，给下属极大的领导权，只检查工作成果，不做主动指导。

（二）权变领导

领导方式的分类不是绝对的，其目的在于对不同的领导对象和环境，选择适宜的方式。这种选择称为权变领导，意思是因人、因事、因势而制宜，根据组织性质、人员状态等条件的变化，随机应变。例如，对多工种协调作业、高度统一集中指挥的行车作业来说，总体管理宜采用集权型的领导方式，但在领导重心方面并不排除以人为本的领导，通过改善作业环境、提高待遇、实施有效的激励方式，以调动员工安全行车的主动性和积极性，取得最佳的安全效果。

（三）领导的有效性

领导的有效性是指领导活动过程中领导者、被领导者、环境三要素互相联系所产生的指向目标的综合效应，是组织管理取得成功的源泉。决定和影响领导有效性的因素主要有以下几个方面。

1. 明确的目标是领导有效的动力

衡量领导是否有效的标准是达到目标的程度。因此，有效的领导必须正确地选择目标，并协调各方面的因素实现目标。

2. 良好的素质是领导有效的基础

人们虽然较普遍地存在对权威的服从心理和对领导者行为表率的模仿心理，但是这些都是以领导者自身的素质和能力为前提。因此，领导者良好的素质是领导有效的基础。领导者的素质一般包括德（政治素质）、识（知识、智力等）、才（才能、能力）、学（学业水平和知识结构）、体（体力）五个方面。

3. 正确的激励是领导有效的核心

目标的实现要靠全体员工共同努力才能完成，对因一人发生事故就会妨碍组织目标实现的行车安全来说更是如此。因此，领导者的重要作用在于实施有效的激励，尽量满足员工合理的需求，使他们为实现管理目标而积极努力。

4. 精湛的领导艺术是领导有效的手段

安全管理的领导，不仅需要科学的理论和方法，还需要精湛的领导艺术。领导艺术是领导者在管理实践中发挥自己主观能动性和创造性的体现，因对象、环境而异。审时度势、灵活多变地运用领导艺术可调动千百万人的主动性、积极性，去克服重重困难而实现组织目标。

5. 团结有效的领导班子是领导有效的保证

结构合理、配合默契、团结一致的领导班子是领导有效的基本保证。

任务二　激励过程

激励是安全管理的核心问题。在安全行车过程中，每个人都需要激励，包括自我激励、领导激励和同事激励。自我激励就是自我设定安全目标，通过内部刺激，使自己的行为适应标准化作业的过程，有时也称“自我管理”或“自我控制”，心理学称“自我调适”。这是实现行车安全最好的方式。同事激励是作业中的同事根据共同的安全行车目标相互激励的心理过程，这对于两人机班来说，是较为有效的安全行车激励方式。实际上，在机务现场，三种激励方式灵活的综合运用的激励效果比单独运用一种方式更好。

一、激励的概念与功能

（一）激励的概念

激励是指激发人的动机，使其朝所期望目标前进的心理过程。从安全行车的角度而言，激励是调动作业者安全行车积极性的一种有效方式。

（二）激励的基本特征

1. 激励应有具体的对象

在安全行车的过程中，激励的对象是承担行车作业的每一名员工。为了保证实现铁路运输的安全行车目标，必须对每一位作业者进行有效的激励。从广义上讲，安全行车的激励包括对与行车相关的各种群体（如车间、机车队、指导组、机车组和机班等）的激励。这是因为运输组织作为一个系统，由许多具有不同特点和功能的群体所组成，它们以不同形式组合形成运输安全行车系统的整体功能。组织内各群体激励的水平，也决定着安全行车的协调功能。

2. 激励是人的动机激发循环

当人有某种需要时，心理上就会处于一种激励状态，形成一种内在的驱动力——动机，并引导行为指向目标。当目标达到后，需要得到满足，激励状态解除，随后又产生新的需要。可以认为，激励是人的动机激发循环的重要刺激。但是人被激励的动机强弱不是固定不变的，而且激励水平与许多因素有关，如员工的文化构成、价值观、群体目标的吸引力、激励的方式等。

3. 激励的效果可由作业者的行为和作业绩效予以判断

组织或群体对员工进行激励，其动机激发的程度，只能由外显的行为和作业绩效表达出来，这是因为人的行为及其结果是由动机所推动的。

在现代安全行车的管理中，激励是调动员工安全作业积极性的核心问题。这种积极性是指人们对安全问题的重视和努力程度，体现在实现安全行车过程中遵章守纪的自觉性、主动性和创造性上。人们安全行车的积极性是对安全活动、安全职责的一种活跃、能动、自觉的心理状态。

（三）激励的功能

激励是安全行车管理的主要手段，其功能体现在以下几个方面。

1. 提高安全作业绩效

心理学家奥格登从事的“警觉性实验”就说明了激励对作业能力的影响。这个实验表明，经过激励的行为和未经过激励的行为存在着明显的差距。用精神激励法，其误差次数是无激励小组的三分之一，用物质激励法，也可使误差减少一半。这充分说明了激励在安全行车过程中，对于降低作业者的失误率、提高其安全可靠性，具有较为适宜的功能。

2. 有助于实现组织目标

一般来说，群体或组织的目标与其内部员工个体的目标之间，存在一致性与矛盾性两方面的倾向。群体或组织要有效运行，并实现其整体目标，必须对员工个体的目标与群体或组织目标之间进行调整和控制，以达到目标一致化。这种目标一致化的过程就要靠组织的激励机制来实施完成。

3. 激发和挖掘员工的潜能

通过激励，组织可以充分挖掘员工的作业潜力，发挥其作业能力。美国哈佛大学的心理学家詹姆士教授在对员工的激励研究中发现，按工作时间计酬，职工的工作能力仅发挥出 20%～30%；但是，当他们的动机处于被充分激励的状态，他们的能力则可以发挥到80%～90%，这说明，一个人在经过充分激励后，所发挥的能力相当于激励前的 3～4 倍。可见，激励在激发人的潜能方面，具有显著的功能。

4. 激发员工的工作热情和职业兴趣

激励具有激发员工的工作热情和职业兴趣、解决安全态度和安全认识问题的独特功能。在激励中，员工对本职工作产生强烈、深刻、积极的热情，并能以此为动力，集中自己的全部精力为达到预期的目标而努力。激励还使人们对本职工作产生浓厚的兴趣，从而提高安全认识，使其对自已的工作产生高度的注意力、敏感性，形成对自身工作的喜爱，增强作业的可靠性，并且能够促使个人的技术和能力在浓厚的职业兴趣基础上不断提高。

5. 调动和提高员工安全行车的自觉性和创造性

实践表明，激励能提高员工接受和执行规章制度的自觉程度，能解决员工对工作价值和安全行车的认识问题，能使员工感受到自己所从事作业的重要性与迫切性，进而能更主动地、创造性地完成本职工作。

二、激励的过程与模式

研究表明，一个人的作业绩效水平取决于他的能力和激励水平（即积极性）。可用公式表示：作业绩效 = f（能力，激励水平）。

根据这个原理，从事作业任务的人员必须具备与其作业相适应的能力，否则就不能胜任该项作业，这种能力包括心理因素（智力、注意力、记忆力、人格、情绪等）和生理因素（健康状况和灵活性）。但是不管人的能力有多强、技术有多好，如果积极性不高，终究还是很难产生较好的绩效。

（一）动机产生行为

1. 行为的产生

人的行为是由动机所推动，而人的动机又是由需要所引起的。人的行为必然是由一定动机引起的，我们把这种由动机引发、维持和导向的行为称为动机性行为。动机具有原发性、内引性和实践性三种特征。

2. 动机与行为的关系

动机与行为有着复杂的关系。类似的动机可产生不同的行为，如恐惧性动机可引起逃避行为，也可导致攻击性行为。类似的行为可能由不同动机引起，如员工安全生产积极性高涨可能受不同动机的影响，有的是对安全价值的正确认识，由成就感引起；有的是为了荣誉、奖金，由外部激励引起。

3. 动机产生的条件

动机的产生主要依赖两个条件：一是内部刺激，即对机体的反应发生影响的内部刺激条件，如饥饿、口渴等；二是外部刺激，即对机体的反应发生影响的外部刺激条件，如设备的运转状态、操作要求等，内部刺激与外部刺激交互影响便形成行为的动机。由此可知，动机性行为并非单纯由外界刺激引起的机械反应，而是内外条件交互影响的结果。安全领导者根据员工表现出来的行为，分析、了解员工的内部需要，并采取有效措施来满足他们的需要，就能唤醒员工安全活动的心理状态，激发他们安全行为的动机，充分调动他们安全行车的积极性。

（二）行为方向与行为控制

正常人的自主行为都是有目标的，这种目标就是行为方向。从这个角度看可以认为，行为是为了满足人的某种欲望、实现某个目标而采取的一种手段。当目标达到后原有的需要和动机也就消除了，这时又会产生新的需要和动机，进而又会产生新的行为。“需要—动机—行为”这三者就是这样循环往复的，这种循环往复的变化过程，为人们进行有效的安全行车的作业行为提供了一定的条件。在安全行车的管理系统中，作业者的作业行为必须受控制同时也是可以控制的。通过行为表现与安全目标的偏差分析，及时反馈给行为者就能够控制其行为。

（三）激励的过程与基本模式

激励过程指从人的需要开始，即需要决定动机，动机产生行为，到最终实现目标和满足需要而结束的过程。但是对具体的激励来说，过程要复杂得多。根据心理学揭示的规律，人们将需要、动机、行为和目标这些因素起作用的过程衔接起来，构成激励过程的模式，以说明激励过程中各种因素的相互作用和内在联系。这种模式将人的需要分解为自身内部的需要和外部刺激所引起的需要，并分别考虑行为导向目标的两种可能性。达到目标后，就会满足这个需要；未能达到目标就会形成挫折心理。得到满足或受到挫折，会导致积极或消极两种行为反应，从而产生新的需要，经过反馈后作为未满足的需要，开始新的激励过程。激励的过程与基本模式如图 5-1 所示。

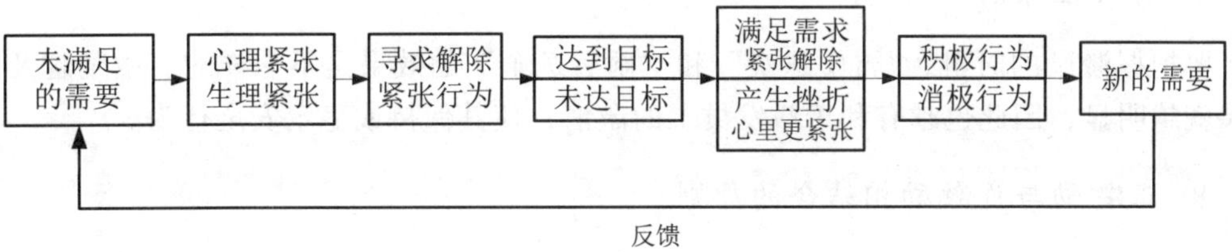

图 5-1　激励的过程与基本模式

三、激励的基本原则

实施有效的行为激励，应考虑或遵循以下基本原则。

1. 激励与目标相结合原则

在激励过程中，设置激励目标是一个关键环节，必须同时体现组织目标和员工需要的要求，使这两方面保持方向上的一致，才能起到激励的作用。

2. 物质激励与精神激励相结合原则

物质激励是基础，精神激励是根本。由于精神激励具有持久性和稳定性，应在两者结合的基础上，逐步过渡到以精神激励为主。但这两种方式均有“疲劳效应”的特点，并易于从激励因素转变为保健因素，所以还应根据激励目标的不同，采用两者更迭的方式。

3. 群体性原则

在实施激励的过程中，激励范围要尽量宽广，即使是激励一名员工也会影响到全体员工，所以领导者一方面应考虑到激励对全体员工的辐射和影响作用，使其效能最大化；另一方面，要使奖励和处罚的措施为全体员工所了解和接受，这样才能起到应有的作用。

4. 引导性原则

激励的过程也是行为引导的过程，外部激励只有转化为被激励者的意愿，变为作业者遵章守纪的自觉行为，才能取得激励效果。因此，引导性原则是激励的内在要求。

5. 合理性原则

激励的合理性原则有三层含义：一是激励的措施要适度，要根据所实现目标本身价值的大小确定适当的激励量。二是奖惩要公平，不能以奖惩者的好恶或价值偏差随意化。三是奖惩在时效性上要有一致性。

6. 规范性原则

对激励的尺度、标准、范围和原则都应有明确且较为详细的规定，使员工知道他们作业行为的准则，从而能够达到激励的目的，收到激励的成效。

7. 时效性原则

要把握激励的时机，“雪中送炭”和“雨后送伞”的效果是不一样的。激励越及时，效果就越明显，因此也越有利于激发员工的激情，使其保持或稳定安全行为。

8. 正激励与负激励相结合的原则

所谓正激励，就是对员工符合组织目标的期望行为进行奖励。所谓负激励，就是对员工违背组织目标的非期望行为进行处罚。正、负激励都是必要且有效的，不仅直接作用于当事人，而且会间接地影响其他人。

9. 按需激励的原则

虽然激励的出发点是满足员工的需要，但员工的需要并不是相同的，而是因人而异、因时而异的，并且只有满足最迫切需要的措施效果才好，其激励强度才大。因此，领导者必须深入地进行调查研究，了解和掌握员工需要层次和需要结构的变化趋势，有针对地采取激励措施。

任务三　激励理论与安全行车管理

从人的心理特征和以此为基础的行为特征出发，通过研究人的需要、动机、行为目标和激励目标，反映激励过程作用规律的理论就是激励理论。

自20世纪20年代以来，管理学家、心理学家和社会学家就开始研究怎样激励人的问题，他们从不同的着眼点对此进行了积极的探索，至今已提出了许多激励理论。由于每一种理论所研究的侧重点不同，所以都有一定的局限性，不可能用一种理论去解释所有的行为问题。但各种理论可以相互补充，使激励理论得以完善。激励理论可以划分为需要型、行为改造型、过程型和人性型四类。

一、需要理论与安全行车管理

需要理论主要研究激发动机的因素。研究的内容均围绕需要，从探讨激励的起点出发，分析揭示人们内在需要的内容、结构以及内在需要如何推动行为。该理论的主要代表有马斯洛的需要层次理论、阿尔德弗的ERG理论和赫兹伯格的双因素理论。

（一）需要层次理论

1. 生理需要

生理需要是人们最基本、最原始的本能需要。它包括衣食住行、婚姻、健康等基本的维持个人生存的物质需要。

2. 安全需要

人们在获得生理需要的基本满足后，就产生了安全需要。它包括自身安全、摆脱失业和丧失财产威胁、避免情感破裂的需要。

3. 社交需要

社交需要包括友谊、爱情、归属和接纳方面的需要，既包括人与人之间关系的融洽和睦，又包括人们群体交往活动的需要。

4. 尊重需要

尊重需要包括自尊、自主和成就感的需要以及由此产生的权力、地位、威望的需要，即稳定的社会地位、个人能力和成就得到社会承认。

5. 自我实现需要

自我实现需要包括发挥自身潜能，实现个人理想、抱负的需要，追求个人能力之极限，是最高需要。

马斯洛认为，人的五个层次的需要是由低到高逐层递升的。当某个低层需要得到满足后，就失去对行为的激励作用，更高层次的需要就会成为新的激励因素。

（二）ERG 理论

ERG 理论是美国学者阿尔德弗提出的一种与马斯洛需要层次论密切相关但又有所不同的需要理论。ERG 即生存需要、关系需要和成长需要。

（1）ERG 理论并不强调需要层次的顺序，认为某一种需要在一定时间内对行为起作用。

（2）较低层次的需要越是能够得到较多的满足，对较高层次的需要就越渴望。

（3）当较高层次的需要不能满足时，可能会转而求其次。较高层次的需要越是满足得少，则对较低层次的需要渴望得越多。

（4）某种需要得到满足后，其强度不仅不会减弱，还可能会增强。

（三）双因素理论

美国心理学家赫兹伯格将人的行为动机因素分为激励因素和保健因素，称其为“双因素理论”。保健因素是与人工作的客观情况有关的一些因素，包括组织的管理、技术监督、工资福利、劳动保护、人际关系等。当这些因素缺乏时，会引起员工的不满；而当这些因素满足时，并不能激发人们内在的积极性和更多的满意感，保健因素仅能产生少量的激励。激励因素是与人的工作有内在联系的因素，包括工作成就、绩效的认可或奖励、工作职责的加强、对未来的期望等，这些因素的改善可激发员工工作的积极性，使人感到满意。

（四）需要与安全行车管理

需要理论对安全行车管理具有较为实际的指导意义，具体体现在以下五点：

（1）安全需要是人们生存的基础需要，要想使员工在安全行车过程中充分发挥主动性和创造性，取得工作的自尊感和成就感，就要满足员工的安全需要。

（2）根据员工的不同需要，提出和实施相应的安全管理措施，以引导和激励其行为，实现组织的安全目标。

（3）应注意人的需要并不都是从低级到高级发展的，也不总是固定不变的，应了解和掌握这种状况，特别是小群体的安全管理更应如此。

（4）处理好多数人和少数人需要的关系。调查表明，近 80%的人强调社交需要，20%的人强调生理需要和安全需要，不到 1%的人强调成长需要。这说明利用群体的需要推动行车安全，对大多数人是有效的，但不能因此而轻视或无视少数人的需要。对于行车安全来说，即使是一个人不安全，也实现不了组织的安全目标，即 10 000 – 1 = 0。

（5）应重视保健因素的作用，力求最大限度地满足员工的合理需要，以减少人们的不满情绪。要充分利用和发挥激励因素对员工安全行车的激励作用，防止激励因素转化为保健因素。

二、行为激励与安全行车管理

行为激励着重研究如何改造和转化人的行为。行为激励的主要理论有归因论和挫折论。

（一）归因论

在人的行为过程中，一般人都会自觉或不自觉地为自己的行为结果找原因。归因论就是推论人活动的因果关系的理论。归因论认为人们一般将成功和失败归结为四个方面的因素：努力程度、能力、任务难度和机会运气。无论归结于何种因素，都会直接影响人们的工作态度和积极性，从而影响人的行为和工作绩效。员工若能正确归因，可大大强化自我激励水平。

假如把失败归因于管理能力低、任务太难等因素，则会降低成功的希望，失去信心，出现不努力的行为；反之，把失败归因于自已不努力或太大意等不稳定因素，就会增强自信心。对违章违纪行为，也可用归因论进行分析，如通过对心理活动的分析看其是内部原因还是外部原因；通过对心理活动稳定性的分析，看其是否是偶然违章；通过对心理活动可控性的分析，预测作业者在一定的作业环境中违章违纪的可能性，进行预防。

（二）挫折论

挫折是指个体在安全行车过程中，指向安全目标的行为受到阻碍，动机不能实现，需要无法满足时所产生的情绪状态。

1. 挫折的行为表现

挫折的心理状态会对个体的行为产生不同程度的影响。受挫后的积极行为表现为：调整目标或改变目标，不灰心气馁，采取积极的态度，克服困难，从而实现自己的目标。但人受到挫折后更多的是产生以下消极的行为：

（1）攻击。攻击行为有直接攻击和转向攻击两类。直接攻击是指把攻击行为直接指向阻碍达到目标的人或物；转向攻击是指当不能直接攻击阻碍自己达到目标的人或物时，把攻击行为转向某个代替的人或物。

（2）冷漠。当一个人受挫后压力过大，无法攻击或攻击无效，或攻击招致更大的痛苦又无法发泄时，于是就压抑情感，采取冷漠行为，表面上看似冷漠退让，实际上内心可能痛苦不堪。

（3）幻想。幻想是受挫后的退缩反应，指个体受挫后，陷入一种想象境界，在自己想象的情景中暂时脱离现实而得到满足。

（4）退化。退化指作业者或管理者个体受挫后失去控制力，表现出与自己年龄不相符的行为。例如，像小孩子一样哭闹，暴跳如雷，或抱头大睡，装病不起，或无理取闹等。

（5）忧患。指一个人连续遭受失败和挫折后，慢慢失去自尊心和信心，逐渐形成一种由紧张、不安、焦虑、恐惧等交织而成的复杂情绪状态。忧虑严重者在生理上会出现头晕、恶心、心慌、出冷汗、胸闷和脸色苍白等反应。

（6）妥协。妥协指人受挫折后采取的减轻情绪上的紧张状态的缓冲性行为，这种行为能起到保护受挫者免受过大压力的作用，所以也称防御性行为。一般表现为：用阿Q精神安慰自己；逃避现实或装病；寻求其他行动目标；将责任推诿于他人；羡慕别人并进行模仿；掩饰内心憎恨、敌视的感情，伪装出喜爱。

2. 形成挫折的原因

有多种多样的原因导致挫折，但不外乎主观原因和客观原因。

（1）客观原因主要包括自然因素和社会因素两类。自然因素是指不可抗拒的自然灾害，如生老病死、地震、飓风等。这些因素常使人们的需要无法满足，目标无法实现而产生挫折。社会因素是指政治、经济、法律、婚姻、习惯、宗教、道德等限制因素。这些客观因素不但阻碍个人的行动，使人无法实现目标，而且使人因失败感到愧疚。

（2）主观原因为个人因素，分为个体生理心理条件和个人动机冲突两个方面。个体的生理因素，如体力、相貌、身材、健康状况与所从事的职业或所追求的目标不相符时，会产生挫折反应。个体的心理条件主要是指个人的能力、智力、性格、经验、知识、水平等。

3. 挫折的容忍力

由于个体之间的差异，对于同样的挫折，不同的人会有不同的感受，有的人能够适应，有的人会产生挫折反应。我们把个体受到挫折时的适应能力称为挫折的容忍力。影响人的挫折的容忍力因素主要有以下几点：

（1）生理条件。一般来说，身体强壮的人比体弱多病的人容忍力强，青壮年比老年人强。

（2）个性特征。心理素质稳定，思想比较成熟，经验丰富，处事豁达的人对挫折的容忍力一般比较强；骄娇之人或者斤斤计较的人，容忍力一般比较差。

（3）抱负水平。抱负水平是指一个人为自己所达到目标设定的标准，一个人的抱负水平与其挫折的体验密切相关。抱负水平越高，则挫折容忍力一般比较高；反之，抱负水平越低，则挫折的容忍力一般也比较低。

（4）对挫折的知觉判断条件。每个人对事物和问题的认识不尽相同，评价也不可能一样，即使挫折的客观情景相同，对挫折的判断和感受也是不一样的，对每个人的影响也不相同，有的人认为没什么，有的人则认为很严重。

4. 挫折对安全行车的影响及防治措施

在安全行车活动中，挫折对员工的影响具有两面性：一方面，挫折可使人猛醒，吸取教训，提高认识，增加个体的心理承受能力，改变个体目标，从逆境中重新奋起；另一方面，挫折也可以使个体处于不良的心理状态，采取消极的防卫方式来对付挫折，从而导致不安全的行为反应，如不安、攻击、焦虑、偏执、幻想等。在安全行车中，有的作业者由于乘务作业中发生失误，受到批评和处罚时，由于其挫折容忍力度小，就可能为了发泄不满情绪，采取攻击行为，在攻击无效后会暂时将愤怒的情绪压抑，对于安全作业采取冷漠态度，得过且过，降低安全生产的积极性和主动性，同时，还可能产生一些长期影响，如丧失自信心、自暴自弃、一蹶不振等。

员工受挫后，产生的不良情绪及相伴随的消极行为，不仅会影响他们的身心健康，而且也会影响安全行车，甚至导致事故的发生。因此，对于安全行车管理中的员工挫折问题，应及时采取有效的措施防止和减少挫折心理给个体或群体安全行车带来的不利影响，可采取以下几种措施：

（1）帮助员工积极地适应挫折，例如，员工发生作业失误后，应帮助其查明自身的原因，找到防止再发生的有效措施，使其在思想上正确对待。

（2）减少由于能力不足对实现安全目标的阻碍，使作业者能够应对和处理行车过程中的意外或紧急情况，增强其自信心，避免挫折感。

（3）改变员工对挫折情景的认知，以减轻挫折感。任何人在工作和生活中都难免遇到这样或那样的挫折，对于可能遇到的困难和失败应有一定的心理准备。当遇到困难和失败时，查找原因，总结经验教训，防止失败再次发生才是正确的处理方式。无论是管理者还是作业者，都应有百折不挠的精神和敢于面对挫折、克服困难的勇气和意志力。

（4）正确对待员工的攻击行为。对于受挫员工的一些攻击行为，管理者应采取适度的容忍态度，把受挫者看成一个需要帮助的人，而不应采用针锋相对、以牙还牙的方式激化矛盾。

（5）改变或消除易于引起员工挫折的作业环境。例如，改进作业中的人际关系，制订适度的奖惩激励措施，实施民主管理，以减少挫折的客观因素。

（6）进行心理保健和咨询，及时减少和消除挫折心理压力。开展心理保健教育，使员工正确对待工作和生活中的挫折，保持健康的职业心理。对受挫者的失常情感或过度压力，可由心理学专家进行心理治疗，以解除心理负担。

三、过程型激励与安全行车管理

过程型激励理论侧重于研究动机形成和行为目标的选择以及行为的改变与修正，认为激励在人的心理上是个相当长的过程，只有在激励对象接受激励内容的情况下，激励过程才得以开始。过程型激励主要理论有弗洛姆的“期望理论”和亚当斯的“公平理论”。

（一）期望理论

期望理论是由美国心理学家弗洛姆于 1964 年提出的，是通过考察人们的努力行为与其所获得最终奖酬之间的因果关系来说明激励过程的。

人们在生活中，都有各自的需求目标。当这个目标未实现时，表现为一种期望，这时的目标对个体动机会产生一种激励力量，激发个体努力实现自己的目标。而这个激发力量的大小取决于效价（目标效价）和期望率（期望值）的乘积。可用公式表示为：

$M=V\cdot E$（M—激励力，V—效价，E—期望率）。

激励力 M 指调动个体积极性、激发其内部潜力的强度。效价 V 指达到目标对于满足个体需要的价值，同一目标由于需要不同，其需要的目标价值也不同。期望率 E 指根据个体的经验判断一定行为能导致某种结果和满足需要的概率，即被激励者对实现目标可能性的估计。

根据这个公式，只有效价和期望率都高时，二者的乘积才会大，才会产生较高的激励力量。只要其中的一项不高，则两者乘积就小，目标的激励力量就不大。在安全行车的管理过程中，每个人的目标效价和期望率不尽相同，因此，二者之间会产生不同的组合，进而形成不同的激励力量。例如，组织和群体进行安全技能鉴定，有的人认为对自己安全行车很重要，同时经过努力取得好成绩的可能性很大，因此就会认真准备，积极参与；也有的人认为这种“走形式”的安全技能鉴定，既无太大价值，又对自己今后的作业和报酬无太大关系，或者认为自己怎样努力也无法取得好成绩，有其中之一认知者其参与的积极性都不会太高。

作为组织或群体来讲，需要的是员工安全行车的绩效；而对于作业者来说，关注的是与作业绩效有关的报酬。因此，作业绩效与报酬（如提职、加薪、奖励等）之间存在着关联性，会产生正关联性高（作业绩效与报酬成正比）、关联性弱（作业绩效与报酬无关）、负关联性高（作业绩效与报酬成反比）三种联系。员工对作业目标进行评判时，一般是基于对这些联系的考虑。因此，要激励员工全身心地投入安全行车作业，管理人员要注意和认真考虑三个方面的问题：一是要明确按劳取酬。二是要使员工认识到报酬与作业绩效有联系。三是要使员工相信只要努力工作，绩效就能提高。

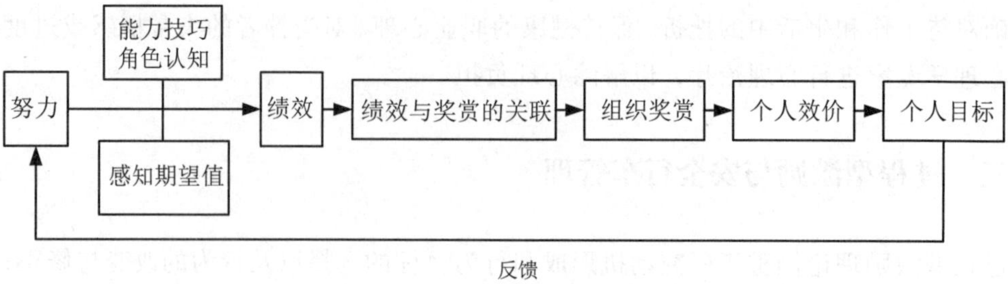

图 5-2 期望理论的基本模式

由图 5-2 可以看出，影响激励水平的因素除了期望值、效价和关联性外，还有如下一些因素：

（1）个人努力。指个体为了使作业绩效达到所期望的水平而付出的努力，努力与绩效的关系取决于个体对目标的期望值、能力、技术和角色认知等因素的影响。

（2）个人绩效。指个人努力的结果，是得到组织奖赏的因素。

（3）组织奖赏。是个人绩效所导致的报酬或惩罚，如增减工资、职位升降等。该结果越好越能提高激励水平。

（4）能力技巧。指个体从事行车作业应有的基本技能，它是绩效的重要限制因素。

（5）角色认知。指个体对自己的职位和承担的责任的认知，它影响着努力的程度和方向。

（6）感知期望值。是个体对努力和绩效之间实际关系的感知，它受本人的个性倾向尤其是自信心的影响，如自尊心、自信心高的人往往感知的期望值也越高；反之，感知的期望值就低。

（二）公平理论

公平理论是美国心理学家亚当斯在研究奖酬分配的公平性、合理性对员工生产积极性影响的基础上提出来的。他认为，个体工作的积极性不仅与报酬有关，而且与人们对报酬分配的公平性更是密切相关。人们总会自觉或不自觉地将自己所付出的代价（如资历、工龄、文化、水平、技能、付出的努力等）和由此得到的报酬（如奖金、晋升、荣誉等）与他人所付出的代价和所得到的报酬进行比较，或者把自己当前所付出的代价和所得到的报酬与自己过去的代价和所得到的报酬进行比较，并对公平与否进行判断。

员工在组织中很注意自己是否受到公平对待，常常以此来决定自己的动机或行为。这种比较会产生三种结果：

（1）和别人比较相同时，就会有公平感，并继续保持对工作的满腔热情。

（2）和别人比较，自己所付出的代价比别人大或等同于别人而报酬低于别人时，或同自己过去比较代价高或相同但自己的报酬低于过去时，就会感到不公平，产生委屈感，并采取发牢骚、减少努力或降低作业质量的做法，以求得心理平衡。

（3）和别人比较，自己所付出的代价比别人低而报酬比别人高或持平时，当事人也会感到不公平，产生内疚感。此时，当事人一方面受到刺激，通过更努力工作以达到心理平衡；另一方面也会随着时间的推移，重新评估自己的付出，感觉理所应当，而保持自我心理平衡。

一个人的积极性并非仅受“自己得到什么”的影响，还常受“别人得到什么”的影响，所以在进行安全激励时，应考虑作业者这种公平感与安全作业行为动机的联系，消除“攀比心理”的消极影响。同时，这种公平感是在可供比较的群体中产生的，受群体动力的影响，因此创造良好的群体气氛环境、引导员工积极向上，将会有效地减少个体之间的攀比。

四、人性与安全行车管理

现代安全行车管理是以人为中心的管理，所以就有如何看待人的问题，是把人看成唯利是图的“经济人”，还是社会心理的“社会人”，是制订管理措施时首先要回答的问题。一切有关科学管理人的原则和方法，都必须以对人的基本看法为出发点。对人性、人的本质的看法不同，就必然产生不同的管理原则和方法。管理心理学对此有四种代表性的理论，即“经济人”“社会人”“自我实现人”和“复杂人”。

（一）“经济人”与安全行车

1.“经济人”的特征

“经济人”也叫“实利人”。美国工业心理学家麦格雷戈“X 理论”的基本观点认为：其一，一般人天性都好逸恶劳、尽可能逃避工作。其二，多数人以自我为中心，个体目标与组织目标相矛盾，只有采取强制惩罚的办法，才能迫使他们为达到组织目标而工作。其三，多数人缺乏进取心，反对变革。其四，多数人不愿承担责任，而宁愿受别人领导。其五，多数人缺乏理智，不能克制自己，易于受骗和接受煽动。其六，多数人工作是为了满足基本的生理需要和安全需要，只有金钱和其他物质利益才能激励他们努力工作。

其后，美国组织心理学家薛恩再次阐述了“经济人”的特征。其一，人是由经济诱因引发的工作动机，并谋求最大的经济利益；其二，经济诱因是在组织控制下，人是被动地接受组织操纵、激发和控制而工作的；其三，组织必须设法控制人的感情。也就是说，经济人主要为金钱而工作，为物质生活的享受而生存，只要能满足人对金钱和物质的需要，就能调动人的积极性。

2. 对行车安全管理的启示

在行车安全管理上，这种理论主张采用强制方式进行管理，强调严密的组织制度和制订具体的安全规范和作业制度。管理人员利用职权发号施令，作业者无条件服从。在安全奖惩上，采用金钱刺激作业者的安全行为和安全生产的积极性，严厉处罚违章违纪者时采用“胡萝卜加大棒”的政策。

3.“经济人”理论的局限性

这种靠金钱的收买与刺激和严密的控制、监督、惩罚迫使作业者为组织的安全目标而努力的管理方式，在人们的生活还不富裕、停留在“胡萝卜”需要（生存需要）的阶段时，其管理方法是有效的。但是，当人们达到较高的生活水平时，由于人们的行为动机主要是追求高级需要，所以“胡萝卜加大棒”的管理方法就不那么有效了。同时，这种理论认为大多数人缺乏责任心，排斥工人参与管理，把管理者与被管理者对立起来，不可能激发劳动者的主人翁精神和安全生产的主动性、积极性。

（二）“社会人”与安全行车

1. 基本理论

“社会人”理论认为人们最重视的是在工作中与周围的人友好相处，良好的人际关系是调动人们生产积极性的决定性因素。强调人们是由于社会需要而引起工作动机的，生产率的高低主要取决于工人的“士气”，而士气取决于员工在家庭、企业及社会生活中的人际关系是否协调一致，作业方法和作业条件只具有第二位的意义。所以，必须“以人为中心”进行管理，领导者必须在了解人、尊重人的基础上实施新型的领导方式，使员工愿意为达到组织目标而协作和贡献力量。

2. 对行车安全管理的启示

“社会人”理论主张从人的社会需要出发，对作业者的安全行为加以引导，比单纯地将员工看作被动的接受者，进而采取“管、卡、压”的管理手段，更加符合许多逐渐走向小康富裕的职工群体。

（1）安全管理不应只注意作业者是否遵守规章制度和是否有违章违纪行为，而应把注意的重点放在关心人、满足人的需求上，努力提高作业者的归属感和整体感，培养他们的安全意识。

（2）在实行安全奖惩时，主张实行集体奖罚制度，而不是实行个人奖罚制度。

（3）实行工人参与安全管理的方式，尽可能让员工参与组织安全目标的确定与讨论，使员工既明确安全的要求，又改善员工与管理者的关系。

（4）转变安全管理人员的职能，他们不只限于安全计划、检查和措施落实，还要倾听员工对安全管理的意见，了解大家的思想情感和安全需要，向上级反映，并将领导的安全意图、部署和承诺向员工传达和宣传。

（三）“自我实现人”与安全行车

1. 基本特征

“自我实现人”也叫“自动人”，即个体认为最理想的人。但是，在现代社会中，这种人只是少数。麦格雷戈把这种理论归纳为与“X 理论”相对立的“Y 理论”。其基本特征为：

（1）人们并非天生厌恶工作，如果有好的条件和环境，运用体力和脑力从事工作，就如同游戏和娱乐一样自然。

（2）人们并非天生就对组织的要求采取消极或者抵制的态度，而是经常采取合作态度，接受组织的任务，并主动完成。

（3）人们在适当的情况下，不仅能够承担责任，而且会主动承担责任。

（4）大多数人在解决组织的问题或困难时，能够发挥高度的想象力、聪明才智和创造性。

（5）职工自我实现的需要和组织目标实现的需要并无必然的矛盾，如果适当掌握，职工会自愿地把个人目标和组织目标结合为一体。

（6）在现代工业社会条件下，大多数人的潜在能力没有充分发挥出来。

2. 对行车安全管理的启示

这种理论是在现代化工业普遍采用先进科技的背景下产生的，对安全管理的改进与完善有如下启示：

（1）管理重点。该理论更加重视人的因素，更加注意人的价值和尊严，主张创造一个适宜的作业环境，使员工能够在平安无忧的工作环境中，充分发挥个人的潜力、才能、特长和创造力。

（2）激励方式。对于人来说，最根本、起长远作用的是内在激励因素，即在作业中获得安全知识，增长安全作业的才干，充分发挥自己的潜力。只有内在激励才能满足人自尊和自我实现的需要，从而极大地调动员工安全生产的积极性，真正实现“我要安全”。

（3）参与管理。该理论主张通过多种方式让员工参与安全管理，让员工主动承担安全职责，进行有效的安全自我控制和管理，以显示他们的安全作业能力而获得成就感。

（4）安全管理者职能。这种理论认为安全生产管理者的主要任务在于尽可能地为人们充分发挥自己的职责、能动性和聪明才智创造适宜的条件，从而减少和消除员工在安全生产过程中遇到的障碍。

（四）“复杂人”与安全行车

上述“经济人”“社会人”和“自我实现人”的理论，都有合理的一面，但也都有局限性，不能适应对所有人的人性描述，因为人性是复杂和变化的。

1. 基本理论

“复杂人”理论也称“应变理论”或“超 Y 理论”，其主要内容如下：

（1）人的需要是复杂的和多种多样的，并且随着人的发展和作业条件的变化及生活水平的提高而不断变化，每个人的需要层次和水平也各不相同。

（2）人在一个时期内有各种需要和动机，这些需要不是并列关系，而是相互联系、相互作用、相互影响，并结合为统一整体，形成错综复杂的动机模式。如有的人社会需要占主导地位，有的人物质需要占主导位置。

（3）动机模式的形成是人的内部需要和外部环境相互作用的结果。人在组织环境中，工作与生活条件的不断变化会产生新的动机和需要。工作单位或部门不同，就会因工作性质不同、社会地位不同、能力要求不同、与周围人的关系不同等，产生不同的需要。

（4）由于人们的需要不同，能力各异，对于不同的管理方式会有不同的反应。因此，不存在对任何时代、任何组织都普遍行之有效的管理模式。

2. 对行车安全管理的启示

这个理论要求安全管理者根据具体管理对象、具体作业性质和环境，通达权变、因地制宜、灵活地采取不同的安全管理措施。安全管理的基本要求是制订完善的规章制度并监督执行。但是，行车作业情况是复杂的，从事行车作业的职工个人也是复杂多变的，安全规章制度不可能详细地针对任何情况和个人，因此在安全行车管理实践中必须灵活应变，防止任何可能的危害出现。

但是，这种理论强调人们差异性的一面，有忽视人们共性的倾向，应引起注意。

五、激励方式

激励的理论多种多样，组织的实际情况又千变万化，加之员工的需要也千差万别，所以任何一个组织或群体都无法用一种统一的方式去激励员工。

1. 目标激励

它是指给员工确定的目标，以目标为诱因促使个体努力工作，以实现自己的目标。目标激励以组织的目标为基础，与个体的需要目标结合起来，使组织的目标和个体目标相一致。个体为追求目标的实现会不断努力，发挥自己最大的潜能。

2. 参与激励

它是指让个体参与组织管理，使员工产生主人翁责任感，从而激励员工发挥自己的积极性。员工通过参与重大问题的决策、合理化建议和对各项活动进行监督和管理，就会亲身感受到自己是组织的主人，组织的前途命运就是自己的前途命运，个人只有依附或归属于组织，才能发展自我，从而激励员工全身心地投入安全行车作业中。

3. 奖励激励

它是指组织以奖励为诱因，促使员工采取最有效、最合理的行为。这种激励通常是从正面对个体进行引导。组织应根据安全管理的需要，规定员工的行为。如果符合一定的行为规范（如因遵章守纪防止事故），员工可以获得一定的奖励。员工对奖励追求的欲望，促使他们的作业行为必须符合行为规范，同时保证组织安全行车。

4. 领导者激励

它是指领导者的品行给员工带来的激励效果。组织的领导者是组织的纽带，是员工的表率，是员工行为的指示器。如果领导者清正廉洁、严于律己，吃苦在前、享受在后，虚怀若谷、谦虚民主，那么这样的领导者本身对员工就是莫大的鼓舞，就能激发员工的士气。如果领导者再具有较强的业务技术能力和较强的激励能力，则更加有助于满足员工的需要和价值的实现，就会对员工产生巨大的激励作用。

5. 公平激励

它是指领导者在各种待遇上，公平对待，对待每一位员工所产生的激励作用。只要给予员工等量劳动成果等量待遇，多劳多得、少劳少得，组织就会形成一个公平合理的环境。

6. 关心激励

它是指领导者通过对员工的关心而产生的激励作用。员工以组织为主要的生存空间，把组织当作自己的归属。如果组织领导者时时关心员工的疾苦，了解员工的具体困难，并帮助其解决，就会使员工产生很强的归属感，会对员工产生较强的激励效果。

7. 认同激励

它是指领导者对员工劳动成果或作业成就表示认同进而对员工产生的激励作用。这是因为大多数人都有群体成就需要，在取得一定的成绩后，需要得到大家的认可，尤其是领导的认可。

8. 惩罚激励

它是指组织利用惩罚的手段，诱导员工采取符合规范行为的一种激励（与奖励激励相反）。在惩罚激励中，组织应制订一系列员工行为规范和配套的具体惩罚标准，在惩罚时应保持时效上的一致性。

9. 素质激励

它是指在领导者的支持、帮助、关心和培养下，提高员工自身素质，进而提高组织目标的期望水平，从而激励员工更好地工作。

复习思考题

1. 机车乘务领导的行为有哪些？
2. 激励的功能与原则有哪些？
3. 需要层次的内容是什么，对安全管理有什么意义？
4. 安全行车管理的保健因素和激励因素有哪些？
5. 激励的方式有哪些？
6. 各种人性理论的主要内容有哪些，对行车管理有什么启示？

项目六　行车应急处置

任务一　操纵列车运行的应急处置

【本项目要点】

安全是铁路运输的生命线，一旦发生铁路行车事故将造成巨大的社会影响和直接经济损失。通过学习非正常情况下行车安全处理办法，使机车乘务员掌握非正常情况下行车安全办法和措施，牢固树立“安全第一，预防为主，综合治理的”观念。

本项目的重点是自然灾害非正常作业、行车设备故障非正常作业、列车操纵非正常作业等内容。要熟练掌握相关操作程序和办法，一旦发生非正常情况，能够快速按照作业流程进行处理，以确保非正常情况下行车运行安全。

一、向施工封锁区间开行路用列车时的行车办法

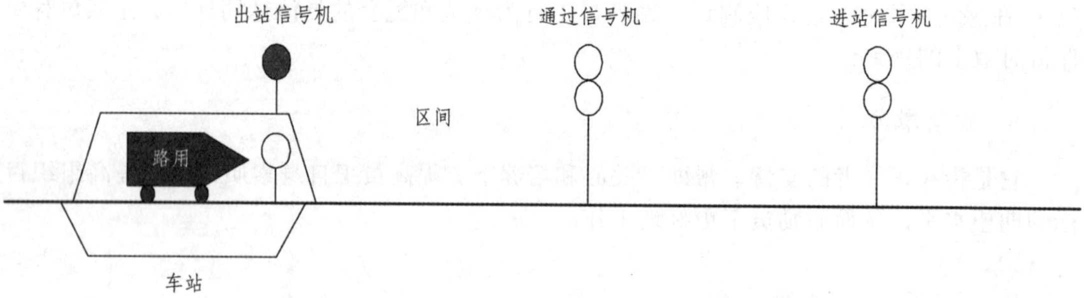

图 6-1　向施工封锁区间开行路用列车时的行车办法

行车凭证确认和开车：

（1）列车进入区间的行车凭证为调度命令。内容包括：列车车次、运行速度、停车地点、停车时间、到达车站的时刻等有关注意事项。

（2）路用列车应由施工单位指派胜任人员携带列车无线调度电话值乘于列车尾部，并在区间协助司机作业。

（3）执行车机联控。

（4）确认发车信号开车。

区间作业规定：

（1）进入施工地段时，应在防护人员显示的停车手信号前停车，根据施工指挥人的要求，按调车办法进入指定地点。

（2）施工负责人应与指派的值乘人员、司机商定在区间停车、移动、发车等联系办法，司机未见指派的胜任值乘人员的信号严禁动车。

（3）风动石碴车准许以 8 ~ 10 km/h 速度边走边卸，其他车装石碴应以不超过 5 km/h 速度边走边卸。

（4）禁止摘开车辆分卸；禁止边走边卸片石、钢轨、混凝土轨枕等笨重材料（长轨列车除外）。

（5）卸车完毕开车前，必须得到卸车负责人的通知，按原商定的发车办法开车。

（6）启动列车前应进行试拉和试风，推进运行时，按值乘于列车前端的车站指派胜任人员显示的手信号指示运行。

进站的规定：返回车站时，由司机负责确认进站信号（包括引导信号）进站，若司机无法确认时，应使列车在机外停车，由列车前端的胜任人员负责确认后，向司机显示绿色手信号，司机按其显示的绿色手信号进站。

二、开行救援列车时的行车办法

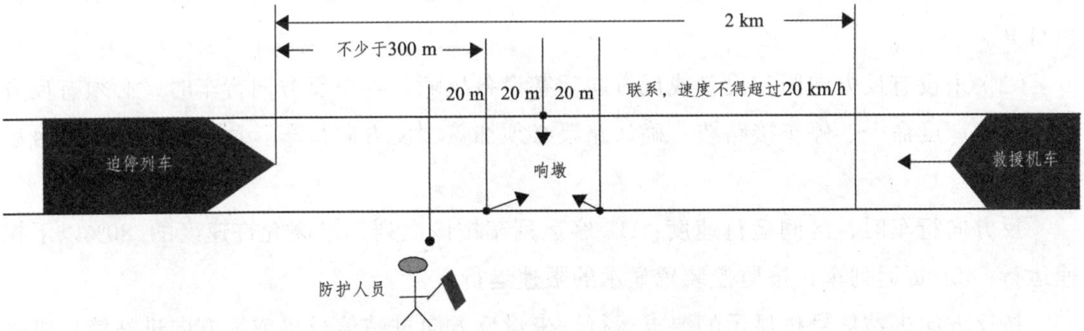

图 6-2 开行救援列车时的行车办法

（1）行车凭证：调度命令（调度电话不通时为车站值班员的命令）。注：调度命令作为行车凭证时，不能电话通知。

（2）确认调度命令（命令不清、停车位置不明确时不准动车）。

（3）在自动闭塞区间正方向运行，要严格按通过信号机的显示要求运行；如在半自动闭塞区间或自动闭塞区间反方向进入区间时，应按压监控装置调车键，严格控制速度。

（4）根据发车信号开车。

（5）救援列车进入封锁区间后在接近被救援列车或车列 2 km 时，要严格控制速度并用无线电话与请求救援的机车司机进行联系。以在瞭望距离内能随时停车的速度运行，速度最高不得超过 20 km/h。

（6）在防护人员处或压上响墩后停车，联系确认，并按要求进行作业。

（7）挂取被救援的列车或遗留车列时：① 确认连挂妥当；② 试拉；③ 接风试闸；④ 试验列尾；⑤ 撤除防溜设施。

（8）区间返回开车前，通知列车调度员及对方站，经同意后开车。

（9）按调度命令规定的接车方式确认信号进站。

三、列车反方向运行时的行车办法

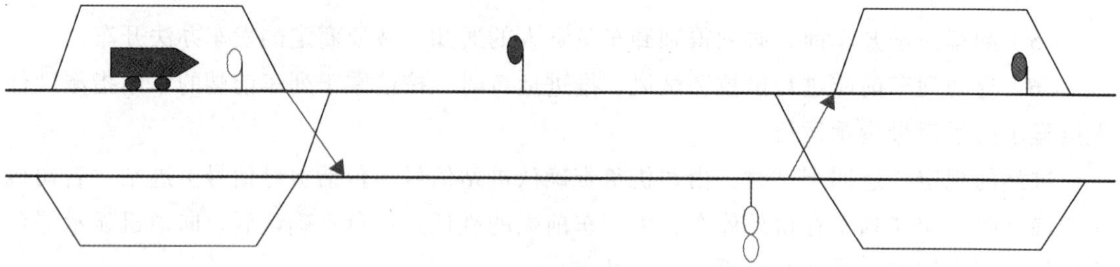

图 6-3　列车反方向运行时的行车办法

（1）设有反方向闭塞设备，列车反方向行车时，必须有反方向行车的调度命令、出站信号机显示的进行信号，装有发车进路表示器的车站还应确认反方向发车进路表示器的白色灯光。

（2）未设有反方向闭塞设备或反方向闭塞设备故障，列车反方向行车时，必须有反方向行车的调度命令、停车接路票。确认路票必须加盖“反方向行车”章，确认发车信号后开车。

反方向行车时，区间运行速度：① 客运列车按该次列车最高允许速度的 80%以下控速运行；② 货运列车，按监控装置显示的限速运行。

按反方向进站信号机显示的要求运行。未设反方向进站信号机或反方向进站信号机故障时，司机在进站信号机（或站界标）前确认“引导信号”显示正确后，方可以不超过 20 km/h 速度进站。出站列车按出站信号机显示的要求运行。

四、列车分部运行时的行车办法

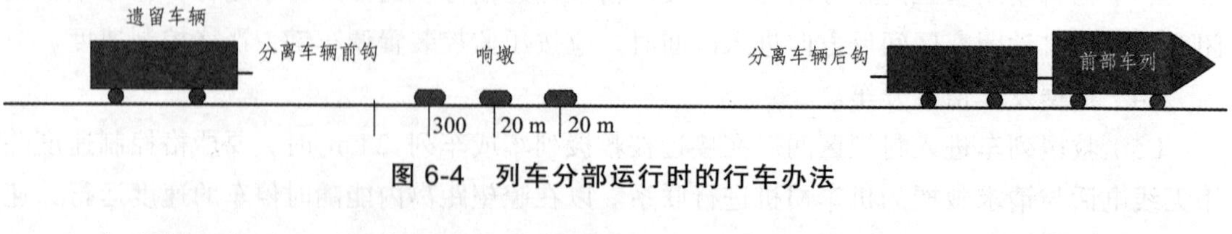

图 6-4　列车分部运行时的行车办法

（1）分部运行时，司机在手账内记清遗留车列的停留位置和辆数，对遗留车列放风制动，采取防溜措施（货物列车还需解除列尾关系，方可分部运行）。

（2）司机派胜任人员留在区间，负责看守遗留车列（无人看守不准分部运行）。

（3）牵引前部车列时：① 自动闭塞区间按信号显示运行；② 半自动闭塞区间，运行至进站信号机外停车（已通知车站值班员列车分部运行时除外），将情况通知车站值班员后再进站。

注意事项：

（1）遇列车在区间被迫停车不能继续运行时，司机应立即用无线调度电话通知追踪列车、前后车站、列车调度员，并按规定请求救援，对列车采取防溜及防护措施。

（2）如遇无线调度电话故障，列车在区间被迫停车不能继续运行时，司机要利用区间电话或其他通信设备及时通知车站请求救援。

五、列车发生分离（断钩）时的处理办法

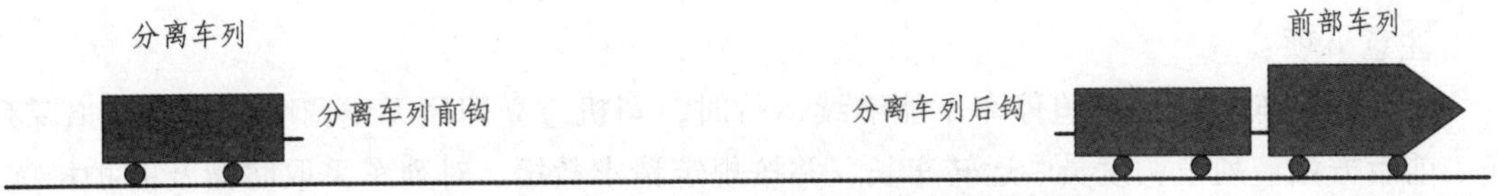

图 6-5 列车发生分离（断钩）时的处理办法

（1）联控。及时通知追踪列车、调度员、前后车站和运转车长，并向本段机车调度室汇报。

（2）记清列车发生分离的时间、地点、分离位置、分离距离及辆数；若确认车钩断裂还应记明断钩车辆号码及断面的形成（新痕、旧痕、砂眼、夹渣、缺陷）。判明是否能与机车或尾部车辆车钩互换。采取防溜措施。

（3）车钩能更换时：① 旅客列车由机车乘务员协助随车列检更换；货物列车由机车乘务员负责更换。② 车钩更换好后，连挂妥当并按规定进行试拉试风，正常后方准撤除防溜设施，确认所有人员处于安全地点后，按原方式运行。

（4）车钩不能更换时：① 如果分离车辆后钩损坏，按照分部运行办法执行。② 如果分离车辆前钩损坏，司机将情况向调度员和两端车站报告，请求从后方站增派机车将分离车列拉回后方站。

六、列车退行时的行车办法

图 6-6 列车退行时的行车办法

（1）下列情况禁止退行：① 按自闭行车时；② 电话中断时；③ 长大坡道的区间时；④ 在降雾、暴风雨雪及天气不良难以辨认信号时；⑤ 无运转车长值乘时；⑥ 单线区间若发出列车其尾部尚未越出预告信号机或最外方预告标；⑦ 双线区间若发出列车其尾部尚未越出邻线预告信号机、最外方预告标的相对位置或特设的预告标停车时，在未得到后方站值班员同意前应就地制动，请求救援并按规定防护。

（2）下列情况允许退行：

① 按自闭行车经调度员或后方站值班员同意时。

② 电话中断持有附件三通知书 1 时。

③ 无运转车长值乘但已指派胜任人员并携带列车调度电话、简易紧急制动阀时。

（3）在不得已情况下，列车必须退行时，旅客列车由运转车长（货物列车或无运转车长的列车为指派的胜任人员）应站在列车尾部注视退行前方，用手持电台指挥退行。列车退行时，监控装置转“调车”位，退行速度不得超过 15 km/h。

（4）列车退行时，在未得到后方站值班员准许，不得退行到车站的最外方预告标或预告信号机（双线区间为邻线预告标或特设的预告标）的内方。

注意事项：

（1）遇列车在区间被迫停车不能继续运行时，司机应立即用无线调度电话通知追踪列车、前后方站、列车调度员、运转车长，并按规定请求救援，对列车采取防溜及防护措施。

（2）如遇无线调度电话故障，列车在区间被迫停车不能继续运行时，司机要利用区间电话或其他通信设备及时通知车站请求救援。

七、列车在区间被迫停车后设置响墩防护的办法

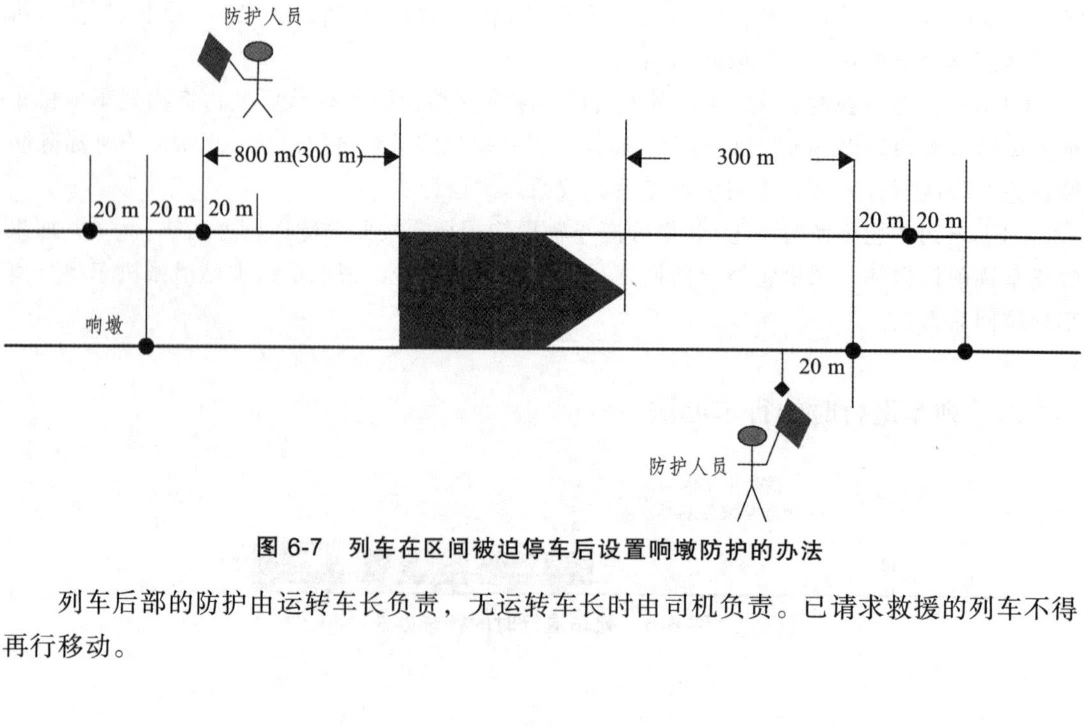

图 6-7　列车在区间被迫停车后设置响墩防护的办法

列车后部的防护由运转车长负责，无运转车长时由司机负责。已请求救援的列车不得再行移动。

响墩按来车方向左 2 右 1 卡放在钢轨面上，必要时点燃火炬。防护人员持红旗（如图所示）进行防护。

（1）已请求救援时，从救援列车开来方面（不明时，从列车前后两方面），距离列车不少于 300 m 处防护。

（2）电话中断后发出的列车（持有附件三通知书之 1 的列车除外）应于停车后，立即从列车后方距离按不少于线路最大速度等级紧急制动距离限值处防护。

八、列车在区间被迫停车妨碍邻线时设置防护的办法

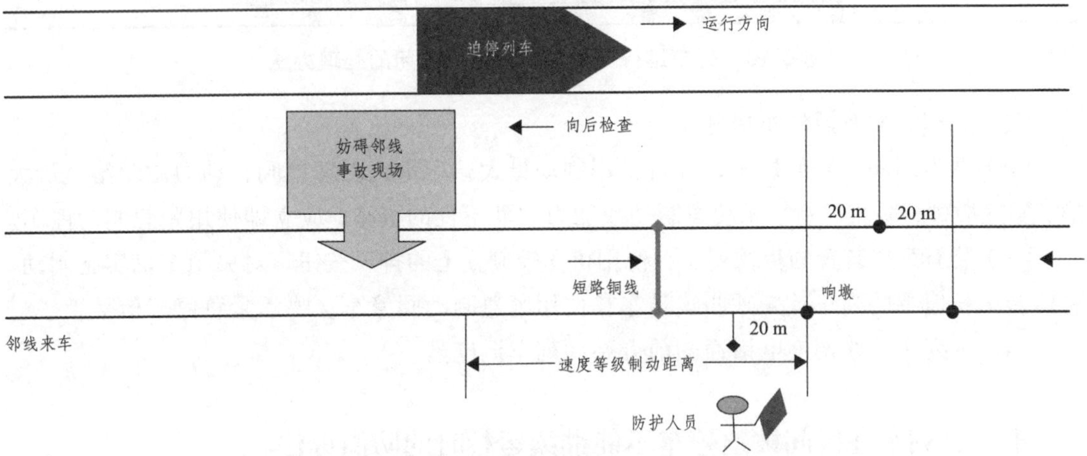

图 6-8　列车在区间被迫停车妨碍邻线时设置防护的办法

（1）司机、运转车长应立即在列车的头部和尾部附近邻线上点燃火炬。

（2）自闭区段对邻线来车方向短路轨道电路，并用列车无线调度电话通知邻线运行的列车和两端站。

（3）司机亲自或指派人员沿邻线一侧对列车进行检查，发现妨碍邻线时立即派人按图 6-8 防护。（响墩按来车方向左 2 右 1 卡放在钢轨面上）必要时点燃火炬。

（4）防护人员持停车手信号在来车方向左侧（如图 6-8 所示）进行防护。

（5）如发现邻线有列车开来时，应急速鸣示紧急停车信号。

九、列车运行中发生坡停时的处理办法

图 6-9　列车运行中发生坡停时的处理办法

（1）坡停列车按规定联控（自闭区间呼叫追踪列车）通知前后方站、列车调度员、运转车长及本段调度室。

（2）按坡道起车的方法重新启动列车，如两次仍起不来，应立即就地制动，请求救援。

（3）已请求救援列车不得再行移动，按规定进行防护防溜。

十、列车运行中发生折角塞门关闭的处理办法

图 6-10 列车运行中发生折角塞门关闭的处理办法

（1）立即采取有效停车措施。

（2）动力制动良好的机车，施行常用制动最大减压量，缓解单阀，动力制动给至最大值，实施撒砂，防止滑行。无动力制动或动力制动不良的机车，应立即使用紧急制动停车。

（3）装有列尾装置的货物列车，使用机车控制盒上的排风按钮，对关闭车辆实施制动。有运转车长值乘的列车首先呼叫运转车长使用紧急制动阀停车。鸣示紧急停车信号。

（4）用列车无线调度电话通知前方站和列车调度员。

十一、列车在区间被迫停车不能继续运行时的防溜办法

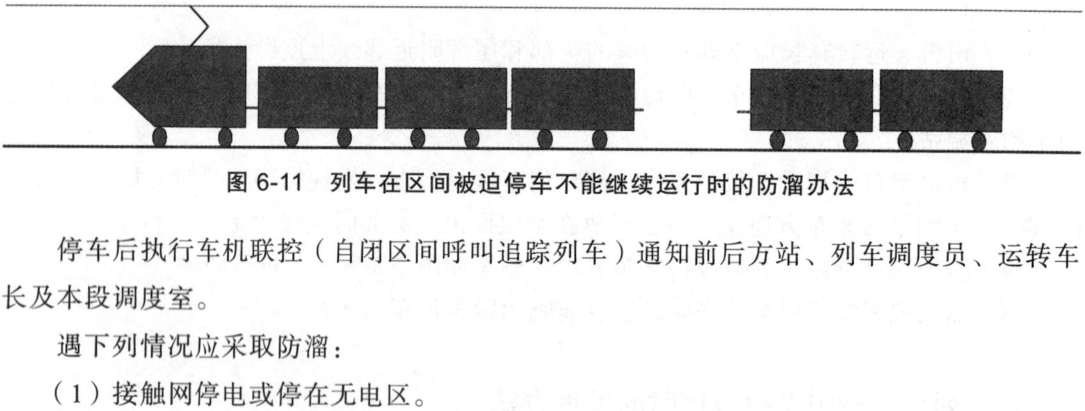

图 6-11 列车在区间被迫停车不能继续运行时的防溜办法

停车后执行车机联控（自闭区间呼叫追踪列车）通知前后方站、列车调度员、运转车长及本段调度室。

遇下列情况应采取防溜：

（1）接触网停电或停在无电区。

（2）机车或车辆自动制动机故障时。

（3）分部运行对遗留车列。

防溜措施：

（1）就地制动。

（2）如遇自动制动机故障，司机通知运转车长（无运转车长的由司机）组织乘务人员拧紧手制动机规定的辆数。

（3）分部运行时：① 将遗留车列放风制动；② 放置铁鞋；③ 拧紧手制动机辆数。

（4）接触网停电（特殊区段 30 min）时：① 旅客列车应鸣笛三短声拧紧手制动机信号，通知运转车长组织人员拧紧所有手制动机，并安放所有止轮器。② 货物列车根据所处坡道司机应拧紧规定的辆数。

（5）其他区段超过 90 min 按救援办理。

注：拧紧手制动机辆数=总重（吨）× 每百吨列车重量所需制动机轴数 / (4 × 100)，每百吨列车重量所需制动机轴数：6‰及以下坡度为 1.2，6‰以上坡度每增加 1‰增加 0.3。

注意：使用手制动机时应严格遵守规定。禁止在接触网带电的情况下登上棚车类、敞车（接触网高度在 6 200 mm 以下）手制动机踏板使用手制动机制动。必须使用时，在拧紧（松开）手制动机前应先申请并停电后再进行；松手制动机前，必须使列车空气制动系统充满风再制动后，方可申请停电。

十二、发生路外伤亡或与其他交通车辆发生冲撞时的处理办法

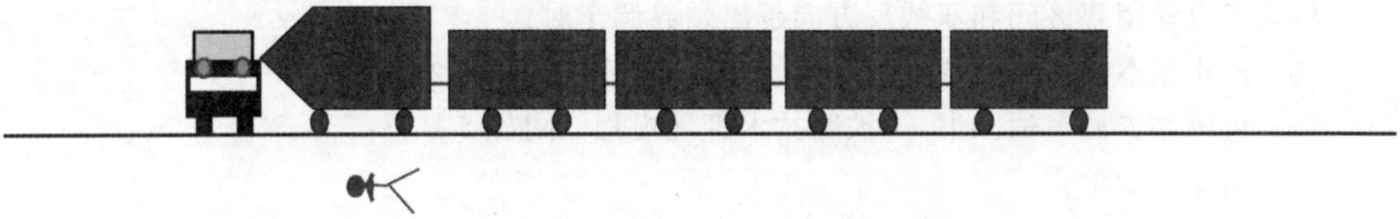

图 6-12　发生路外伤亡或与其他交通车辆发生冲撞时的处理办法

（1）特快列车及专特运列车，不危及本列安全时，可不停车（同时用列车无线调度电话报告就近车站处理）。

（2）其他列车应立即停车（自闭区间呼叫追踪列车）通知前后方站、列车调度员、运转车长及本段调度室。

（3）按照“先防护后处理以及迅速开通线路”的原则，迅速组织勘查处理。

（4）处理完毕，可继续运行时应联控开车，通知就近车站处理；不能继续运行时，应迅速请求救援。

发生路外伤亡事故须报告的内容：① 发生的年、月、日、时、分。② 发生地点（线别、站内或区间，里程）。③ 发生列车车次、种类、牵引机车型号及配属、列车编组、司机、运转车长及关系人员姓名、职务。④ 交通车辆车型、辆数、装载情况及所属单位或车主单位、详细地址、驾驶员姓名、车号牌、三证（驾驶证、行驶证、营运证），交通车辆破损情况及投保情况。⑤ 人员姓名、性别、年龄、所属单位、职业。⑥ 伤亡事故概况及原因。⑦ 铁路人员伤亡及机车、车辆、线路等设备损坏情况，是否影响邻线行车。⑧ 是否需要救护车、救援列车、起重机或救援队。⑨ 事故责任者及所属单位。⑩ 线路开通时间。

十三、越出站界调车时的行车办法

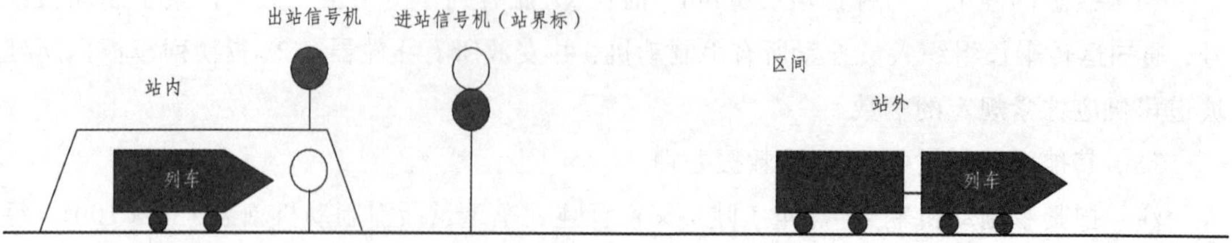

图 6-13 越出站界调车时的行车办法

单线自动闭塞区间和双线正方向越出站界调车时：

（1）车站值班员口头准许；

（2）调车通知单；

（3）出站兼调车信号机显示的一个月白色灯光（如果出站兼调车信号机故障时，需有车站值班员的口头通知）；

（4）执行车机联控；

（5）根据调车指挥人的信号动车。

单线半自动闭塞区间和双线反方向越出站界调车时：

（1）停止基本闭塞法的调度命令（《铁路技术管理规程》223 条）。

（2）越出站界调车通知书（《铁路技术管理规程》附件 5）。

（3）调车通知单。

（4）出站兼调车信号机显示的一个月白色灯光（如果出站兼调车信号机故障时，需有车站值班员的口头通知）。

（5）执行车机联控。

（6）根据调车指挥人的信号动车。

十四、跟踪出站调车作业办法

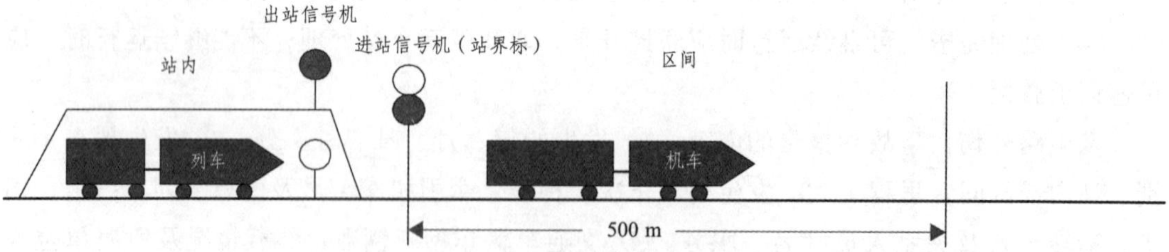

图 6-14 跟踪出站调车作业办法

跟踪出站调车时：

（1）只准许在单线区间及双线正方向上办理。发给司机跟踪出站调车通知书（附件五）。

（2）无论牵引或推进运行时，占用区间的行车凭证均应交给司机。

（3）最远不得越出站界 500 m。

跟踪出站调车时：

（1）跟踪出站调车通知书（《铁路技术管理规程》附件 5）。

（2）调车作业通知单。

（3）出站兼调车信号机显示一个月白色灯光（如果出站兼调车信号机故障时，需有车站值班员的口头通知）。

（4）执行车机联控。

动车前监控装置转“调车”位；调车时注意监控装置显示的距离，最远不得越过站界 500 m。

注意执行通知书规定的起止时间（若会让列车后需继续跟踪调车时，必须重新办理手续）。

调车完毕，将监控装置退出“调车”位。

遇下列情况，禁止跟踪出站调车：

（1）出站方向区间内有瞭望不良的地形或有连续长大上坡道。

（2）先发列车需由区间返回或挂有由区间返回的后部补机。

（3）一切电话中断时。

（4）降雾、暴风雨雪时。

（5）前行列车为特运、客运、军运列车或尾部挂有公务车的货物列车。

十五、自动闭塞区间防止列车追尾的行车办法

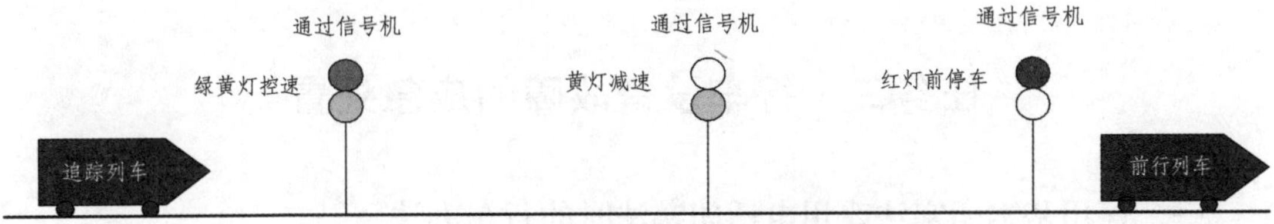

图 6-15　自动闭塞区间防止列车追尾的行车办法

列车遇通过信号机显示绿黄色灯光时，要求司机注意准备减速。

列车遇通过信号机显示黄色灯光时，司机应立即减速，以保证在次一架信号机前能停车的速度运行。

（1）列车在红灯前必须停车（包括信号显示不明或灯光熄灭）。

（2）停车后，用电话通知运转车长（通知不到时鸣笛一长声）、两端车站及追踪列车，报告停车地点。

（3）停车等候两分钟后，该信号机仍未显示进行的信号时，即以遇到阻碍能随时停车的速度继续运行，速度最高不超过 20 km/h，运行到次一架通过信号机，按其显示的要求运行。

（4）如确认前方闭塞分区内有列车时，不得进入。确认方法：与车站值班员或列车调度员联系，联系不上时目视。

当通过信号机故障时，应将该信号机的号码通知前方站，并应及时填写在联控信息卡上。

复习思考题

1. 向施工封锁区间开行路用列车时的行车办法。
2. 开行救援列车时的行车办法。
3. 列车反方向运行时的行车办法。
4. 列车分部运行时的行车办法。
5. 列车发生分离（断钩）时的处理办法。
6. 列车退行时的行车办法。
7. 列车在区间被迫停车后设置响墩防护的办法。
8. 列车在区间被迫停车妨碍邻线时设置防护的办法。
9. 列车运行中发生坡停时的处理办法。
10. 列车运行中发生折角塞门关闭的处理办法。
11. 列车在区间被迫停车不能继续运行时的防溜办法。
12. 发生路外伤亡或与其他交通车辆发生冲撞时的处理办法。
13. 越出站界调车时的行车办法。
14. 跟踪出站调车作业办法。
15. 自动闭塞区间防止列车追尾的行车办法。

任务二　行车设备故障的应急处置

一、停用基本闭塞法改用电话闭塞法时的行车办法

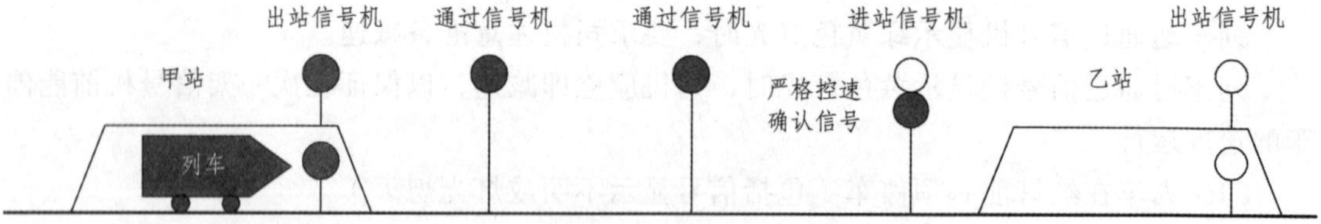

图 6-16　停用基本闭塞法改用电话闭塞法时的行车办法

（1）通过列车按车站要求接收调度命令和路票。

（2）站发列车确认调度命令、路票［电话记录号码、列车车次、运行区间方向、站（场）］名戳正确。

（3）按标准联控。

（4）确认发车（通过）手信号。

（5）确认进站信号机显示进行信号时，按其显示的要求执行。

引导接车时，确认引导信号显示正确后，以不超过 20 km/h 的速度进站，并做好随时停车的准备；做好机外停车的准备，严格控制速度。

二、自动闭塞区段出站信号（进路）机故障时发出列车或由未设出站信号机的线路上发出列车时的行车办法

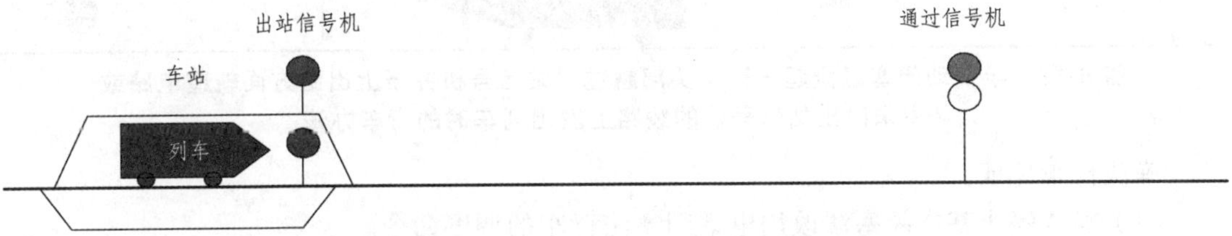

图 6-17 自动闭塞区段出站信号（进路）机故障时发出列车或由未设出站信号机的线路上发出列车时的行车办法

（1）行车凭证为：绿色许可证（《铁路技术管理规程》附件 2）。

（2）确认绿色许可证编号、内容、站名印、车站值班员签名、年月日填发正确无误（不用的字句抹消）。

（3）执行车机联控。

（4）确认发车信号正确后开车。

（5）进入闭塞分区后按通过信号机的显示运行。

注：如有发车人员书面通知时，司机应以在瞭望距离内能随时停车的速度运行，最高不超过 20 km/h，运行到第一架通过信号机，按其显示的要求执行。

三、半自动闭塞区段超长列车头部越过出站信号机而未压上出站方面轨道电路发出列车时的行车办法

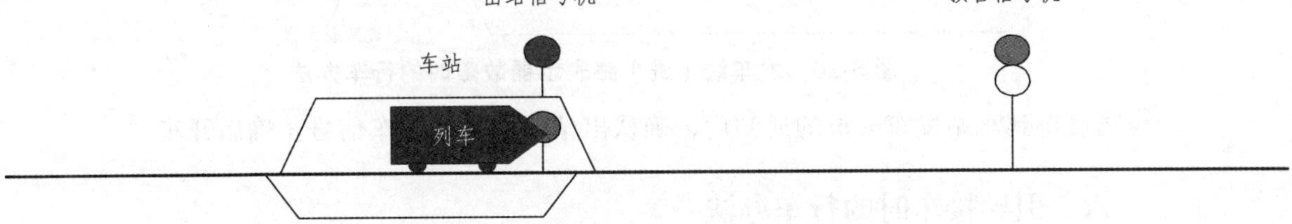

图 6-18 半自动闭塞区段超长列车头部越过出站信号机而未压上出站方面轨道电路发出列车时的行车办法

行车凭证：出站信号机显示的进行信号并向司机发布调度命令。

发车前做到：

（1）执行车机联控；

（2）确认调度命令和出站信号机显示正确后根据车站发车人员的发车信号开车。

四、半自动闭塞区段超长列车头部越过出站信号机并压上出站方面轨道电路或由未设出站信号机的线路上发出列车时的行车办法

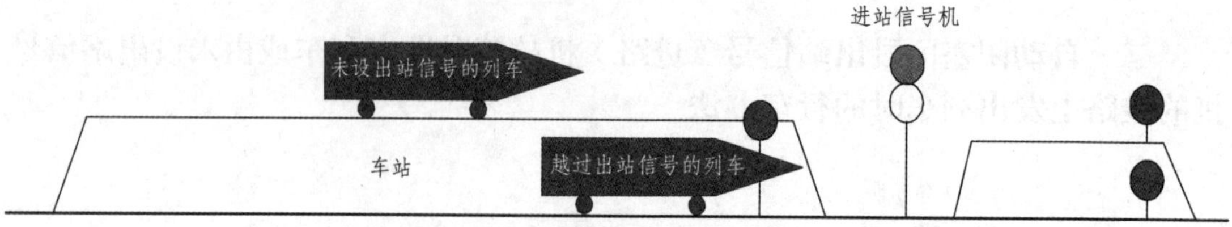

图 6-19　半自动闭塞区段超长列车头部越过出站信号机并压上出站方面轨道电路或由未设出站信号机的线路上发出列车时的行车办法

确认行车凭证：

（1）确认停止基本闭塞法改用电话闭塞法行车的调度命令。

（2）使用无线电话发布、转达调度命令时，要记录调度命令号码、内容、发收人姓名和发收时刻，由收发双方逐字复诵核对。

（3）确认路票［路票内容：电话记录号码、列车车次、运行区间方向正确、车站（场）名印齐全］。

发车前做到：

（1）执行车机联控（司机：××站，××次凭证正确。值班员：××次××站×道发车进路好了。司机：××次×道发车进路好了，司机明白）。

（2）确认发车信号正确后开车。

五、发车线（进）路表示器故障时的行车办法

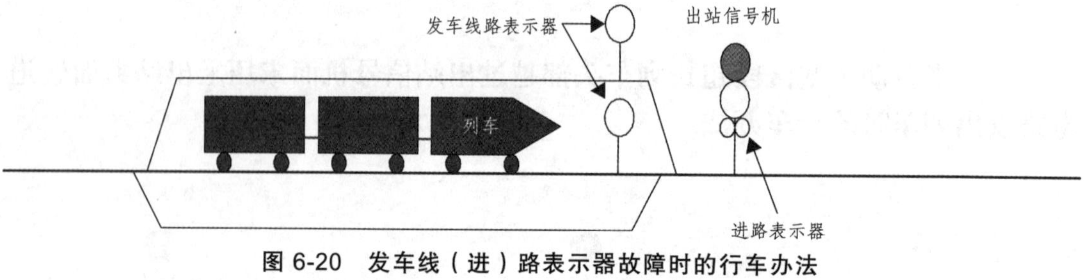

图 6-20　发车线（进）路表示器故障时的行车办法

司机得到车站发车人员的通知后，确认出站信号机及发车信号正确后开车。

六、引导接车时的行车办法

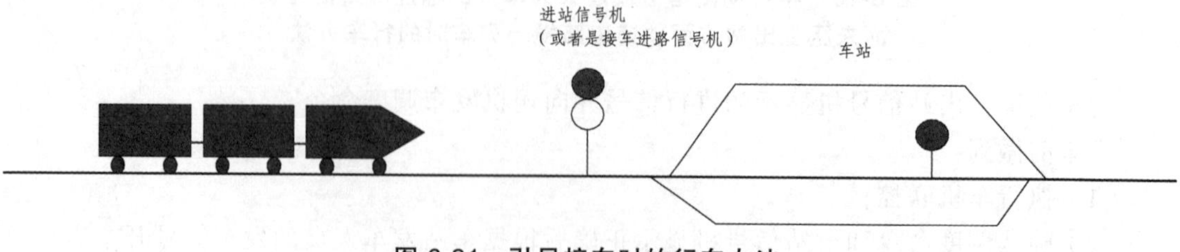

图 6-21　引导接车时的行车办法

（1）凡进站、接车进路信号机不能使用或在双线区段由反方向开来列车而无进站信号机时，应使用引导信号或派引导人员接车。

（2）引导接车时，列车以不超过 20 km/h 速度进站，并做好随时停车的准备。

（3）由引导人员接车时，应在引导员接车地点标（未设者，引导人员应在进站信号机、进路信号机或站界标外方）处，显示引导手信号接车。

（4）列车头部越过引导信号，即可关闭信号或收回引导手信号。

引导信号的确认及进站：

（1）机械引导接车时，进站或接车进路信号机显示一个红色灯光和一个月白色灯光。

（2）人工引导接车时，昼间展开的黄色信号旗高举头上左右摇动；夜间黄色灯光高举头上左右摇动。

（3）司机在确认引导信号或引导手信号的显示后，应鸣笛一长声。

（4）司机在确认引导信号显示正确后，可在信号机前不停车，以不超 20 km/h 速度进站或通过接车进路，并做好随时停车的准备。

（5）引导进站的列车由车站通过时，列车头部越过行车室后，即可恢复正常速度运行。

七、施工特定行车办法

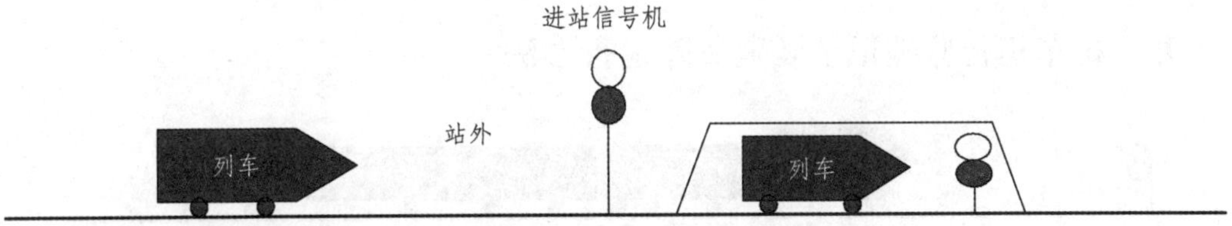

图 6-22 施工特定行车办法

遇有施工又必须接发列车的特殊情况时，按以下规定办理：

（1）车站采用固定进路的办法接发列车，车站必须将正线进路开通，并对进路上的所有道岔加锁。

（2）引导接车并正线通过时，准许列车司机凭特定引导手信号的显示，以不超过 60 km/h 的速度进站。

（3）准许车站不向司机递交书面行车凭证和调度命令。

（4）车站使用列车无线调度电话将调度命令、行车凭证号码（路票为电话记录号码、绿色许可证为编码）通知司机，得到司机复诵正确后，方可显示通过手信号。

特定引导信号的确认及进站：

（1）采用人工引导接车，昼间展开的绿色信号旗高举头上左右摇动；夜间绿色灯光高举头上左右摇动。

（2）司机在确认引导手信号的显示后，应鸣笛一长声。

（3）确认引导信号显示正确后，可在信号机前不停车，以不超过 60 km/h 速度进站。

（4）执行车机联控。

列车进站后，确认车站接发车人员显示的通过手信号正确后，再行加速。

八、列车运行中机车发生故障的处理办法

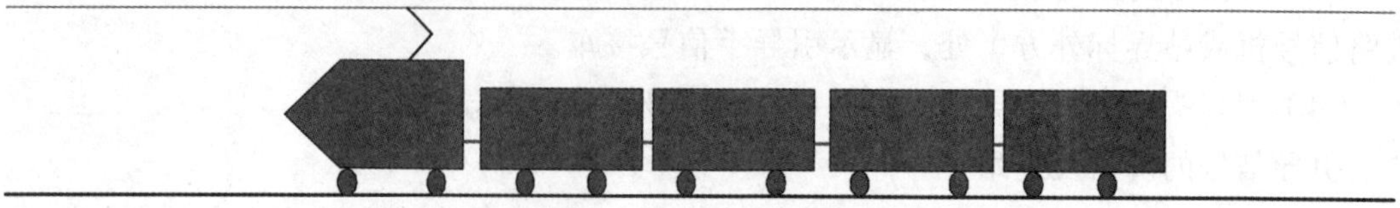

图 6-23　列车运行中机车发生故障的处理办法

（1）停车地点的选择：

① 在确保安全的前提下尽量维持到站内停车进行处理。

② 若不能维持进站时，在确保安全的前提下应把握避免停在无电区和隧道内。

（2）停车后执行联控（自闭区间呼叫追踪列车）通知前后方站、列车调度员、运转车长及本段调度室。

注：双管供风及直供电列车应向调度员说明。

（3）迅速判定原因进行处理，区间停车 15 min（站内客车 20 min、货车 30 min）内不能处理时，立即请求救援。已请求救援的列车不得再行移动。

九、机车运行监控记录装置故障运行办法

图 6-24　机车运行监控记录装置故障运行办法

运行途中，遇列车运行监控记录装置故障，司机应使用列车无线调度电话通知车站和列车调度员，申请调度命令，并根据实际情况掌握列车运行速度。

十、机车信号故障时的行车办法

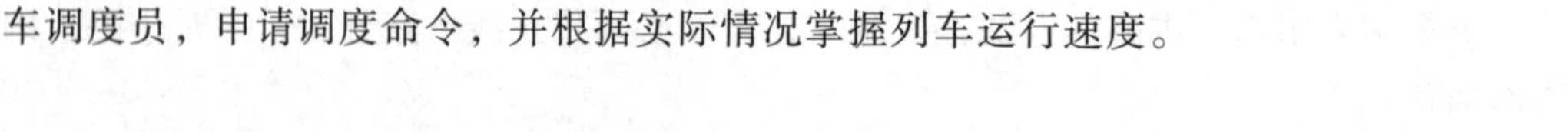

图 6-25　机车信号故障时的行车办法

（1）运行途中，遇机车信号故障，司机应使用列车无线调度电话通知车站和列车调度员，申请调度命令，并根据实际情况掌握列车运行速度。

（2）运行途中遇机车信号显示两个不同灯光、无显示、与地面信号机显示的要求不一致或故障时，应按地面信号机显示执行。机车信号显示要求停车信号时，其停车位置应以地面信号机为依据。

（3）遇天气恶劣难以辨认信号时，司机应及时向车站和列车调度员汇报，按其指示办理，在未得到回示时，以在红灯前随时能停车的速度运行；天气转好时，应及时报告列车调度员。

十一、列车无线调度电话故障时的运行办法

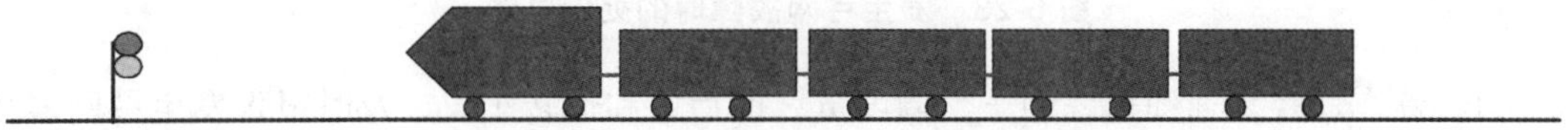

图 6-26　列车无线调度电话故障时的运行办法

（1）运行途中，遇列车无线调度电话发生故障时，列车应在前方站停车报告（如列车无线调度电话与列尾共用一套设备时，应说明列尾受其影响也不能使用），申请调度命令。

（2）调度命令准许继续运行，列尾装置不能正常使用时，按《列尾装置故障时的运行办法》执行，在站开车凭车站的发车手信号开车。

十二、列尾故障时的行车办法

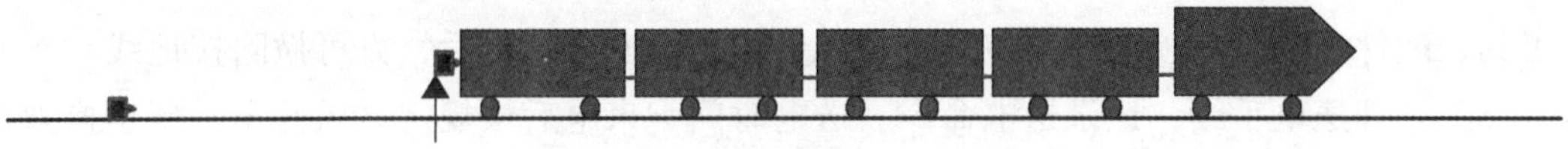

图 6-27　列尾故障时的行车办法

（1）运行中遇列尾装置发生故障时，司机应使用列车无线调度电话通知车站和列车调度员，申请列尾故障运行命令，司机应记明调度命令号码、调度员及车站值班员姓名。

（2）运行中遇列尾脱落丢失，列车在区间被迫停车后：① 按规定联控（自闭区段呼叫追踪列车）通知前后方站、列车调度员；② 迅速到列车尾部检查处理，确认最后一辆车与编组号码相符；③ 尽可能将列尾主机带回机车；④ 试风开车。有条件时应进行制动机简略试验，确认列车制动主管贯通状态，无条件试风时，加强后部瞭望，及时报告车站值班员或列车调度员，申请列尾故障运行命令，按其指示办理。

（3）列尾故障的列车在站内需要进行自动制动机简略试验时，由车站人员负责。司机将自阀手柄置于中立位（JZ－7 型制动机应置于制动区），车站助理值班员先徐徐打开列车尾部折角塞门，作短时间放风，司机见风表压力下降即鸣笛一长声，然后充风缓解进行简略试验正常后，即可按车站指示开车。

在站待发列车：不得提前缓解列车，确认开车条件具备后，方可缓解开车。出站后司机应选择有利地形，尽早试闸，掌握列车主管贯通状态及制动力强弱，并在第一个停车站提前控速。

列车在区间被迫停车再开前：有条件时应进行制动机简略试验，确认列车制动主管贯通状态，无条件试风时，机车乘务员应利用线路曲线加强后部瞭望，进站前使用列车无线调度电话通知车站确认列车尾部标志。

十三、发生弓网故障时的处理办法

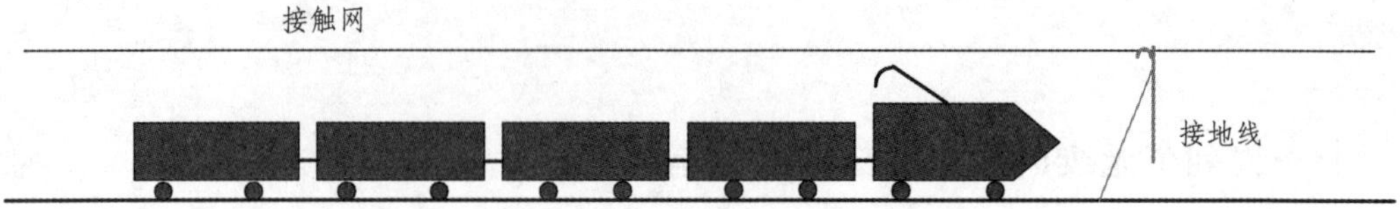

图 6-28　发生弓网故障时的处理办法

（1）停车联控。通知追踪列车、调度员、前后站和运转车长，及时报告发生弓网事故的概况，并向本段机车调度室汇报。

（2）检查判定是否需要停电上车顶进行处理（查看、收集弓网破损部件）。

（3）办理停电手续：汇报车次、机车号、司机姓名、停车地点、停电理由。接收停电命令时核对停电命令号、发布时间、批准时间、发令人姓名、停电地点、停电时间和安全注意事项，将以上内容详细记录在手账上。

（4）升弓试验，确认接触网已停电，然后挂接地线。挂接地线时注意：先钢轨接地，再挂杆；撤除接地线时注意：先撤杆，再拆除接地线。查看防护工作完备后方可上车顶检查处理。若在规定时间内处理不完，必须离开车顶，重新办理停电手续。处理完毕后，收回工具、配件，清除车顶杂物，检查有关人员均处于安全地点后，方可撤除接地线。

（5）办理送电手续：记录送电命令、送电时间，来电后按规定试风开车。到达换乘点后及时写报告。

十四、双线区段车站一切电话中断发出列车时的行车办法

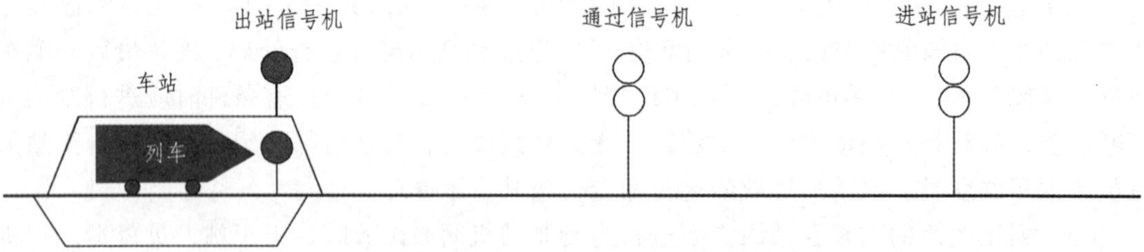

图 6-29　双线区段车站一切电话中断发出列车时的行车办法

双线区段一切电话中断时：

（1）按时间间隔法行车。

（2）列车进入区间的行车凭证为红色许可证（《铁路技术管理规程》附件 3）。

（3）按时间间隔法行车时，只准发出正方向的列车。

（4）连续发出同一方向列车时，两列车的间隔时间，应按区间规定的运行时间另加 3 min，但不得少于 13 min。

行车凭证确认和开车：

（1）列车进入区间的行车凭证均为红色许可证（《铁路技术管理规程》附件 3）。内容包括：号码、车次、区间、站名印、车站值班员签名、年月日。不用的字句抹消。

（2）执行车机联控。

（3）确认发车信号正确后开车。

列车在区间被迫停车后，应立即从列车后方距离不少于 800 m 处防护。持有附件三通知书之一的列车除外。

一切电话中断时，禁止发出下列列车：

（1）在区间内停车工作的列车（救援列车除外）。

（2）开往区间岔线的列车。

（3）需由区间内返回的列车。

（4）挂有须由区间内返回后部补机的列车。

（5）列车无线调度电话故障的列车。

（6）装载超限货物或挂有超限车辆的列车（已办妥闭塞的除外）。

（7）双线区间反方向运行的列车。

（8）列车进入车站进站端（不到达或经过车站行车室）即开往另外方向的列车。

十五、单线区段一切电话中断发出列车时的行车办法

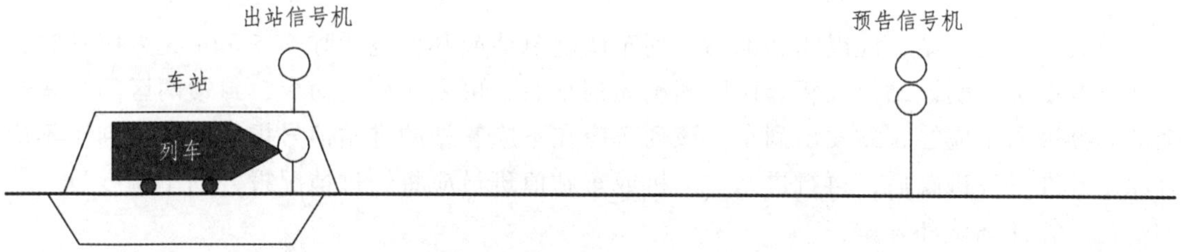

图 6-30　单线区段一切电话中断发出列车时的行车办法

（1）车站一切电话中断时，单线行车按书面联络法。

（2）一切电话中断时，单线区段列车进入区间的行车凭证为红色许可证（附件三）。

（3）单线按书面联络法行车时，如为已办妥闭塞而尚未发车的发车站发车时，持有行车凭证的列车，还应发给附件三的通知书；如无行车凭证，列车应持红色许可证开往邻站。

（4）确认红色许可证的号码、车次、区间、站名印、车站值班员签名、年月日填发正确齐全；附件三通知书填写内容正确。

（5）如已办妥闭塞而尚未发车的发车站发车时，列车进入区间的行车凭证为已持有的行车凭证，还应发给附件三的通知书。

（6）执行车机联控；确认发车信号正确后开车。

（7）列车在区间被迫停车后，应立即从列车后方距离不少于 800 m 处防护。持有附件三通知书之一的列车除外。

一切电话中断时，禁止发出下列列车：

（1）在区间内停车工作的列车（救援列车除外）。
（2）开往区间岔线的列车。
（3）需由区间内返回的列车。
（4）挂有须由区间内返回后部补机的列车。
（5）列车无线调度电话故障的列车。
（6）装载超限货物或挂有超限车辆的列车（已办妥闭塞的除外）。
（7）双线区间反方向运行的列车。
（8）列车进入车站进站端（不到达或经过车站行车室）即开往另外方向的列车。

十六、单线区段车站向不应答车站发出列车时的行车办法

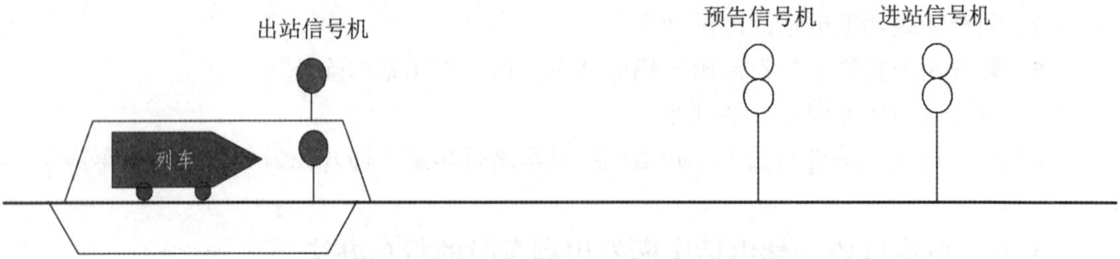

图 6-31　单线区段车站向不应答车站发出列车时的行车办法

单线区间的车站，经以闭塞电话、列车调度电话或其他电话呼唤 5 min 无人应答时，由列车调度员查明该站及其相邻两区间确无列车后，可发布调度命令，封锁两区间，按封锁区间办理向不应答车站发出列车。该列车应在不应答站的进站信号机外停车，判明不应答原因及准备好进路后，再行进站。司机或车站值班员应将经过情况报告列车调度员。

行车凭证确认和开车：

（1）列车进入区间的行车凭证为调度命令。
（2）执行车机联控。
（3）确认调度命令和发车信号显示正确后解锁开车。
（4）必须在进站信号机外停车，判明原因向列车调度员汇报。
（5）必须确认进路正确后再行进站。

十七、站内无空闲线路接车时的行车办法

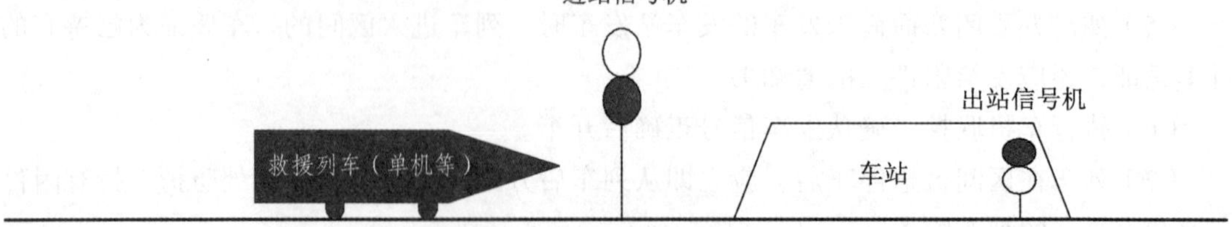

图 6-32　站内无空闲线路接车时的行车办法

（1）在站内无空闲线路的特殊情况下，只准许接入为排除故障、事故救援、疏解车辆等所需要的救援列车、不挂车的单机、动车及重型轨道车。上述列车均应在进站信号机外停车，由接车人员向司机通知事由后，以调车手信号旗（灯）将列车领入站内。

（2）车站值班员应派出助理值班员、调车长、连接员或胜任人员，前往站界外引导地点处，登乘机车，用绿色手信号将车领入站内。

注：接车时不再开放进站信号机，也不得使用引导接车办法。

所接列车必须在站外停车，由接车人员通知接车线路、停留车位置、列车停车地点及其他注意事项。

监控装置使用“解锁”。司机应严格控制速度，以保证能随时停车。

复习与思考

1. 停用基本闭塞法改用电话闭塞法时的行车办法。

2. 自动闭塞区段出站信号（进路）机故障时发出列车或由未设出站信号机的线路上发出列车时的行车办法。

3. 半自动闭塞区段超长列车头部越过出站信号机而未压上出站方面轨道电路发出列车时的行车办法。

4. 半自动闭塞区段超长列车头部越过出站信号机并压上出站方面轨道电路或由未设出站信号机的线路上发出列车时的行车办法。

5. 发车线（进）路表示器故障时的行车办法。

6. 引导接车时的行车办法。

7. 施工特定行车办法。

8. 列车运行中机车发生故障的处理办法。

9. 机车运行监控记录装置故障运行办法。

10. 机车信号故障时的行车办法。

11. 列车无线调度电话故障时的运行办法。

12. 列尾故障时的行车办法。

13. 发生弓网故障时的处理办法。

14. 双线区段车站一切电话中断发出列车时的行车办法。

15. 单线区段一切电话中断发出列车时的行车办法。

16. 单线区段车站向不应答车站发出列车时的行车办法。

17. 站内无空闲线路接车时的行车办法。

任务三　发生自然灾害的应急处置

一、列车发生火灾、爆炸时的处理办法

图 6-33　列车发生火灾、爆炸时的处理办法

（1）须立即停车（停车地点应尽量避开桥梁、隧道、重要建筑物等处所）。

（2）列车停车后，按规定呼叫追踪列车、前后方站、列车调度员、运转车长，电气化区段，还应向车站及列车调度员提出停电要求。

（3）在区间，旅客列车由列车长，其他列车由机车司机首先判明情况，及时向列车调度员报告，需要时请求救援，并负责统一指挥；在站内由车站站长负责统一指挥。

（4）列车需要分隔甩车时，由机车司机根据货物性质、风向等具体情况机动掌握，一般为先甩下列车后部的未着火车辆，再甩下着火车辆，然后将机次未着火车辆拉至安全地段。对甩下的车辆采取防溜措施（在区间由司机、运转车长，站内由车站值班员负责）。如列车接近车站时，可将前部车列分部运行至前方站请求救援。

注：负责统一指挥者应先疏散旅客和人员，并有权组织和调动一切铁路职工和灭火器材进行抢救。

注意事项：1211 型灭火器适用于扑救各种电器线路着火。二氧化碳、ABC 灭火器适用于电器线路和油类着火。

二、暴风雨行车办法

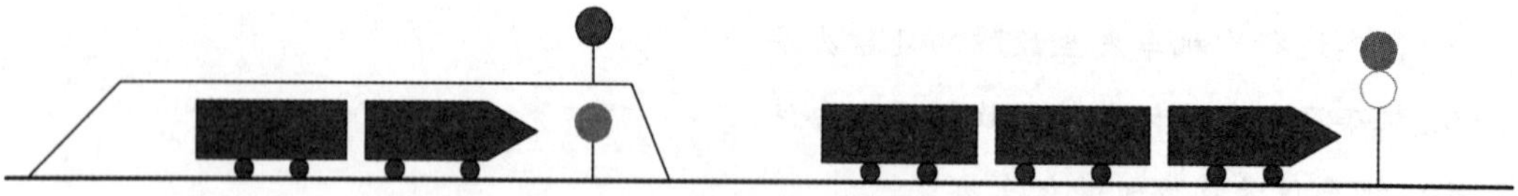

图 6-34　暴风雨行车办法

（1）因暴风雨天气不能辨认信号时，在站待发列车可待暴风雨过后发车。

（2）列车通过防洪危险地段时，司机要加强瞭望、注意确认信号（特别是各类防护信号）、控制速度、密切注意线路状况，遇到险阻随时停车。

（3）发现险情立即采取果断有效措施，使列车停车或避开险情地段；如列车越过该地段后发现险情，应及时向列车调度员报告或在前方站停车向车站值班员报告。

（4）司机接到危及行车安全的预报时，必须果断采取措施。严禁盲目运行。

（5）列车遇到线路塌方、道床冲空等危及行车安全的突发情况时，司机应立即采取停

车措施，并按退行有关规定迅速将列车退至安全地段；同时，立即通知两端站、邻线列车、追踪列车及列车调度员。

（6）当洪水漫到路肩时，列车应按规定限速运行；遇有落石、倒树等障碍物危及行车安全时，司机应立即停车，排除障碍并确认安全无误后，继续运行；同时，立即通知两端站、邻线列车、追踪列车及列车调度员。遇危及本列安全，需立即将列车退到安全地点时，退行速度不超过 5 km/h。遇到响墩的爆炸及火炬信号的火光必须立即停车。

注：凡停车必须立即通知追踪列车、邻线列车、两端站、列车调度员、运转车长。

二、雾天行车办法

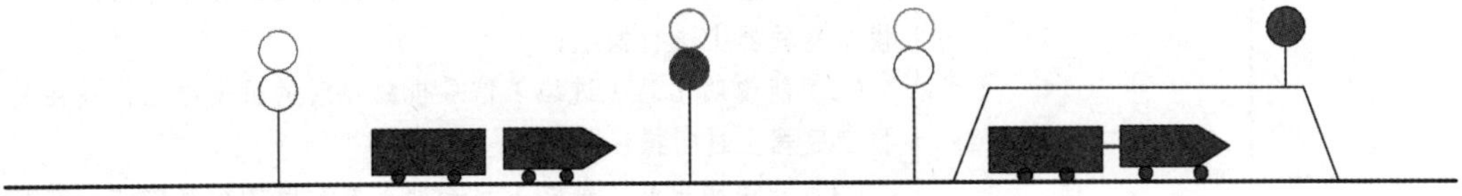

图 6-35　雾天行车办法

运行中认真瞭望，加强鸣笛，严格控速，密切联控；要通知追踪列车和车站或前方列车。

列车遇区间通过信号机红灯停车时，如确知前方闭塞分区空闲时，停车等候 2 min，该信号机仍未显示进行的信号时，即以遇到阻碍能随时停车的速度继续运行，最高不超过 20 km/h，运行到次一通过信号机，按其显示的要求运行；如确认前方闭塞分区内有列车时，不得进入。

（1）遇天气恶劣，信号机显示距离不足 200 m 时，司机须立即报告列车调度员（车站值班员），列车调度员应及时发布调度命令，改按天气恶劣难以辨认信号的办法行车。

（2）在途列车三项设备发生故障时，司机应及时报告列车调度员（车站值班员），列车调度员及时发布命令将该列车与前后列车改按站间区间掌握行车。

（3）列车按机车信号的显示运行，但司机必须确认地面信号，遇地面信号与机车信号显示不一时，应立即采取减速或停车措施。

（4）如遇机车信号不良，难以辨认信号时，以在红灯前随时能停车的速度运行；天气转好时，应及时报告列车调度员。

（5）站发列车无法辨认出站（进路）信号机显示时，司机在得到车站值班员列车无线调度电话（其录音装置须作用良好）的开车通知后，可启动列车，在确认出站（进路）信号机显示正确后再行加速。列车在站须凭出站信号机显示的绿色灯光进入区间。

复习思考题

1. 列车发生火灾、爆炸时的处理办法。
2. 暴风雨行车办法。
3. 雾天行车办法。

【操作运用案例】 非正常作业应急处置实训

1. 实训项目教师工作活页

实训项目教师工作活页　　NO.: ____

<table>
<tr><td>实训项目</td><td colspan="3">非正常作业应急处置实训</td></tr>
<tr><td>学　时</td><td>2</td><td>班　级</td><td>略</td></tr>
<tr><td>实训场所</td><td colspan="3">机车一次乘务作业实训室</td></tr>
<tr><td>工具设备</td><td colspan="3">机车模拟驾驶器、附件/行车凭证、多媒体设备课件、图片、示教板、计算机多媒体设备等</td></tr>
<tr><td>教学目标</td><td>专业能力</td><td colspan="2">（1）能说明停止基本闭塞改为电话闭塞法的行车办法；并在模拟驾驶器上进行操纵；
（2）能说明出站（进路）信号机故障时的行车办法；并在模拟驾驶器上进行操纵；
（3）能说明出站（进路）超长列车发车时的行车办法；并在模拟驾驶器上进行操纵；
（4）能说明发车（进路）线路表示器故障时的行车办法；并在模拟驾驶器上进行操纵；
（5）能说明引导接车时的行车办法，并在模拟驾驶器上进行操纵；
（6）能说明机车故障时行车办法，并在模拟驾驶器上进行操纵；
（7）能说明机车监控故障运行办法；并在模拟驾驶器上进行操纵；
（8）能说明机车信号故障运行办法；并在模拟驾驶器上进行相应的列车操纵；
（9）能说明机车被迫停车处理的相关规定。</td></tr>
<tr><td rowspan="2">教学目标</td><td>方法能力</td><td colspan="2">（1）能综合运用专业知识，通过利用专业书籍、多媒体课件和图片资料获得有用信息；
（2）能根据实训项目学习任务确定实训方案，从中学会表达及展示活动过程和成果。</td></tr>
<tr><td>社会能力</td><td colspan="2">（1）能在实习训练活动中保持积极向上的学习态度；
（2）能与小组成员和教师就学习中的问题进行交流和沟通；
（3）能与他人共享学习资源，具有较好的合作能力和团队协作精神。</td></tr>
<tr><td>教学评价</td><td colspan="3">学生活动：① 以 6~8 人小组为单位开展实训活动，根据本组同学在实训过程中的能力表现及结果进行自评、组内互评；② 根据其他小组同学在成果展示活动中的表现及结果进行互评。
教师活动：① 教师组织学生开展评价活动和总结；② 对学生本实训项目单元成绩做出综合评价。</td></tr>
<tr><td>指导教师</td><td></td><td>教学时间</td><td>年　月　日</td></tr>
</table>

2. 实训项目学生学习活页

NO：______

实训项目　非正常作业应急处置实训

班级：__________　　姓名：__________　　学号：__________　　时间：__________

一、实训目标

1. 专业能力目标

（1）能说明停止基本闭塞改为电话闭塞法的行车办法；并在模拟驾驶器上进行操纵；

（2）能说明出站（进路）信号机故障时的行车办法；并在模拟驾驶器上进行操纵；

（3）能说明出站（进路）超长列车发车时的行车办法；并在模拟驾驶器上进行操纵；

（4）能说明发车（进路）线路表示器故障时的行车办法；并在模拟驾驶器上进行操纵；

（5）能说明引导接车时的行车办法，并在模拟驾驶器上进行操纵；

（6）能说明机车故障时行车办法，并在模拟驾驶器上进行操纵；

（7）能说明机车监控故障运行办法；并在模拟驾驶器上进行操纵；

（8）能说明机车信号故障运行办法；并在模拟驾驶器上进行相应的列车操纵；

（9）能说明机车被迫停车处理的相关规定。

2. 方法能力目标

（1）能综合运用专业知识，通过利用专业书籍、多媒体课件和图片资料获得有用信息；

（2）能根据实训项目学习任务确定实训方案，从中学会表达及展示活动过程和成果。

3. 社会能力目标：

（1）能在实习训练活动中保持积极向上的学习态度；

（2）能与小组成员和教师就学习中的问题进行交流和沟通；

（3）能与他人共享学习资源，具有较好的合作能力和团队协作精神。

二、知识总结

1. 简述停止基本闭塞改为电话闭塞法的行车办法。

2. 简述出站（进路）信号机故障时的行车办法。

3. 简述出站（进路）超长列车发车时的行车办法。

4. 简述发车（进路）线路表示器故障时的行车办法。

续表

5. 简述引导接车时的行车办法。

6. 简述机车故障时行车办法。

7. 简述机车监控故障运行办法。

8. 简述机车信号故障运行办法。

9. 简述机车被迫停车处理的相关规定。

10. 简述发生弓网事故处理的相关规定。

三、操作运用

1. 在机车模拟驾驶器上进行行车设备故障非正常作业应急处置的操作。

2. 在机车模拟驾驶器上进行列车操纵非正常作业应急处置的操作。

四、实训小结

续表

五、成绩评定

1. 学生评价

评价等级	A—优	B—良	C—中	D—及格	E—不及格
学生自评					
组内互评					
他组互评					

2. 教师评价

评价等级	A—优	B—良	C—中	D—及格	E—不及格
专业能力					
方法能力					
社会能力					

3. 综合评价

评价等级	A—优	B—良	C—中	D—及格	E—不及格
评价结果					

注：按照学生自评占10%、组内互评占10%、他组互评占20%、教师评价60%的比例计分。其中，A—100分，B—85分，C—75分，D—60分，E—50分。

4. 评价量规

等　级	行为表现描述
A	能圆满高效地完成实训任务的全部内容
B	能顺利完成实训任务的全部内容
C	能完成实训任务的全部内容，但需要一些帮助和指导
D	自己只能完成实训任务的部分内容，但在现场的指导下，能完成任务的全部内容
E	不能完成实训任务的全部内容

项目七　行车安全事故案例分析

【本项目要点】

通过介绍铁路行车事故案例概况，分析了行车事故原因和作业人员的心理过程，总结了事故案例处理方法和预防事故发生的措施。

安全是铁路运输的生命线。铁路企业始终坚持“安全第一，预防为主”的安全方针，把安全作为企业发展的头等大事来抓。为了提高同学们在工作前的安全意识，强化业务素质和工作能力，促使同学们进入铁路单位后能够按章作业，杜绝“三违”，消灭事故，本项目从历年发生的各类事故中，选编了 20 起典型的事故及事故危机案例，供同学们学习参考。希望通过本项目的学习，同学们能够从中吸取教训，提高自身的安全意识、业务素质和业务水平，为毕业之后进入铁路单位更好、更快地适应工作要求打下基础。

案例 1. 弓网故障处理不力事故

××年×月×日，××机班值乘 40240 次，出某站至某站间 2 号隧道口时，司机因立即降弓并非常停车不及撞上接触网上的山树藤，接触网停电。停车后，司机检查发现仍有山树藤挂在接触网上，接触线有烧痕并伴有吊弦烧断。司机报告前方站并按规定拧紧车辆手制动机，在前方进行防护。在供电人员到达现场处理故障时，运转司机擅自上车顶检查，发现前后弓均有不同程度的烧痕，以为司机已向车站请求救援，不再需要动力，直接将两个受电弓捆绑，且下车后未跟司机汇报。供电人员修复并恢复供电，司机发现无法升弓，向车站申请接触网停电上车顶，确认前弓可使用后，解除前弓捆绑维持运行。

1. 事故原因分析（见图 7-1）

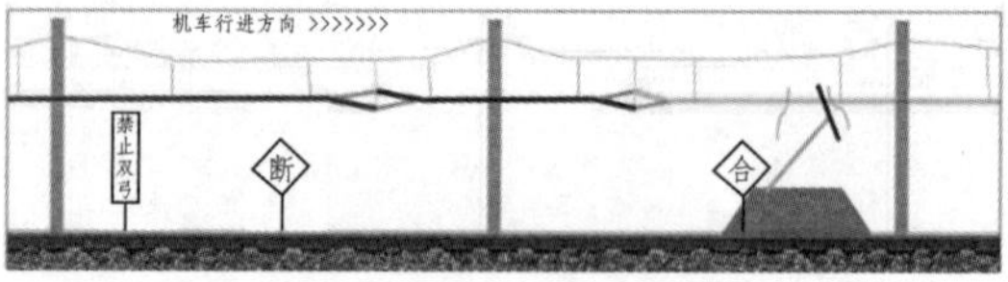

撞上山树藤后，处理不当，耽误列车运行与区间开通。

图 7-1　弓网故障处理不力事故

（1）司机上车顶检查时没有按照规定单独申请停电命令。

（2）机班对机车车顶设备故障的判断处理不力，盲目将受电弓捆绑导致二次停电。

2. 心理分析

（1）司机为了尽快把故障处理好，导致心里急躁，检查作业马虎不认真。

（2）把安全规章抛在脑后，安全意识不强。

3. 事故处理方法

（1）遇弓网故障时，及时降弓停车。

（2）申请接触网停电，严守“一电一令”。

（3）登顶处理，下车顶时须确认各项正常。具体步骤：① 按规定向车站值班员及段调度室汇报情况，做好列车防溜、防护措施；② 由司机亲自向车站值班员（列车调度员）请求接触网停电，并校对时钟；③ 接到列车调度员“接触网已停电，准许上车顶作业”的口头命令后，必须确认以下内容：命令号、调度员姓名（代号）、停电开始时间、要求完成时间、接地位置、作业内容等；④ 确认命令无误，升弓确认网压表显示进行验电；⑤ 确认接触网已停电，挂好接地（先将接地线绑在钢轨上再挂接地，挂时脚不要踩钢轨），方可上车顶检查处理；⑥ 拆除隔离故障受电弓或拆除导电杆编织线、关闭风路塞门，并确认可以切除，必要时用铁丝牢固绑扎故障受电弓防超高（从机车顶部向上测量不得高于800 mm），接触网已经损坏，必须修复才能继续运行时，由司机向车站值班员汇报，按列车调度员指示办理；⑦ 清理散落在车顶弓网部件并保存回段，确认车顶无任何异物和人员，司机最后下车顶，并锁闭天窗盖加锁；⑧ 如接触网无损坏受电弓已处理完毕，先撤除接地线，使用车顶绝缘检测装置检查车顶绝缘状态良好后，由司机向车站值班员（列车调度员）请求送电，按规定继续运行，接触网恢复供电后，升起另一受电弓闭电打风，进行列车制动机简略试验后，撤除防护、防溜按规定开车。

案例 2. 错输股道号码事故

××年×月×日，××机班值乘 1627 次，看道司机操纵列车，车机联控某站侧线 1 道停车，看道司机错误听为 3 道，监控输入 3 道进入 1 道停车。待信号开放后列车越过 1 道出站信号机时，由于监控距离滞后 52 m，机车信号由双黄灯掉白灯，监控装置实施紧急制动，停车后监控出现停车模式，显示距离出站信号机 25 m（实际已越过），多次操作解锁键、警惕键、缓解键无法解除停车模式的情况下，重新设定监控后开车。

1. 事故原因分析（见图 7-2）

（1）司机在没有听清车机联控用语的情况下，臆测操作监控装置，而副司机也没有提醒司机，造成错误输入股道号码。

（2）进站后机班注意力不集中，没有二次确认股道号码。

（3）出站信号机前机班未确认监控距离，校正监控距离。

（4）机班未在监控装置出站信号机出现“闭口”时使用【解锁】+【确认】来解除停车模式。

图 7-2 错输股道号码事故

2. 心理分析

（1）司机存在臆测心理，不愿意重复确认联控信息，怕麻烦。
（2）长时间行车精神疲惫，导致安全意识淡薄。

3. 事故处理方法

（1）司机在进行车机联控时，如果没有听清楚通话内容应不予回复，等待车站人员再次传达作业内容，确认通话内容后给予回复并正确操作机车设备。

（2）副司机在作业过程中应精力集中，对司机的作业内容给予必要的提醒，做好班中互控。

（3）进站后必须二次确认股道号码是否输入正确，如果发现输入错误及时降低速度对股道号码进行修正。

（4）出站信号机前确认监控距离是否正确，如果不正确及时按压监控界面上的“距离校正”按钮进行监控距离误差调整。

（5）当监控装置在出站信号机出现“闭口”时应立即使用【解锁】+【确认】来解除停车模式。

案例 3. 漏输支线号事故

××年×月×日，××机班值乘 K537 次。A 站开车时，司机没有确认运行提示“A 站至 B 站间，有计划停止自动闭塞改半自动闭塞行车”，忘记输入支线 1。出站后也没有确认机车信号显示与监控装置速度控制模式，错过了在第一架通过信号机前补输支线 9 的时机，直至机车越过 A 站至 B 站间第 1 架通过信号机，确认运行提示后才知道此区间改半自动闭塞行车，使列车停车后重新设定监控后开车。

1. 事故原因分析（见图 7-3）

（1）进入关系区间前未确认运行提示。
（2）未根据车站联控用语确认运行提示造成漏输入支线号。
（3）出站后没有确认机车信号机显示。
（4）未确认监控装置控制模式。
（5）错过补救输入时机。

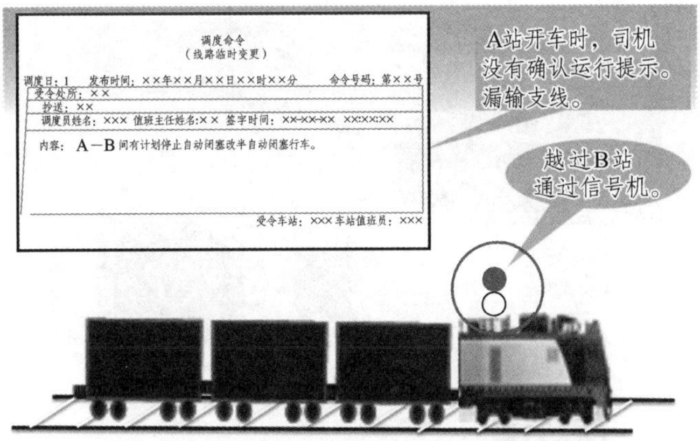

图 7-3　漏输支线号事故

2. 心理分析

（1）机班存在惯性思维，认为已熟悉作业程序，只是走个过程，存在轻视作业程序的心理。

（2）机班互相认为对方作业正确或者会监督提醒，从而存在放松警惕的心理。

3. 事故处理方法

（1）出勤时认真遵循“三核对”原则，认真核对运行提示。

（2）在行车过程中，特别是在关键作业时机要集中精力，掌握特殊站股道号和支线号的输入要求。

（3）发车前后要认真确认机车信号和空间状态。

（4）当错过输入监控数据时机时，应立即采取停车措施，重新输入数据降级运行。

案例 4. 盲目解锁进站事故

××年×月×日，××机班值乘 24028A 次运行某站接近信号机前，车站预告机外停车，司机误听为 1 道停车，随后按 1 道停车的操作方式控制运行。运行至发码处机车信号收不上码，在距进站信号机 243 m，速度 10 km/h 时，司机在未确认地面信号显示状态的情况下，盲目按引导信号行车操作方式进行解锁操作，解除停车控制模式，将列车开进站内，越过关闭的进站信号机 274 m。

1. 事故原因分析（见图 7-4）

（1）没有听清楚车机联控内容，机班也没有进行双确认就盲目输入监控数据。

（2）在机车收码的时候，发现机车信号灯无显示，而且也没有与车站进行联控确认。

（3）未确认地面信号机显示，按引导方式盲目解锁监控，导致机车失控。

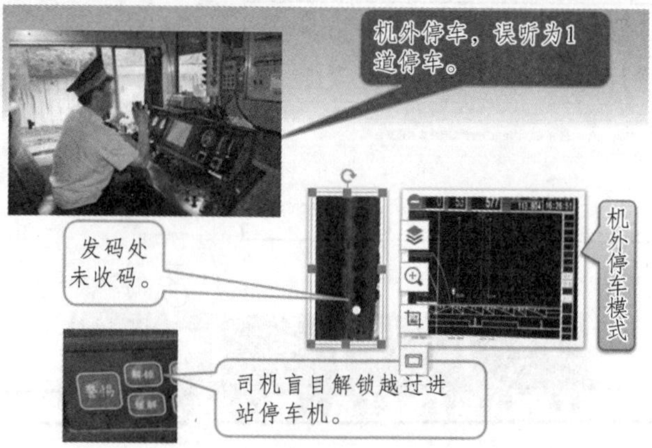

图 7-4　盲目解锁进站事故

2. 心理分析

（1）机班存在臆测行车，因为怕麻烦在没有听清楚联控内容的情况下就进行作业，安全意识淡薄。

（2）在遇到紧急情况时，心里慌乱、不淡定，不能进行正确的补救。

3. 事故处理方法

（1）车机联控不清时应再次确认。

（2）机车收码与联控不符时应主动联系。

（3）严格按照地面信号显示行车。

（4）未确认地面信号机时严禁解锁监控运行。

案例 5. 误认信号冒进事故

××年×月×日，××机班值乘 41030 次 A 地至 B 地。3 时 58 分，列车在某站 1 道停车待开时，机班打盹睡觉。4 时 13 分，司机突然惊醒，误以为Ⅱ道开放的出站信号是本道的信号，在没有执行发车机联控和具备发车条件下（学习司机进站后一直在座位熟睡）盲目解锁开车，列车以 22 km/h 的速度，闯过关闭的出站信号机，挤坏 3 号道岔，造成机后第 7、8 位车辆脱轨。中断正线行车 3 h 52 min。构成 B 类事故。

1. 事故原因分析（见图 7-5）

（1）机班当班值乘精力不集中，班中不互控。

（2）司机误认为相邻股道信号为本道开放信号。

（3）司机动车前未执行车机联控再动车的规定。

（4）开车前未对出站信号、机车信号、监控模式进行确认。

图 7-5　误认信号冒进事故

2. 心理分析

（1）机班在长时间行车后精神疲惫，安全意识淡薄。

（2）司机突然醒来后，怕耽误发车，着急之下就把安全作业程序抛在脑后。

3. 事故处理方法

（1）班前注意休息，保证精力充沛。

（2）确认行车凭证正确，具备发车条件后方可开车。

（3）进出站学习司机应该立岗移位，监督提醒。

案例 6. 未盯控信号撞限事故

××年×月×日，××机班值乘 40017 次。列车到达某站 3 道停车，司机打盹睡觉，出站信号机开放绿灯，11 s 后恢复红灯。司机未确认出站信号，盲目启动列车，在出站信号关闭的情况下，运行速度达 14 km/h，距出站信号机 48 m，列车撞限，监控放风自停。停车后，机车距出站信号机仅 20 m。

1. 事故原因分析（见图 7-6）

图 7-6　未盯控信号撞限事故

（1）司机打盹醒来后，出站信号机信号突变但未发现。
（2）机班动车时未盯控信号，中断瞭望。
（3）监控报警未引起警觉，错过制动时机。

2. 心理分析

（1）机班存在臆测心理，认为已开放绿灯可以正常发车。
（2）在监控报警的紧急状态下机班心里慌乱，导致事故发生。

3. 事故处理方法

（1）加强班前休息，班中集中注意力。
（2）对出站信号经过二次确认后方可动车。
（3）出站前，要盯控信号，防止变灯。
（4）监控提示和报警时盯控速度模式，立即使用紧急制动停车。

案例 7. 操纵失误过岔超速事故

××年××月××日，××机班值乘 41022 次，运行至 B 站，进站信号显示一个黄灯，由于司机臆测行车，且制动机操纵失误，列车以 41 km/h 的速度超过段定限速 25 km/h 的进站道岔，构成严重超速。事情发生后，该机班没能正确地认识自己工作中的失职，到达 A 地后，司机指使副司机在监控文件上作弊，多次乱输车站代码，并在司机报单上将 B 站停车写成通过点，企图消除超速记录，蒙混过关。

1. 事故原因分析（见图 7-7）

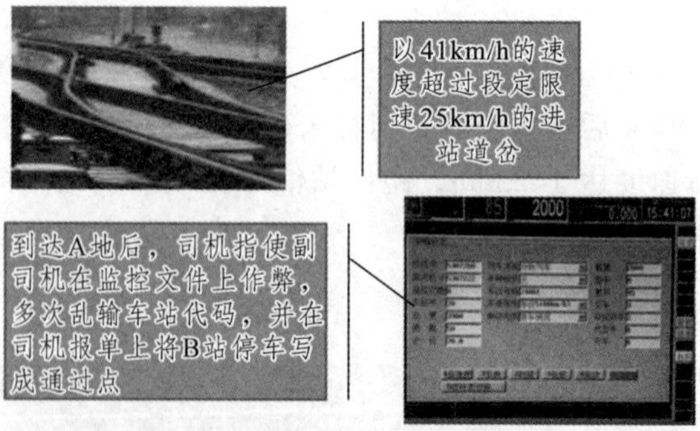

图 7-7　操纵失误过岔超速事故

（1）发现进站信号显示后，未能采取正确减速措施。
（2）事后不从主观上分析原因，而是弄虚作假，逃避考核。

2. 心理分析

（1）机班存在臆测心理，且心理素质不好，在遇到紧急情况时不能正确操作安全设备。
（2）存在侥幸心理，擅自更改监控文件，逃避考核。

3. 事故处理方法

（1）进站前学习司机应立岗移位，监控提醒司机。

（2）发现超速趋势时应及时采取减速措施。

（3）发现问题后应及时上报信息。

案例 8. 操纵不当撞限放风事故

××年×月×日，××机班值乘 42084 次。0 时 47 分运行至 A 地至 B 地间，进入连续下坡道仍保持高手柄位。机班因打盹走神，操纵不当，常用制动减压 70 kPa 后撞限放风。未等车停稳，司机盲目缓解。停车 5 s 后，司机在列车未完全缓解且未确认列车通风状态、机车走行部状态和风表压力的情况下，又盲目提手柄动车。造成区间停车 1 min 15 s，区间晚点 3 min 48 s。机车进库后，司机以身体不适为由，未将本趟列车监控文件进行转储并说明途中作业情况，就擅自下班。

1. 事故原因分析（见图 7-8）

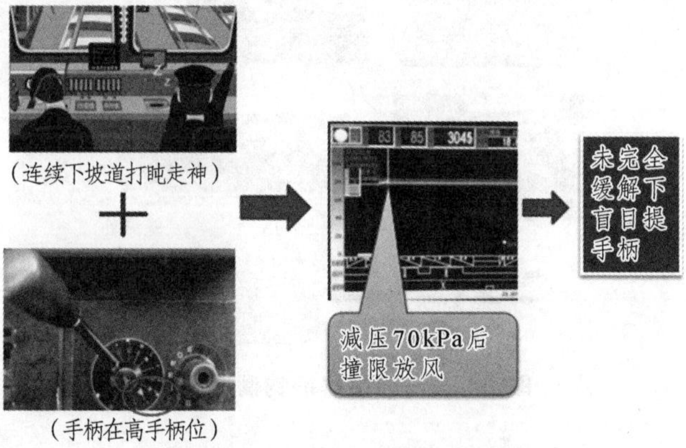

图 7-8　操纵不当撞限放风事故

（1）运行中机班打盹走神中断瞭望。

（2）列车被实施紧急放风后，列车未停稳，盲目缓解。

（3）列车通风状态检查机车走行，盲目提手柄。

（4）机班擅自下班未按要求退勤。

2. 心理分析

（1）机班在行车过程中打盹睡觉，安全意识淡薄。

（2）在撞限停车后为了不被车站发现不按照作业程序操作，使列车处于危险当中，存在侥幸心理。

（3）擅自下班，不说明缘由，存在逃避责任心理。

3. 事故处理方法

（1）班前注意休息，班中集中精力、注意瞭望。

（2）下坡道盯控速度变化。

（3）实施紧急放风后，车未停稳不得缓解列车。

（4）停车后注意检查列车良好，进行信息上报，按规定退勤。

案例 9. 车列缓解摘钩溜逸事故

××年×月×日，××机班值乘 A72 次旅客列车在某站 1 道（该线路坡度为 2‰）停车后，在摘钩作业过程中，由于本务机车司机与学习司机间的联系脱节，造成机车摘钩离开后，车列缓解并向后发生溜逸。所幸车站值班人员发现后及时采取措施使车列停下。

1. 事故原因分析（见图 7-9）

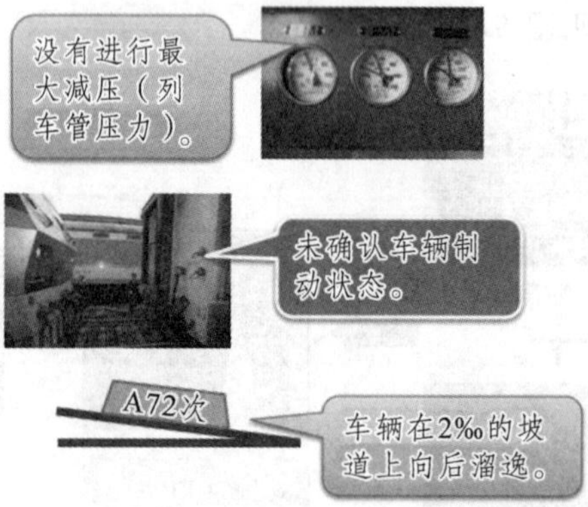

图 7-9　车列缓解摘钩溜逸事故

（1）列车站停后，摘钩前司机未使列车处于制动状态。

（2）摘勾后，未确认车辆制动状态及时采取防溜措施。

2. 心理分析

（1）长时间行车后精神疲惫，未结束作业程序，存在懈怠心理。

（2）作业过程中正副司机联控不到位，存在臆测心理。

3. 事故处理方法

（1）列车到达后应保持最大制动力。

（2）摘钩时，学习司机按规定进行防护，给出正确信号。

（3）摘钩后，确认车辆保持制动良好。

案例 10. 未除动力擅离溜逸事故

××年×月×日，SS7-0024 机车进入××短库内 12 道进行作业整备，检查组司机判定机车有活，即下车离开报活。机车未降下受电弓，呈运用状态，换向手柄电制位，调速手轮有级 1 位，制动机缓解位。同时，学习司机擅自下车取螺丝刀，致使机车处未防溜无人防护状态。机车发生溜逸，最高时速达 10 km/h，走行 58 m，撞上停留在东头地沟的备用机车后停下。

1. 事故原因分析（见图 7-10）

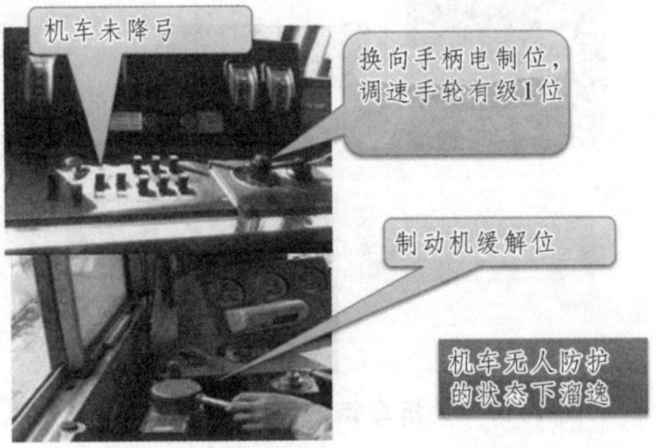

图 7-10　未除动力擅离溜逸事故

（1）机车处于工作状态，且未采取防溜措施。

（2）机班同时离开机车，置机车于失控状态。

（3）机车在整备线停留时，未切除动力。机班自认为机车处于电制动工况下不会动车，不采取降弓、电器复位的措施。

2. 心理分析

（1）司机安全意识不强，粗心大意，在工作过程中把规章制度抛在脑后。

（2）作业过程中正副司机联控不到位，存在臆测心理。

3. 事故处理方法

（1）机车库内临时停车时，司机下车前应注意断电降弓，主控手柄及方向手柄归零位，解除机车动力。

（2）在库内检查机车时，如果机车处于缓解状态时，司机室需要有人留守，防止机车溜逸。

（3）库内停留机车，必须采取适当防溜措施（例如在前后轮对下安放铁鞋等）。

案例 11. 关折车辆遗留区间冲撞事故

××年×月×日，××机班值乘 23001 次，在 A 地至 B 地间，司机认为列尾主机出现问题，报告×车站列尾故障，要求进站停车检查，于 23 时 39 分进站停车，停车后司机下车检查发现机车后只带有 4 辆车进站，有 40 辆车遗留在区间，立即使用无线电台呼叫×站，因无线频道被占用，叫学习司机跑到车站汇报，司机再次检查车辆情况，发现第四位车后端车钩锁闭位、折角塞门全关位。外勤值班员赶到共同确认，然后车站通知其车上等待。几分钟后听到无线电台通报：区间发生车辆相撞事故。

1. 事故原因分析（见图 7-11）

图 7-11　关折车辆遗留区间冲撞事故

（1）司机对在区间查询不到列尾风压的判断不准确，误认为列尾故障。

（2）司机牵引列车时，未发现列车牵引力变化。

（3）司机进站前进行两次制动减压，均未觉察排风时间短，错过了防止事故发生的时机。

2. 心理分析

（1）司机存在侥幸心理，不愿意在区间非正常停车而把大事故想象成小故障。

（2）司机安全意识淡薄，心里没有行车异常有可能会引起大事故的概念。

3. 事故处理方法

（1）司机开车前应确认列车尾部风压同步升降。

（2）执行“五前三后”风压查询制度，随时注意充排风变化情况。

（3）掌握机车牵引电流变化，发现异常立即采取紧急停车措施。

（4）发现情况异常时及时反馈信息。

案例 12. 机班打盹冒进侧冲事故

××年×月×日，××机班值乘 1401 次，列车由操作学习司机操纵，区间监控自停报警不止，司机在×站擅自关机，列车进×站时，机班打盹，致使机车在 14 位牵引手柄情况下，处于无人控制驾驶状态，列车以 18 km/h 的速度越出出站信号机，与正在进站的 1422 次机车侧面冲突，中断行车 13 h 19 min，致使 2 台机车报废，车辆大、中、小破各一辆。

1. 事故原因分析（见图 7-12）

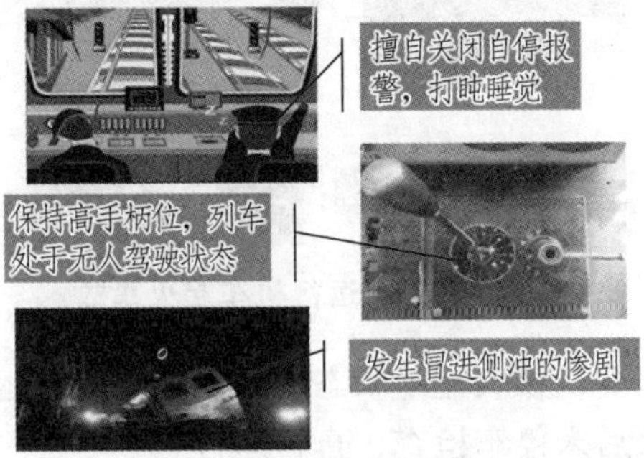

图 7-12　机班打盹冒进侧冲事故

（1）机班在列车运行中擅自关闭机车自停装置。

（2）练习操纵司机操纵列车，司机未按规定进行监督指导。

（3）列车运行中，本务和重联机车乘务员打盹睡觉，机车主控手柄处于高手柄位无人驾驶状态。

2. 心理分析

（1）司机安全意识淡薄，长时间行车后精神疲惫，不想办法克服而任其发展，存在懈怠心理。

（2）练习操纵司机因为怕和司机发生不愉快，在明知关闭自停装置是错误的行为的情况下而不敢阻止司机，心里对安全行车的概念太模糊。

3. 事故处理方法

（1）班前注意休息，保证精力充沛。

（2）练习操纵司机在练习操纵的过程中司机应时时盯控。

（3）在行车过程中严禁关闭任何安全行车设备。

案例 13. 抱闸运行机车起火事故

××年×月×日，××机班值乘 28016 次，从××站开车后，没有发现提手柄 56 s 才动车的异常情况，通过××站时，车站值班员呼叫司机，机车走行部冒烟，有火花。司机才发现机车抱闸 290 kPa 运行，缓解小闸后未停车检查继续运行，至××站进站信号机外方时，发现仍有烟火。停车检查发现左 6 制动单元防尘罩起火，灭火后仔细检查发现机车左 2、左 6、右 2、右 5 闸瓦被全部磨光，右 1 闸瓦裂胀，其余闸瓦发红变形，1、2、4、6 动轮变色，油漆掉块。维持运行进站停车，报告调度机车故障，请求换车。

1. 事故原因分析（见图 7-13）

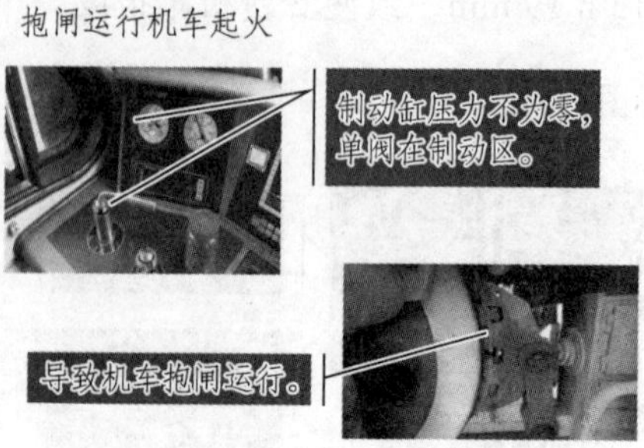

图 7-13 抱闸运行机车起火事故

（1）机班在开车前后未确认仪表显示状态，导致机车抱闸运行。

（2）发现机车抱闸起火后未停车检查，盲目运行。

2. 心理分析

（1）机班行车作业流于形式，未真正眼到、手到、心到。

（2）机班存在侥幸心理，为了不晚点而受处分，在明知机车异常的情况下仍继续运行，最终导致事故发生。

3. 事故处理方法

（1）开车前、出站后进行仪表的确认，确认总风压力大于 900 kPa，制动缸压力为零。

（2）每个区间不少于两次缓解单阀手柄。

（3）机车走行部发生故障时，要求机车乘务员立即停车检查。

（4）发现机车着火等故障时，立即停车检查。

案例 14. 调车冲突事故

××年×月×日 9 时，××机班在××站南头进行调车作业，干几钩活后，副司机×××因打电话离开机车，没等副司机×××回来，司机××就驾驶机车转北头继续作业。11 时拉了 17 个重车返回××站时，将 17 个重车摘在站外，单机进 3 道待闭，在进 3 道时由于司机臆测行车，粗心大意，因速度较快与原停留车相撞。

1. 事故原因分析（见图 7-14）

（1）去××站前，3 道停 15 个车，机车乘务员及调车组人员均知道，但进 3 道时没有一个人对司机提醒，互相监督不够。

（2）司机本应以身作则，执行规章制度，副司机位置无人的情况下按规定不能作业，但是司机盲目蛮干臆测作业动了车，而且机车运行中没有很好注意瞭望进路，速度过快，导致事故的发生。

（3）副司机擅自离开岗位，违反作业规定，没有承担起瞭望责任。

图 7-14　调车冲突事故

2. 心理分析

（1）机班安全意识淡薄，把规章制度抛于脑后。

（2）司机臆测行车，自认为前方道路空闲却不加以确认最终导致事故发生。

3. 事故处理方法

（1）作业时必须保证足够的人员，上班时不准做与工作无关的事。

（2）在作业过程中要严格执行双人值乘、呼唤应答制度，在副司机缺位的情况下严禁动车作业。

（3）作业时要做到心中有数，决不许盲目蛮干，臆测行事。

案例 15. 车辆掉道停车不果断事故

××年×月×日，××机班值乘 K157 次，列车通过××站时，司机发现列车速度有下降趋势，怀疑有车辆抱闸，立即回手柄，并制动减压 60 kPa，速度从 65 km/h 降至 52 km/h 时缓解列车制动，缓解后未发现异状。继续提手柄时出现牵引力异常，立即回手柄制动停车。与××站联系后，机班下车检查发现机后第 5 位车辆 4 个轮对掉道，无人员伤亡。

1. 事故原因分析（见图 7-15）

图 7-15　车辆掉道停车不果断事故

（1）速度异常下降，司机臆测是车辆抱闸。

（2）停车不及时果断，错过了减少事故损失的最佳时机。

2. 心理分析

（1）机班安全意识淡薄，心里没有发现异常立即停车的概念。
（2）机班存在臆测心理，在发现异常的情况下不停车确认而在心里胡乱猜测。

3. 事故处理方法

（1）发现速度异常时要立即进行后部瞭望，并及时采取停车措施。
（2）无法判明各种停车要求、降速的信息时，均按先停车后询问的方式严格执行。
（3）无法判明情况时，做到“宁可错停，不可盲行”。

案例 16. 处理不当贻误救援事故

××年×月×日，××机班值乘 10626 次在××站到达场通过后，因本务机车 DF43294 号故障 4 时 53 分停在咽喉道岔区处。由于列车司机处理不当，不按规定报告，值班员用无线通信设备呼叫 19 次司机不予回答，助理值班员到机车上询问司机亦不理睬，导致耽误了救援时机。至 5 时 47 分才将列车拉回站内，对行车组织造成了严重影响。

1. 事故原因分析（见图 7-16）

图 7-16　处理不当贻误救援事故

（1）司机在机车发生故障时处理不当。
（2）司机未按规定汇报，导致耽误救援时机。

2. 心理分析

（1）司机盲目自信，认为自己能够处理好故障。
（2）司机心理执拗，明知已超过故障处理时间却仍不按规定请求救援。
（3）副司机害怕与司机关系闹翻而不敢阻止司机错误的行为，最终导致事故发生。

3. 事故处理方法

（1）机车故障无法运行时，不要像无头苍蝇一样急着去机械间查找故障，先平复一下急躁的心理，想好在有限的时间里该做哪些事情（包括向有关单位汇报并考虑故障的可能性）。
（2）客车 5 min、货车 10 min 内无法处理故障时，应立即请求救援。

（3）在等待救援的同时做好防护，具体方法是在来车方向 300 米处进行防护，设置火炬、响墩，并派副司机在防护信号外拿展开的红色信号旗等待救援机车。

案例 17. 请求救援后擅自动车事故

××年×月×日，××机班值乘 38011 次，在 A 至 B 站间由于重联 SS_7－0092 机车 F30 跳闸，区间 5 次停车，占用区间 45 min，机班均未主动向车站反馈行车信息，在车站询问后，才将机车故障信息告诉车站，并同意车站救援。得知救援列车从 A 站方向开出，没有在来车方向进行防护，而是继续查找机车故障。待处理完毕，在未向车站请求取消救援的情况下，在区间擅自开车。扰乱行车秩序的同时，给运行安全留下严重隐患。

1. 事故原因分析（见图 7-17）

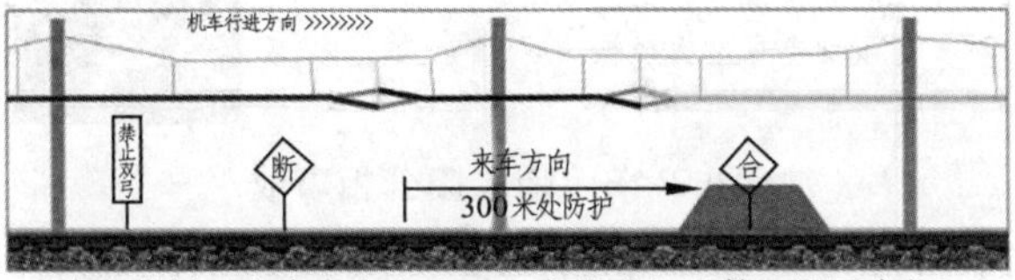

图 7-17　请求救援后擅自动车事故

（1）机车故障且区间停车后，未按规定汇报信息。

（2）没有在来车方向进行防护。

（3）在未向车站请求取消救援调度命令的情况下，在区间擅自开车。

2. 心理分析

（1）机班存在侥幸心理，区间非正常停车认为车站发现不了而未主动汇报。

（2）机班安全意识淡薄，在明知请求救援后擅自动车有可能会发生撞车事故的情况下还擅自开车，最终扰乱了行车秩序。

3. 事故处理方法

（1）机车故障无法运行时，客车 5 分钟、货车 10 分钟内无法处理时，应立即请求救援。

（2）请求救援报告后，应立即在来车方向进行防护，具体方法是在来车方向 300 米处进行防护，设置火炬、响墩，并派副司机在防护信号外拿展开的红色信号旗等待救援机车。

（3）在未取消救援调度命令的情况下，不得擅自动车。

案例 18. 带电闯分相事故

××年×月×日，××机班值乘 40231 次××至××站间分相点前，司机将手轮放置在“*”位，到线路断电标处时按下主断路器按钮，但主断未能断开，采取降弓措施同时听见拉弧声，主断路器自动断开。过完分相后未发现机车有异常，继续运行到××。终点站库内上车顶检查时，发现后受电弓滑块灼伤。

1. 事故原因分析（见图 7-18）

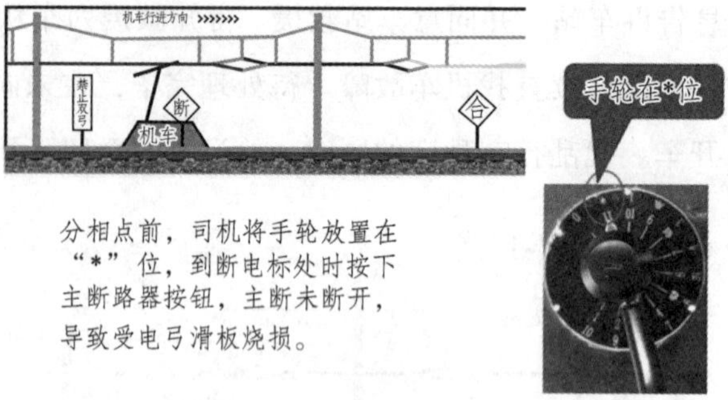

图 7-18 带电闯分相事故

（1）运行中机班迷糊打盹。

（2）在通过分相点时，学习司机未按规定站立移位监督、提醒司机。

（3）司机未按规定操作机车主断路器的分、合程序。

（4）发生问题后未及时检查处理。

2. 心理分析

（1）长时间行车后精神疲惫，作业程序没有到位，也不加确认，心理懈怠。

（2）作业过程中副司机监控不到位，对司机过分信任，安全意识不强。

3. 事故处理方法

（1）班前做好备班休息，班中集中精神，精心操作。

（2）过分相前，确认主控手柄归零位、各辅机断开、主断路器断开到位。

（3）学习司机在列车通过分相点时要立岗移位，监督提醒司机。

（4）发生弓网故障后，要立即停车向相关部门汇报。

案例 19. 打盹撞土挡脱轨事故

××年×月×日，××机班在××站值乘调车机调车，机车从驼峰进入平道后，机班打盹睡觉，手柄未回到0位，时速20 km/h。司机听到监控装置报警“限速10 km/h”时惊醒解锁，接近二级报警点，监控放风。由于速度快，加上司机未将自阀手柄移至制动区并未撒砂，致使紧急放风失效。机车以13 km/h撞上土挡冲出越行35 m，机车及两辆敞车脱轨，如图7-19所示。

图7-19　打盹撞土挡脱轨事故

1. 事故原因分析

（1）作业过程中打盹睡觉，未及时解除机车动力。

（2）惊醒解锁后操纵不当。

2. 心理分析

（1）机班安全意识淡薄，在精神不好时未加以克服而是任其发展。

（2）机班心理素质不好，在遇到紧急情况时手忙脚乱，处理不当导致事故发生。

3. 事故处理方法

（1）班前充分休息，班中集中精力。

（2）遇到监控报警时要立即采取紧急停车措施。

案例20. 错认凭证盲目开车事故

××年×月×日，××局D5556次，当列车在A站2道停车过程中，A站向司机转达调度命令：“准许动车D5556次A站至B站间利用下行线反方向运行”。列车在A站2道停车，司机错误将调度命令当作反方向行车凭证。未等出站信号机开放绿灯，便对LKJ进行“虚拟路票”操作，并对监控装置进行了解锁。列车启动后，A站呼叫司机停车。越过A站2道出站信号机251 m后停车。之后列车后退至A站2道，构成冒进出站信号机的一般C类事故，如图7-20所示。

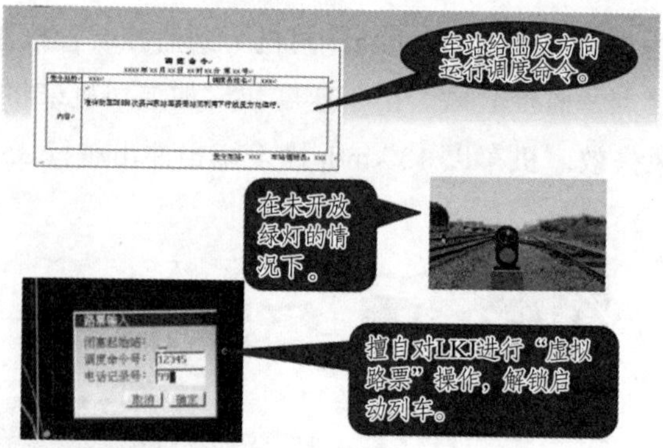

图 7-20　错认凭证盲目开车事故

1. 事故原因分析

（1）司机错误将调度命令当作反方向行车凭证。
（2）司机未等出站信号开放就开动列车。
（3）司机错误地解锁监控装置，未确认凭证正确。

2. 心理分析

司机业务不熟，心里紧张，接收到调度命令后怕耽误开车就直接解锁启动导致事故发生。

3. 事故处理方法

（1）司机一定要清楚反方向发车必须有调度命令并且出站信号机为绿灯。
（2）发车凭证不齐禁止动车。
（3）与车站进行车机联控，确认发车命令后再动车。

小　结

通过对上述行车事故案例的分析可知，遇事心里慌乱、精神不集中、安全意识不强、行车设备操作不熟等是引起铁路行车事故最主要的原因，所以为了减少行车过程中事故的发生，工作人员应在上班之前充分休息，平时多参加安全教育，多熟悉行车设备的操作规程，锻炼自己的心理素质。

复习思考题

试利用心理学及铁路专业知识分析下列铁路行车事故原因及预防措施。

1. ××年×月×日，××线10674次。机班在驾驶列车运行过程中，没有看到限速牌，错过调速时机，造成列车以 58 km/h 通过 A 至 B 站间 K163 + 738 m 的临时慢行地段（45 km/h），造成严重超速（见图 7-21）。

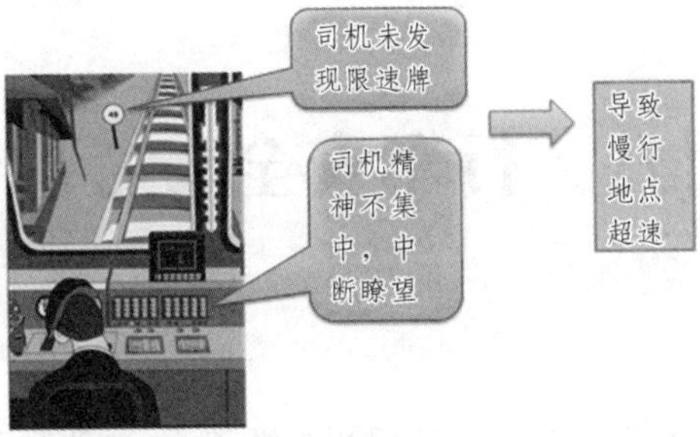

图 7-21

2. ××年×月×日，××线 45223 次，SS7-095 机车，××站进行调车作业，机班未及时操作监控装置进入“调车状态”动车，在以 7 km/h 的速度距出站 51 m 监控报警后监控非常停车（见图 7-22）。

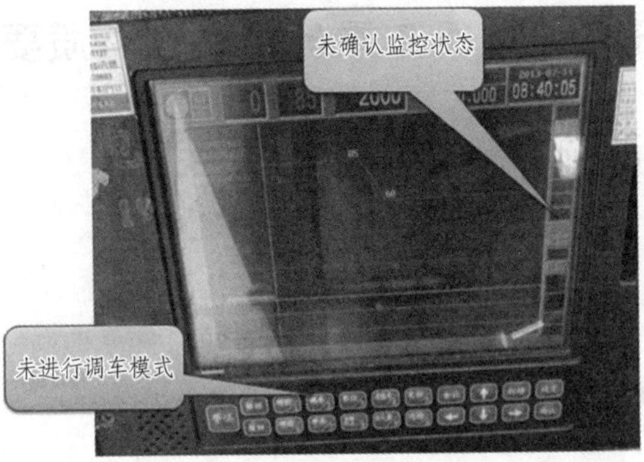

图 7-22

3. ××年×月×日，××线 83034 次，列车到达××站北场 5 道停车，摘钩后计划由 5 道转 7 道入库，由机待线返岔进入 7 道后，机车以 17 km/h 的速度运行时，发现运行前方有列车进入，司机立即采取紧急停车措施后，以 12 km/h 的速度与正在进入 6 道的 42080 次列车发生冲突（见图 7-23）。

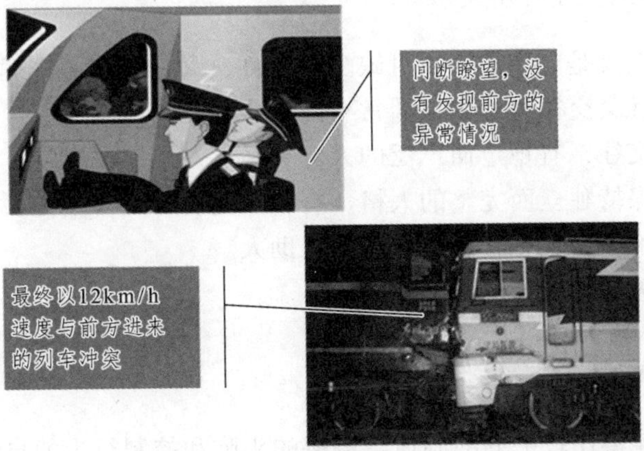

图 7-23

项目八　行车安全与心理教育

【本项目要点】

介绍机车乘务员的心理素质要求，说明机车乘务员心理素质训练的方法；指明安全心理教育的意义，要求学生熟知铁路行车安全心理教育的主要内容，掌握铁路行车安全心理教育的主要方法；了解心理健康的意义、心理疾病及其类型，熟悉心理健康的影响因素；掌握心理健康的概念与标志、铁路行车安全心理安全品质的要求与培养方法。

任务一　机车乘务员心理素质要求

一、机车乘务员心理素质标准

（一）智力正常

智力包括观察力、注意力、记忆力、想象力、思维和实践活动能力等，智力正常是人正常生活最基本的心理条件，是心理健康的首要标准。

（二）能正确认识自我

一个心理健康的人，具有自我反省的能力，能正确评价自己，既不自视清高，做力所能及的工作；也不自轻自贱，甘愿放弃一切可以进取的机遇。对事物不过分乐观或悲观，能坦然面对现实，不管现实对他来说是否愉快。

（三）能保持和谐的人际关系

和谐的人际关系既是心理健康不可缺少的条件，又是获得心理健康的重要途径。一个心理健康的人，在社会交往过程中，通常有如下表现：

（1）乐于与人交往，有稳定而广泛的人际关系。

（2）在交往中保持独立而完整的人格，有自知之明，不卑不亢。

（3）能客观评价别人，宽容，友好，乐于助人。

（4）交往中积极态度多于消极态度。

（四）能自控情绪

心理健康者能保持比较平静的心境、清醒的头脑和控制行为的自觉性，积极情绪多于消极情绪。这样，就会经常保持愉快、乐观、满足等积极的情绪体验，对其活动效果及适应环境方面起积极作用。

（五）能保持与社会的协调一致

心理健康者，能正确地认识环境以及正确处理个人与环境之间的关系，对周围环境能快速适应，思想和行动跟得上时代的发展，能自觉地用社会规范约束自己，使个人行为符合社会规范的要求，而不致发生越轨行为。

（六）自信心

心理健康者能对自己的能力有正确的认识，且保持积极向上的心态，对自己充满信心。

二、机车乘务员心理素质具体要求

（一）感觉和知觉要灵敏

1. 感　觉

感觉包括视觉、听觉、嗅觉、味觉等。对于机车乘务员来说，视觉、听觉至关重要。

2. 知　觉

知觉包括空间知觉（指物体的形状、大小、远近、方位等）和运动知觉（指物体的位移和速度）。

（二）注意要有稳定性并善于分配和转移

1. 注意的稳定性

注意的稳定性指注意长时间地保持在某种事物或某种活动上。

2. 注意的分配和转移

（1）注意的分配指在同一时间内把注意分配在两种或两种以上对象上。

（2）注意的转移指根据任务的需要主动地将注意从一个对象转移到另一个对象上。

（三）反应要迅速、准确、灵活

1. 反　应

反应是人体器官因外界刺激而发生的效应动作。

2. 反应过程

反应过程为：外界信息刺激—感觉器官感受—传入中枢神经（加工处理）—脑做出决策并下达指令—器官完成指令。

3. 反应直接导致动作

反应直接导致动作对于机车乘务员来说非常重要。

（四）情绪要稳定

情绪是人对客观事物的态度的一种反应，其产生与客观事物是否符合人的需要有关。情绪是影响工作质量的一个重要的心理因素。情绪波动、紧张时，人的反应能力、动作协调性、思维灵活性都会下降。长期情绪波动会影响健康，甚至危及生命。

（五）能力要均匀、突出

1. 能　力

心理学中把人们能够顺利地完成某种活动、直接影响活动效率所必须具备的心理特征称为能力。

2. 均　匀

均匀是就一般能力而言的，包括注意力、观察力、记忆力、思维力、想象力等。

3. 突　出

突出是就特殊能力而言的，是表现在某种专业活动中的能力。

（六）气质宜“综合型”，应“强而平衡”

一个人生来就具有的心理活动的特征就是气质，即通常所说的“脾气”。一个人的气质具有很强的稳定性，如表 8-1 所示。

表 8-1　气质的四种基本类型

气质类型	平衡性	灵活性	强度	特性组合的类型	主要心理特征
胆汁质	不平衡（兴奋）		强	兴奋型	精力充沛，情绪发生快而强，语言动作急速而难以自制，内心外露，率直，热情，易怒，急躁，果敢

续表

多血质	平衡	灵活	强	活泼型	活泼爱动，富于生气，情绪发生快而多变，表情丰富，思维语言动作敏捷，乐观，亲切，浮躁，轻率
黏液质		不灵活	强	安静型	沉着冷静，情绪发生慢而弱，思维语言动作迟缓，内心少外露，坚毅，执拗，淡泊
抑郁质	不平衡（抑制）		弱	抑制型	柔弱易倦，情绪发生慢而弱，易感而富于自我体验，语言动作细小无力，胆小，忸怩，孤僻

（七）性格要优良，能敬业奋进

1. 性　格

性格指一个人表现在态度和行为方面的较稳定的心理特征。

2. 性格的类型

美国心理学家霍兰德根据性格特征和职业选择的关系将性格划分为六种类型。

（1）现实型。

这种人不重视社交，而重视物质的、实际的利益，他们遵守规则，喜欢安定，感情不丰富，缺乏洞察力。在职业选择上，他们希望从事有明确要求，能按一定操作程序进行的工作。

（2）研究型。

这种人有强烈的好奇心，重分析，好内省，比较慎重。他们喜欢从事有观察、有科学分析的创造性活动。

（3）艺术型。

这种人想象力丰富，有理想，易冲动，好独创，他们不喜欢受程序化工作的约束，喜欢从事非系统的、自由的活动。

（4）社会型。

这种人乐于助人，善交际，易合作，重视友谊，责任心强，他们愿意选择教育、医疗工作。

（5）企业型。

这种人喜欢支配别人，有冒险精神，自信而精力旺盛，好发表自己的见解。他们愿意从事组织、领导工作。

（6）常规型。

这种人易顺从，能自我抑制，想象力较强，喜欢稳定、有秩序的环境。在职业选择上，愿意从事重复性、习惯性的工作。

3. 优良性格的特征

（1）道德品质方面。

关心他人，热情，善良，有同情心，吃苦耐劳，认真负责，有条不紊，爱护财物，勤俭节约，谦虚，自尊自强。

（2）意志特点方面。

生活目的明确，纪律性强，自制力强，果断，勇敢，坚定，谨慎，严谨，持之以恒。

三、影响机车乘务员心理素质的因素

（一）职业满意度

研究表明，职工从工作中获得快乐的重要条件是：

（1）工作性质适合职工的个性和才能。

（2）劳动成果得到相应的尊重和报酬。

（3）劳动成果得到社会和他人的认可。

机车乘务员是一个特殊的工种，长年工作，没有节假日，社会地位不高，这些因素易导致乘务员对职业不满，在工作中可能会产生刻板的、单调的、重复的不愉快情绪，不愉快情绪又会引发一系列心理失衡的现象。如果得不到及时的排除，就会影响工作的积极性，还会形成易疲劳、厌倦和压抑的消极心理，最终会导致不能集中精力工作而造成意外事故。

（二）人际关系

从心理卫生角度看，良好的人际关系可以满足人们的下列心理需要：

（1）获得安全感。

（2）满足归属感。

（3）提高自尊心。

（4）增强力量感。

（5）获得友谊和帮助。

良好的人际关系可以减少孤独、寂寞、空虚、恐惧、痛苦，人际关系失调会使人产生焦虑、不安、恐惧、孤独、愤怒、敌对等不良的情绪，而不良的情绪又会作用于生理活动，从而危及人的健康。因此，机车乘务员的人际关系对其心理健康有重大影响。

（三）心理压力程度

每个人对心理压力的承受能力不同，压力超过了承受力，就会产生心理疾病。机车乘务员承受着比其他工种大得多的心理压力，他们常常远离领导，独立作战，责任大，风险大，因而心理压力也大。另外，机车乘务员在社会、经济上的压力也很大，铁路运输安全状况是社会关注的焦点，铁路内部为了加强安全管理，不得不采取经济上的制裁措施，这给职工特别是机车乘务员造成很大压力。

（四）长期的应激状态

应激是人在遇到出乎意外、紧张情况下所引起的情绪状态。多数人在应激状态下，机体会得到充分的动员，身心潜力会得到充分的发挥，以应付与战胜紧急的局面。应激是人适应社会环境与自然环境突然的、急剧变化的一个重要的心理机制。但长期处于应激状态将大大地消耗体力与精力，降低人的抵抗力，使人易患疾病。机车乘务员工作的特点就是工作时几乎全身主要的感觉器官、运动器官，都要承担任务，积极参与活动。加之，牵引机车有事故的潜在性，因而机车乘务员在工作时一般情绪都比较紧张，注意力高度集中，不得有片刻疏忽，长期处于应激状态。如果乘务员不善于减少处于应激状态的时间或降低应激反应的程度，就易患心身疾病。

（五）工作环境

影响机车乘务员心身健康的工作环境因素有：

（1）机车内噪声超过国家规定的工业噪声标准。

（2）长期在振动岗位上工作。

（3）机车内产生大量热能电能，乘务员长期在电磁和高温下工作。

（4）精神处于高度紧张状态，班次更迭较频，工作时间较长。

上述工作环境，无疑对机车乘务员的精神状态和心理健康是一个不良刺激。

（六）劳动组织

劳动强度的大小、劳动时间的长短、脑力劳动和体力劳动的比例等，都会对人的心理健康产生很大影响。乘务员的值班制度非常特殊，他们的“生物钟”经常被打乱，按照值班制度运转，于是就会出现生理和心理的紊乱，这种紊乱要靠人的生理和心理能力去调节，力求适应并维持平衡，否则就会产生心身疾病。

（七）家庭因素

每个个体都拥有自己家庭，乘务员也是这样，他们的心理时刻受到家庭因素的影响，尤其是出现亲人逝世、离异等重大变故时，都会增加乘务员的心理负担，产生沮丧、抑郁、痛苦、焦虑、紧张和失望等消极情绪。这些消极情绪会降低乘务员的反应速度和动作的准确性，从而产生事故或差错，导致新的不幸，使人觉得“祸不单行”，在心理上遭受更大的挫折和打击。

任务二　机车乘务员心理素质训练

机车乘务员的心理素质训练，从广义上讲，就是有意识、有计划地对乘务员的心理施加影响，提高其心理机能。从狭义的角度看，乘务员心理训练就是通过放松、呼吸调节、想象、暗示等方法，提高乘务员的心理调控能力，形成良好的心理品质，增强对机车的操纵能力。

一、机车乘务员心理素质训练的意义

人们生活在世上，每天都要接受成千上万的外界刺激，引起不同的情绪体验，这些情绪会影响人的工作和生活。在现代社会里，工作、技术的要求越来越高，生活节奏加快，每个人都会感到压力，有的人甚至会被压力压垮，即使能顶住压力，也会觉得痛苦不堪，机车乘务员更是如此。心理训练可以增强乘务员的心理耐力，帮助他们及时摆脱或减轻心理压力。

从乘务员工作的特点来看，乘务员的工作劳动强度大、时间长、自由度小、协作要求高、责任重大，在行车过程中易产生心理、生理疲劳。心理训练可以使乘务员在工作中排除各种不良的刺激和情绪干扰，以积极主动的精神状态操纵列车，安全运行。

二、机车乘务员心理素质训练的常用方法

1. 心理调控训练

主要用于摆脱心理压力，解除心理紧张，提高心理耐力，加强对心理活动的调控能力，如肌肉放松练习、注意力提高练习、呼吸调节练习等。

2. 暗示训练

就是运用各种手段进行暗示，使训练者体验各种暗示的训练方法。暗示的方法多种多样，如言语暗示、想象暗示、自我暗示、环境暗示等。

三、机车乘务员心理素质训练的任务

1. 提高认知能力

认知能力就是人对事物的认识能力。在乘务员身上，表现在对信息反应的速度和准确性方面。行车最基本的要求是安全、正点，这就要求乘务员能够及时发现运行中出现的各种障碍、故障。没有良好的认知能力是难以满足这种要求的。

2. 培养注意的持久性

列车的运行环境比较单调，对信号不间断瞭望使乘务员的视线和注意力集中在铁轨远方。视线一旦被固定，时间一长就会引起注意力涣散、疲劳。通过心理训练，可以有效地提高乘务员注意的持久性，提高其注意的分配能力，使之能更多地利用行车中的微弱线索，增加安全行车的保险系数。

3. 提高情绪的稳定性

情绪的好坏，直接影响工作效率。情绪发生巨大波动时，是工作最容易出问题和错误的时候。研究表明，当情绪发生波动和紧张时，人的反应能力、动作的协调性和精确性、思维的灵活性都会下降。心理训练可以使乘务员及时抑制消极的情绪，形成积极的情绪，保持稳定的愉悦心境，使乘务员在行车中能够处于平静、愉悦的情绪体验中。

调节情绪的具体方法有如下几种：

（1）请人疏导，畅所欲言。

（2）调节注意方向，进行建设性的遗忘。

（3）从多种角度看问题，使情绪向正确方向发展。

（4）采取不危害他人及社会的方法，进行适当宣泄。

（5）正确地认识和评价自我。

4. 培养意志品质

意志是心理的重要组成部分，是克服困难、实现目标的保证。意志力强的人，善于控制自己，为大局着想；意志力弱的人，常会随情境的改变而改变自己的计划和决心，在临时编造的理由下原谅自己，做不该做的事。心理训练可以使训练者根据自己的实际情况，锻炼自己，形成坚强的意志，敢于克服生活、工作中的种种困难，为安全行车提供保障。

5. 提高操作技能

技能是在个体身上固定下来的复杂的动作系统。可以通过反复的实际训练形成和提高某种技能，也可以通过心理练习。越是复杂的动作技能，心理练习的作用越是重要。

6. 磨炼自己的个性

个性是指一个人的精神面貌，包括一个人的需要、动机、兴趣、理想、信念、能力、气质、性格等。乘务员要通过自我暗示、自我说服等手段，正确看待自己的职业，使自己产生安全行车的需要和动机，提高自己对本职工作的兴趣，改变自己个性中不良的方面，形成良好的性格特征。

任务三　行车安全心理教育

一、安全心理教育的意义

（一）安全心理教育对提高行车安全是非常必要的

1906 年，一位美国企业家首次提出“安全第一”的口号，从此许多企业为减少伤亡事故，降低灾害损失，开展了各种形式的安全生产活动、安全教育和安全宣传活动。这种活动不仅使经营者减少了损失，获得了更大利润，也使广大职工在工作中增强了安全感。通过安全生产活动，一方面解决一些机械设备上的缺陷，加设安全防护设施，另一方面改变职工由于心理因素影响造成的不安全行为习惯，提高安全生产意识，主动防止事故的发生。

从统计资料来看，由人的不安全行为引发的事故占总量的 88%。铁路行车也是如此，行车事故大多数是人的因素所致。因此，加强安全心理教育，对于提高铁路员工的安全行车意识、消除不安全行为习惯、防止行车事故发生非常必要。

（二）安全心理教育对提高行车安全是非常有效的

日本的正田亘等人对日本大手运输公司的汽车驾驶员进行调查分析。他们把过去三年里没有发生过交通事故、无违反交通规则的人称为安全驾驶员，而把在过去三年里发生三次以上事故和违章者称为事故多发驾驶员，把二者之间的驾驶员称为一般驾驶员。但是，经过 2～3 年的安全心理教育后，他们之间的比例关系发生了变化。

从驾驶员安全水平变化的结果来看，安全驾驶员不会永远是安全驾驶员，事故多发驾驶员也可以转变成为安全驾驶员。从安全驾驶员变为事故多发驾驶员，尽管所占比例很低，但说明对安全驾驶员的安全心理教育也不能忽视，从事故多发驾驶员转变为安全驾驶员或一般驾驶员，所占比例达 85.7%这个结果来看，只要加强安全心理教育，那些事故多发驾驶员也能重视安全行车，减少或消除事故。安全教育虽不是万能的，但却是非常有效的。

上述研究尽管是针对汽车驾驶行为的，但由于铁路运输与汽车运输在安全管理中的共性，表明安全心理教育同样对铁路行车安全非常有效。因此，在铁路行车安全管理中，同样需要加强对每一位员工的安全心理教育。

二、行车安全心理教育的主要内容

(一) 安全心理基本常识的教育

铁路行车安全心理教育的内容首先应该是安全心理基本常识的教育，例如心理健康的标准、安全生产与心理学的关系、个性心理特征与安全的关系、需要动机和行为规律与安全的关系、影响安全的心理因素、行车人员应该具备的安全心理素质、心理保健与调节的常识等，使铁路员工能够自觉运用心理学原理指导行车安全生产与管理。

(二) 心理素养教育

铁路行车安全要求职工具有良好的心理素养，这就要求我们加强对职工的心理素质教育。

铁路职工必须学会自我心理调节，以适应环境因素的变化，如当个人的利益与组织的利益冲突时如何面对？家庭出现矛盾或变故后如何调节自己的心态？个性心理特征方面的缺陷如何弥补或改善？心理健康与生理健康的关系如何处理？等等。这些内容最好能够贴近家庭贴近职工自身的内在需要,用换位思考的办法教育职工树立正确的价值观和人生观，以平常心面对生活、工作中的挫折或压力，加强安全责任感。

(三) 结合岗位情况进行应对性策略的教育

安全心理教育不能脱离工作需要，如果能够结合实际工作中可能出现的问题有针对性地进行教育，将会提高职工学习的积极性和学习效果。如将工作中可能遇到的心理问题分成若干个小问题进行研究，比方说不同气质类型的人应如何保证安全？事故为什么会较多地发生在星期一工作开始和周末工作将要结束的时候？什么样的思想品质对安全有消极影响？侥幸心理对安全有何危害？怎样调节和控制不良情绪？容易出事故的人有哪些性格特征？家庭关系出了问题怎样保证安全作业？干群关系紧张时要怎么办？班组人际关系状况对安全有什么影响？并分类列出应对措施，当职工遇到该类问题时就知道该怎么做。

三、铁路行车安全心理教育的方法

由于铁路各基层各站段的具体情况不同,加之心理活动本质上就具有极强的活跃性和变动性，因此，不可能找到一套安全心理教育的万全之策。下文介绍几种常见的工作方法。

（一）职业适应性检查

需要从心理因素方面对从业者进行职业适应性检查，选择那些心理素质与铁路行车性质相适应的人到行车岗位任职。

从铁路运输企业的性质来看，处在行车一线的员工，如机务、车辆、电务、车务、工务等部门的职工，其职业适应性检查的内容主要包括作业能力检查、识别能力检查、判断能力检查、注意力分配检查、机敏性检查、高速适应性检查，以及性格、兴趣、意志和生活目标调查。

鉴于各种各样的原因，我国铁路人员的进路与工作安排很多时候是指令性的，例如，复返军人的安置、职工子女顶职、伤亡家属的安排等，使职业适应性检查往往形同虚设。因此，很有必要加强职业适应性检查这项工作，一方面，将那些不适合从事主要行车工作的“高危人员”调整到非主要工作岗位上去；另一方面，在安置新员工时尽可能通过职业适应性检查把他们都安排到适宜的工作岗位上。

（二）建立铁路安全心理教育档案

建立铁路安全心理教育档案的目的在于准确了解和把握职工和班组的安全动向，实行动态控制，确保运输安全。

（三）满足合理需要，解除后顾之忧

铁路职工在生活或工作中会有许多实际需要，如收入、升迁、住房、医疗、求学、就业等。这些需要得不到满足，将引发职工的心理不平衡，成为事故的隐患和违章违纪的诱发源，因此，在行车安全管理中，要尽可能满足职工的合理需求，帮助职工解决生活或工作中的后顾之忧，即使暂时没有条件不能满足也要做好说服工作，争取职工谅解。

（四）加强全方位、全过程教育

在满足职工各种基本需要的同时，还应注意全方位、全过程的安全心理教育。安全心理教育，不能只是在事故发生后才进行，而是重在平时，要利用多种方式，抓住各种契机、各个环节，强化安全意识，提高职工的安全责任感。如利用系列讲座及感情诱导、激发，进行行车安全心理教育，使职工产生安全的情感体验。除了奖罚外，还可用行车安全谚语和标语警示牌不断地给职工强化安全意识，如“安全第一，预防为主”“安全行车几十年，事故发生一瞬间”“规章一松，事故就攻”“汽笛一响，集中思想”“旅客靠你安全正点，亲人盼你平安回家”等进行安全警钟教育；利用从众心理抓好班组建设，潜移默化地规范职工行为；班前班后、节前节后多提醒按章操作，事故发生后多做疏导工作，重在查找原因，划清心理原因与责任感不强的界限，避免逆反心理和消极情绪，帮助职工提高心理素质。

（五）开设心理诊所，进行心理咨询

在现代这个发展迅速、竞争激烈、环境复杂、诱惑多变的社会里，人们的心理负担往往过重，导致形成不健康的心理，如侥幸、冒险、惰性、畏险、逆反、抵触、麻痹等，而这些不健康的心理常常是事故发生的根源。因此，可以开设一些心理诊所，让员工有一个倾诉的、发泄的场所，在他们需要的时候给他们进行心理咨询和安全心理指导，帮助他们解决心理问题，增强他们适应环境、适应社会的能力，以保证行车安全。

鉴于铁路行业特殊的工作性质，心理咨询的内容应强调如下三个方面。

1. 发展心理咨询

（1）青年心理咨询：独立性与依赖性的矛盾；友谊与恋爱；情绪障碍及困扰；成就动机与自我实现；性问题；择偶与新婚；人际关系等。

（2）中年及更年期心理咨询：人际冲突；情绪失调；工作及家庭的适应；更年期综合征等。

2. 社会心理咨询

（1）婚恋心理：失恋、嫉妒；夫妻角色适应；离婚心理；再婚心理等。

（2）家庭心理：夫妻关系；子女教育；子女就业；家庭生活安排；上下辈关系等。

（3）不良方式与不良行为的心理咨询：不良处事方式的调整；睡眠障碍；致癌性物质的戒断：成瘾性精神活动的调整等。

3. 安全心理咨询

（1）注意、品质、情绪、疲劳、气质、能力与安全。

（2）人际关系与安全。

（3）事故发生前后的心理状态。

（4）挫折心理教育。

任务四　心理健康与安全心理品质培养

不健康的心理，如侥幸冒险、惰性畏难、逆反抵触、松懈麻痹等都可能会引发事故，而健康的心理，如镇定乐观、认真负责、小心谨慎、一心为公等都有利于保障行车安全。因此，应重视心理健康和安全心理品质的培养与自我修养，建一道内在的行车安全防线。

一、心理健康的含义

（一）心理健康的概念

心理健康是指这样一种心理状态，即对内部环境具有安全感，对外部环境能以社会上

认可的形式进行适应。这就是说，遇到任何障碍和困难，心理上都不会失调，都能以社会上认可的行为进行调整。凡具有这种耐性的状态，都可以说是心理健康的状态。

（二）心理健康的标志

对于铁路行车系统的员工来讲，心理健康应具备以下几个标志。

1. 健康的情绪

情绪稳定与心情愉快是人情绪健康的主要标志。情绪稳定表示人的中枢神经系统活动协调，说明人的心理活动协调。心情愉快表示人的身心活动和谐，表示人的身心处于积极的状态。

2. 健全的意志

健全的意志，主要是指为了达到一定的目的，自觉地控制自己的行动。遇事当机立断，即使执行计划时遇到情况变化，也善于果断地调整计划。在困难和挫折面前能做出适当的心理反应；对所要达到的目的，能够持之以恒地努力，直至成功；为了适应社会需要而控制自己的思想、情绪和言行。

3. 正常的智力

智力是指人处理问题、解决问题的能力。大多数人的智力属于一般常态水平，智力超常和智力落后都是少数。智力超常与智力一般且能充分发挥自己的潜在素质，是心理健康的表现。智力落后是心理不健康的表现；智商正常但不能发挥自身的潜在素质，也不算心理健康。

4. 适度的行为反应

行为反应是人在环境刺激下所产生的内在心理变化的外在反应。适度的行为反应首先是指一个人的行为内容符合社会规范，并以积极的态度正确对待社会生活准则；其次，是指一个人的行为反应，诸如喜怒哀乐、言谈举止等皆在情理之中。

5. 协调的人际关系

协调的人际关系，主要是指乐于和别人交往，有自己的伙伴。在与人相处时，尊重、信任、关心、帮助、谅解他人等肯定态度多于对人怀疑、嫉妒、仇视、埋怨、指责等否定态度。

（三）保持心理健康的意义

1. 心理健康是职工认识事物的前提

认识事物的发展规律是靠人的观察力、想象力、思维推理力等来进行的，就是说要认识事物，必须有正常的智能。而智能正常是心理健康的一个重要特征，如果不保护心理健康，就有可能失去这种智能，进而也就无法认识事物。在铁路行车工作中，有许多现象和规律是需要员工能够正确认识的，它对保证行车安全、事故处理等工作非常重要。

2. 心理健康是职工行车安全行为的保证

人的行为是在心理调节下进行的。铁路员工安全的行为反应来自健康的心理。因此，只有保持健康的心理，才能保证职工行车行为的安全。

3. 心理健康是职工提高工作效率的重要力量

心理和身体是相互作用的，身体健康可以促进心理健康，心理健康也可以促进身体健康。如果心理不健康，可能导致一些心理性疾病，心理健康是职工保持健康身体的重要条件。健康的身体是力量的源泉，心理健康能使职工情绪饱满，促进职工间的协作，提高职工的工作绩效。

二、影响心理健康的因素

在生产和生活中有诸多因素影响着职工的心理健康，具体说来主要有以下几种。

1. 紧张的人际关系

我国著名医学心理学家丁费教授指出，人类的心理适应，最主要的就是对人际关系的适应。人一旦建立起良好的人际关系，就会增强做好工作的信心，而且会极大地满足社会安全感的基本需要，使心理得到健康的发展。相反，如果不能与周围的人或组织建立起良好的人际关系，就会心理失调、心情压抑、苦闷，长期下去会直接影响人的心理健康，导致各种心理和生理疾病。

2. 过重的心理压力

在工作中，人们总会面临各种各样的心理压力。适度的心理压力使人产生紧迫感，有助于调动人的智力因素和非智力因素，提高工作效率。而持续过重的心理压力，会使人的大脑神经长期处于高度紧张状态，容易导致高级神经活动功能失调，进一步演变成为心理生理障碍或身心疾病。

3. 不良的个性特征

现代医学和心理学的研究表明，个性与身心健康有着密切的关系。如，一个外向豁达、情绪稳定的人，遇到紧张刺激后，一般能理智地对待，使消极情绪在短时间内平息；而内向神经质的人，通常难以摆脱紧张刺激的影响，使身心受到伤害。又如，美国心理学家弗里德曼和罗森曼将易患冠心病的个性特点称为“A 型人格”，即好竞争、事业心强、有时间紧迫感、做事匆忙、过分勤勉、好急躁、易激怒、忍耐性差等。后来 A 型人格被学者们称为“冠心病人格”。因此，良好的个性才能保证自己身心健康发展。

4. 严重的失意和挫折

人在生活或工作中难免会遭受失意或挫折，这会给心理上带来一些不愉快的感受。这种感受，如果得不到缓解，便会造成紧张和焦虑的情绪，严重的会导致心理疾病。

5. 消极的情绪

消极情绪如愤怒、憎恨、忧愁、悲伤、恐惧、焦虑、痛苦等，既是人们适应环境变化的一种必要心理反应，又容易造成人们心理上的不平衡或生理机能的失调，如果非常强烈或持续出现，将会引起人们心理机能或生理机能发生病变。

三、心理疾病

（一）什么是心理疾病

所谓心理疾病，就是指一个人在情绪、观念、行为、兴趣、个性等方面出现一系列的失调，亦称心理障碍和心理问题。心理疾病不完全等同于精神病，首先，心理疾病患者可以清楚地感觉到自己某方面的不正常，并没有丧失判断能力，能够自我控制大多行为。其次，病人自我感觉十分痛苦，有强烈的求治欲望，病情具有反复性、多变性和不稳定性。最后，心理疾病单纯靠药物治疗的疗效并不理想，多数病人易受心理暗示的影响；病人病前均有相应的性格或人格缺陷；发病有一定的诱发因素，常在某一种或多种精神因素打击或心理压力下患病。

精神病是由于人体丘脑、大脑功能紊乱，导致患者在感知、思维、情感和行为等方面出现异常的现象。它属于严重的心理障碍，患者的认识、情感、意志、动作、行为等均可能出现持久且明显的异常；不能正常地学习、工作、生活；动作行为难以被一般人理解，显得古怪、与众不同；在病态心理的支配下，有自杀或攻击、伤害他人的动作行为；有程度不等的自制力缺陷，患者往往对自己的精神症状丧失判断力，认为自己的心理与行为是正常的，拒绝治疗。常见的精神病有多种类型，如精神分裂症、情感性精神障碍等。

另外，精神病也不同于神经病，它们是不同范畴的两种疾病，其发病原因、临床表现等均不一样，但在日常生活中人们常常把这两种概念混为一谈。

（二）常见心理疾病的类型

1. 人格异常

由于人格内在发展的不协调而造成的不符合社会要求，甚至超越社会伦理、道德规范，扰乱他人或危害社会的行为表现，表现为病态人格或反社会人格以及酗酒、吸毒、性变态等。

2. 心身性疾病

人体有病但找不到生理上的原因，即人们常说的“心病”。这种病主要是甚至完全是由心理因素引起的，如原发性高血压、冠心病、消化性溃疡、神经性皮炎等。

3. 神经症

这是一种由于精神因素造成的常见病，主要有神经衰弱、癔症和神经质抑郁。神经衰弱的病人容易激动，往往会因一些微不足道的事情悲痛落泪，有严重的睡眠障碍、多梦；疲乏无力，萎靡不振，注意力不集中，记忆力减退；食欲不振，消化不良；躯体不适，如全身酸痛、肢体蚁走感、麻木感等。癔症的症状多种多样，既可能有精神异常和类似神经病的各种症状，又可能有内脏机能失调和植物神经机能障碍的症状，如抽搐、肢体震颤、麻木、情感躁发等。神经质抑郁表现为夸大自己的挫折与痛苦，精神沮丧，悲观失望，以致头痛、失眠，严重时会想自杀。

4. 精神分裂症

这也是精神病的一种，其发病率在精神病中居首位。此病具有不断发展，慢性进行的病程。其心理异常表现主要是神经活动的“分裂”，即认识过程、情感过程、意志行为和个性特征各方面统一性的失调。精神分裂症通常分为妄想型、紧张型、单纯型、青春型四种。

（1）妄想型。其发病初期表现为敏感多疑，发展下去，便形成关系妄想和被害妄想，认为周围一切都与自己有关，周围一切变化都是有人要伤害自己而故意所为。

（2）紧张型。其发病早期多表现为萎靡不振，食欲不佳，凡事缺乏兴趣，情绪低落。随着疾病的发展，则有紧张性木僵和紧张性兴奋两级综合征出现。紧张性木僵指麻木、淡漠；紧张性兴奋指行为躁烈、激动，伴有伤人毁物的行为。

（3）单纯型。其早期症状为头痛，精神萎靡，随后性格逐渐变为孤僻，不与人交往，病情严重者与外界完全隔离。

（4）青春型。其发病后情绪不稳定，随着病症的发展，其情感障碍越来越明显，时而极度忧伤，时而极度兴奋。

（三）如何正确认识心理疾病

对待心理失调和心理疾病，我们既不可忽视，又不可丧失信心，要正确认识、正确对待。

1. 患有心理失调或心理疾病并不可耻

这种病并非自己故意所为，所以当患了这种病时，不要觉得难以启齿、讳疾忌医，而是要积极调理医治。心理失调或心理疾病是对环境中人际关系的不良适应，若患者趁病情轻微时，在交往中与人倾吐真情，泄出郁结，则完全有可能改变不良适应行为，促使病情向好的方面转化；反之，如果对人防卫、怀疑、恐惧，该医治时不医治，那么，即使是微不足道的疾病也会变得越来越严重。

2. 心理失调、心理疾病可以预防

预防的主要办法是做好自我心理保健和心理卫生辅导咨询。这样，可以排除病因，维持和增进心理健康。

3. 心理疾病可以治疗

心理疾病是心理性疾病，其原因虽难确定，但不致危及生命，如果患者能够了解心理卫生的有关知识，树立信心和具有毅力，保持乐观态度，并早日求医，配合治疗，心理疾病或者有可能“不医而愈”；或者经过医治，根除疾患而恢复原有的适应行为和健康心态。

四、铁路行车安全心理品质

（一）安全心理品质

铁路运输生产是工作性质十分特殊的行业，铁路职工的心理品质要求也不同一般。满足这种特殊心理品质要求的需要，是铁路运输安全生产的现实基础和必备的主观条件，是为铁路运输生产安全提供切实的主观保障的重要环节。为此，必须首先明确，什么样的心理品质才是铁路行为安全应具备的心理品质。

1. 良好的职业动机

职业活动的效果主要取决于职业活动者的两个方面，一是能力的强弱，二是职业动机的优劣。所谓职业动机，就是激起和维持人的职业活动的一种需求意识，它是我们从事职业活动的直接动力。职业动机的优劣，直接关系到这一动力的量能大小和动力维持的长短，因此，良好的职业动机才是干好工作的永恒动力。

2. 高尚的职业道德品质

具有高尚职业道德的人，其心理品质一般来说都是健康优良的。因为职业道德品质是靠人们的内心信念来维系的，是各种关系如社会关系、人际关系、利益关系等的调节器。例如，当我们遇到不太好的工作环境时，会拥有正确的苦乐观，以苦为乐，做好工作；工作中遇到困难的时候，能以坚定的信念迎难而上。因此，高尚的职业道德品质是构成铁路职工安全心理品质的重要内容。

3. 坚强的意志品质

人们自觉地确定活动目的，并为实现预定目的，有意识地支配和调节其行为的心理现象被称为意志。遇到困难和曲折时的坚定与动摇、恒毅与退缩；在紧急关头或重大问题处理时果断和犹豫；在受外界某种因素作用时的自律与放纵都是意志品质表现。

4. 多方面的能力品质

铁路运输生产过程主要体现在运动中，运动中遇到的情况是千变万化的，铁路行车系统中的职工只有具备多方面的能力品质，才能在多变的环境中，保证运输生产的安全。其主要的能力品质包括：观察能力、注意能力、反应能力、判断能力、分析能力、表达能力、管理能力和社交能力等。

（二）安全心理品质的培养

安全心理品质不是一朝一夕就能养成的，它需要我们在生活和工作中长期坚持修炼与培养。具体培养途径有以下几种。

1. 建立自我心理防卫体系

自我心理防卫体系，是指个人能明确地认识到心理健康的意义、标准，产生心理障碍的原因及防止产生的方法，自觉地运用心理的防卫机制来调节自身的心理活动。要做到自卫，最重要的是自己必须建立科学的世界观、价值观，具有坚强的意志与信念，只有这样，才能有正确的思想意识和思想方法，减少内因性挫折和正确对待外因性挫折；才能克服困难，战胜困难；才能具有乐观的生活态度、健康的情绪。

2. 培养高度的责任心

责任心是做好一切工作的保障，培养自己的责任感，要做到以下几点：

（1）学会爱生命、爱自己、爱家人。一个既热爱生命又热爱自己和家人的人，才会热爱自己的工作，才会时时处处把安全摆在第一位，因为他知道安全对自己和家人意味着什么。

（2）树立一定的理想和信念。有了理想和信念，我们的生活和工作就会有方向、目标，我们的工作就会有动力、有信心、有责任感。即使遭遇各种挫折和失败，理想和信念也会使我们努力克服困难，战胜挫折。

（3）学会自我调适，善于驾驭个人情感，不让消极、颓废等不良心态控制自己。

3. 培养良好的自我意识

自我意识就是了解自己和接受自己。了解自己就是正确认识自己的优点、缺点、能力、兴趣等。这样就会在任职、择友、成家的过程中做出正确的选择，并且增加成功的机会，保持自己的身心健康。如果不能正确认识自己，就会在现实生活中感到怀才不遇、愤世嫉俗、狂妄自大，给自己带来烦恼和悲伤。接受自己，就是承认自己现实的不利情况。即使自己在某些方面有缺陷，这种缺陷甚至可能是无法改变的，但也不要自卑，因为除了缺陷外，自己还有长处和优势，发挥自己的长处和优势同样会取得成功。这样，就可以做到首先接受现实的自我，然后去创造一个理想的自我，从而维护自己的心理健康。

我们可以从如下几个方面认识自己：

（1）通过同别人的比较来认识自己。只有参照别人的能力和品质，才能对自己做出评价，如想了解自己的工作能力，就可把自己的技能、业绩与同班组的师傅们进行比较，这样就能更好地扬长避短，不断提高自己。如要了解自己的敬业精神和安全意识，可以与那些百万千米无事故的乘务员们比比，以便更好地律己。

（2）根据他人对自己的态度来认识自己。人的种种思想品质、心理特质常常会在言行中自然而然真实地表露出来，从别人对自己的印象和评价中，可以得到某些客观资料。

（3）通过分析自己活动的成果来认识自己。比如说段里的技术比武自己敢不敢报名？有没有获得名次？提到安全标兵，人们会不会提到自己的名字？等等。

（4）通过学习来认识自己。安全搞得好不好，有时是一个综合素质问题，只有不断学习和进取才能发现自己的潜能，了解自己。面对铁路技术不断创新、发展越来越快、竞争越来越激烈的环境，自己能否适应，唯有不断学习才能了解。

当然，这些方法都各有其局限性，必须从不同角度进行综合分析，以获得对自己比较正确的认识。在正确认识自己的基础上，还要采取正确的态度对待自己，对优点、长处和成绩应该肯定，但不可居功自傲，盛气凌人，要勇于面对自己的缺点、不足和挫折，分析原因，找出克服和弥补的方法，切不可消极悲观。

4. 培养良好的职业适应性

良好的职业适应性能使自己的潜能得到充分发挥，还能保障工作的安全性。培养职业适应性需要做到以下几个方面：

（1）立足本职工作，发掘工作新意。一般说来，任何工作干久了就会觉得乏味、厌倦，铁路行车工作更是如此，这对铁路行车安全无疑是一种潜在的危险，因此，我们应该善于在平凡的工作中找出兴趣，发掘新意。例如，当你将来自四面八方的旅客安全送到目的地时，想象着他们与亲人团聚的喜悦，想象着他们又开始了新的一天丰富多彩的生活，你就会觉得自己的工作是那么有意义、有价值了。

（2）升华工作动机。单一的动机往往会使兴趣变得狭窄，是造成工作动力不足的重要原因，如职工到铁路工作仅仅是为了养家糊口，那么他很快就会对工作失去动力和兴趣，不求上进，混天度日。可见，不断升华工作动机，就会不断增强职工的工作动力，使其不断向新的目标迈进。

5. 提高人际交往能力

人际交往是认识自我、形成健全人格、适应社会生活和工作的基本途径，保持和谐的人际关系，对工作、学习和生活意义重大。同时，和谐的人际关系本身也是调节心理的重要方法。处理人际关系需要注意的问题很多，下文强调与安全心理品质有关的几个方面：

（1）处理好与懒散同事的工作关系。遇到了比较懒散的同事，决不可迁就，更不能与其同流合污，该讲的要讲，当然，讲的时候要注意策略，争取同事接受意见、改掉毛病，不要怕得罪人。另外，自己要多负责，多操心，不能因为别人懒你也懒，大家都不干会造成事故。

（2）注意正在经受挫折的同事。当遇到挫折时，人会有某些情绪反应，一般有两类：一类表现为侵犯性行为，如对人怒目而视，无理取闹甚至拳脚相加，也有的表现为迁怒于物，乱扔东西。这种类型的人在气质上大多属于胆汁质，易冲动，遇挫折通过情绪爆发来平衡心理。与这类受挫者相处，应提供机会让他们把郁结于心的痛苦、烦恼宣泄出来，若用压抑的办法，会引起强烈反抗。另一类表现为情绪萎靡，如茫然无措、抑郁、冷漠、呆滞等。此类人气质多倾向于抑郁质，遇到挫折时，他们往往是通过情绪的进一步压抑来达到心理平衡。与此类受挫者相处，切不可触及痛处，这样会刺激他们更深的压抑感，宜采取补偿法，即从各方面关心、帮助和鼓励他，让他们感受到生活的温暖，增强其战胜挫折的信心。

（3）避免固执己见。固执己见是一种偏执情绪，有这种情绪的人一方面对批评特别敏感，好胜心强，有强烈的自尊心，看问题主观片面，往往会言过其实。另一方面又自卑，好嫉妒，遇挫折时常迁怒于人，对于安全行车来说，其危害是显而易见的，因为在一个需要合作的环境里，个人的偏执会带来很多麻烦，如人际关系不协调。

（4）克服嫉妒心理。嫉妒是一种狭窄自私的心理，它的存在使人产生对立、分裂的人格，会使人对优胜者的失败幸灾乐祸，会使人中伤、告密以致攻击优胜者，这于人于己都不利，对安全就更不利。要克服嫉妒心理，以积极、乐观、自信的态度对待人生，把嫉妒心转化为进取、向上的动力。当客观因素影响我们进步时，要以宽广的胸襟接纳一切。对别人的成就不是想办法诋毁，而是学会欣赏，学会学习。

6. 提高组织管理能力

如果自己是一名管理人员，那么就要努力成为一名合格的管理者。要成为一名合格的管理者，需具备许多能力和素质。

（1）要加强管理理论学习。管理是一项比较复杂的工作，要求管理者具有一定的组织管理能力，凭经验或感觉去管理，难以实现管理的高效化。因此，作为一名管理者必须要学习相关理论与技术。

（2）要以身作则，身先士卒，提高自己的影响力。

（3）要认识下属、关爱下属。作为管理者，要善于与下属进行有效沟通，拉近与下属的距离，了解下属的喜怒哀乐，多给予关怀或关爱，做到“喜事必贺，丧事必慰，有病必探，有难必帮”。同时，也要善于观察下属的言行举止、情绪变化，对异常举动，要及时妥善处理，防患于未然。

（4）要善于推功揽过，勇于负责，赢得同事的信任和尊重。

7. 适度休息和积极工作

休息娱乐可以缓解紧张的情绪，保持工作精力，因此，必须很好地休息。但是休息要适度，如果天天无所事事，好逸恶劳，贪图玩乐，就会导致某些欲望过度，进而使身心疲惫。因此，在适度休息的同时，要积极地工作，做到劳逸结合。积极工作不仅对社会有益，而且对个人心理健康的维护也有极大好处。工作可以实现个人的价值，可以使人在团体中表现自己，既能使人尝到成功的滋味与乐趣，又能使人提高自己的社会地位，从而获得心理上的满足。

职工健康的心理状况无疑对铁路行车安全非常重要。因此，铁路行车安全管理一定要尊重职工的心理活动规律，加强行车安全心理教育，及时排除不安全因素的影响，使职工保持健康安全的心理，从心理和行为上消除安全隐患。

总之，要加强对职工行车安全心理品质的培养，尽量避免职工出现心理疾病，对心理疾病做到“早发现、早调理、早医治、早处理”，确保行车职工心理健康、岗位适应，使职工在身心方面和能力方面都能达到行车安全的要求。

复习思考题

1. 铁路行车安全心理教育的方法有哪些？
2. 铁路行车职业适应性检查的内容主要是什么？
3. 铁路行车系统职工心理咨询的内容主要是什么？
4. 什么样的心理才是安全心理品质？
5. 如何培养行车安全心理品质？
6. 机车乘务员心理素质要求有哪些？
7. 说明机车乘务员心理素质的训练方法。

项目九　行车安全心理测试

任务一　心理测试概述

【本项目要点】

本项目讲解了心理测试的概念和重要意义，介绍了心理测试的类别和常用方法，说明了铁路行车安全适应性测试的重要性。

一、心理测验的发展

第一套成功的心理测验，是由法国的比内和西蒙在第一次世界大战前受法国政府的委托而编制的，用以研究学习困难儿童的教育措施。他们主要是进行智力水平的测验，是能力测验的先驱。然而，该测验在第一次世界大战时期，被广泛应用到美国新兵身上，新兵被测验后按能力的不同进行兵种分配，从而明显地提高了部队的战斗力。这种能力测验的成功，促使测验研究得到蓬勃的发展。在西方发达国家，自 20 世纪 20 年代以后，各种测验工具不断涌现并完善，使得各种心理测验被广泛应用于教育、医疗、法律、军事、经济管理、工业乃至国家的公务管理等领域。特别是随着应用心理学和计算机技术的发展，心理测验的技术和水平有了质的飞跃，应用也更加广泛。

我国心理测验的发展主要在改革开放之后。随着改革开放的深入和经济的不断发展，我国心理测验得以快速发展，虽然与发达国家相比仍有一定的差距，但已广泛应用于教育、体育、医疗、经济管理乃至国家的公务管理等领域，并以快速蓬勃的势头向前发展。

从心理测验的发展史可以看出，心理测验是现代社会发展的产物。

二、心理测验的概念

美国权威心理学专家对心理测验的定义有如下两个例子：

其一，测验是借助数量等级或固定类别来观察和描述行为的一个系列化程序。

其二，心理测验本质上是对行为样品的客观和标准化的测量。

从这两种定义来看，心理测验是对心理特点的取样，而且测量尽可能在标准化和系列化的基础上进行。通俗来讲，心理测验是通过观察人的少数代表性的行为，对贯穿于人的全部行为活动中的心理特点做出推论和数量化分析的一种科学手段。

要使心理测验达到标准化和系列化的要求，对所有应试者测量成绩的质量评估必须一视同仁。这就意味着测验的记分和评分也必须以标准化和系列化的方式进行，应有明确的规定来确定正确答案或令人满意的成绩。在许多测验中，正确答案是明确的，如从一组数据中选择一个数字，只有一个正确答案；在其他的情形中，则可判断正确的程度，如问一个乘务员遇到同事抢过股道时怎么办。可能有几个答案，分值分别为 0、1、2、3 不等；在其他测验中，诸如人格测验或兴趣问卷，回答没有对错之分，结果不在于答案是否正确，而是其回答是否很一致地划到某一类别。

对安全行车来说，心理测验对某些工种特别重要，如飞行员、火车司机、机动车驾驶员等。发达国家普遍对铁路行车工种有关人员实施了行车安全适宜性测验。

心理测验应考虑两个基本要素，即信度和效度。信度是指测验本身的可靠性和稳定性，测验结果反映所测对象特征的真实程度。如多次测验，结果都不变，则其信度高；如相距甚远，则表示该测验不可靠或不稳定，即信度很低。如果测验的信度很低，则无法达到测验的目的。一种测验若效度不高，其他条件都是无意义的。

三、为什么要运用心理测验

人与人不但在生理上（如容貌、身高、肤色等）有所差别，而且在其他方面也是如此，每个人的能力、优缺点、行为方式、好恶都不同，这就是人们的独特性和多样性。但这也不妨碍人们的共性和相似性，如直立行走、相同的眼睛颜色、身高、鞋号，还有对不同活动的偏好、相同的技能等。所以，测验的目的就是研究人与人之间的差异。

然而，我们大多数人对心理测验感兴趣，不仅仅是因为想了解自身的神秘性和差异性，更重要的是想使用测验帮助我们决策。心理测验在决策中主要有以下具体作用。

1. 选人与安置

通过测验，了解人的性格与能力，再根据不同行业或岗位的特点与要求选拔或安置合适的人员。这样，使行业或岗位找到适宜的人，使每个人都能被安置到合适的工作以保障效率和安全。

2. 项目评估

通常运用心理测验对教育干预和社会措施进行评价，如对某类作业者进行紧张性检查，其结果可用于鉴别该项作业是否需要重新设计以减轻压力，或评估是否需要实施一个紧张性作业培训项目。

3. 促进自我了解

被测试者通过掌握测试结果，会更加客观准确地了解自己，以便适宜地选择工作或通过一定的方法、途径提高自己的能力。

任务二　心理测验的类别

心理测验可以按多种方式分类。常见的也是比较实用的测验分类方法为克隆巴赫的两大类方法。克隆巴赫的测验分为最好成绩测验和典型反应测验两大类。

一、最好成绩测验

这类测验要求测验者表现出最好的能力，有正确答案和错误答案之分，常指能力测验，可以分为两大类。

1. 一般心理测验/智力测验

它是指对人的实际能力的测验。实际能力是指某人已经具有的知识、经验和技能。这种测验可分为集体测验和个人测验。

为个人评估而设计的一对一的测验有时需要使用一些专用的仪器，有时直接利用设计好的问题进行问答。这类测验主要由临床心理学家或教育心理学家使用，要求测验者具有相当的专业知识。集体测验通常是纸笔测验或相应的计算机测验，这些测验一般是提供回答的选项，个人必须从几个选项中选出正确的答案。

集体测验的优点是能够对许多个体同时进行测验，简化了主试的作用，所建立的常模比个别测验要好。但集体测验也有不易发现被试者当时的状态，缺乏灵活性的特点。

2. 特殊能力测验/能力倾向测验

特殊能力测验涵盖了测量特殊技能（如音乐能力）、某一特殊领域的知识或能力（如驾驶测验、阅读测验等）或特殊能力倾向（如办事能力倾向）。

这两种测验广泛应用于职业选拔。一般能力测验可获取选拔人员的初步印象，而特殊能力测验则是根据职业需要而设计的一系列能力的测验。

二、典型反应测验

这是测量人的典型行为的测验，它有观察和自我报告两种测验方法。

1. 观　察

观察可以在标准情境或自然环境中进行。在这两种情境下，训练有素的观察者通过直接观看行为或录像而记录个人的各个方面的表现，然后再进行评估。临床心理学家和教育学家常采用观察的方法。

观察是为了研究那些偶然发生的反应，或者为了观察在特定情境中待在一起的人们的行为。在这些情景中，观察有时候指的是一种成绩或情景测验，而在这类情形中测验常是隐蔽的。观察能够在自然的情景下进行，例如，在作业或学习场所中，为了考察作业者之间的合作程度或心理相容程度，实验者可以跟踪观察或观看现场录像。

2. 自我报告

自我报告的具体表现形式常常是问卷，有时称为“测量”。因为问题回答没有对错之分，常用于测试人对不同活动的偏好或在一定情景中可能如何行事。这种方法所根据的假设是个人知道自己的偏好、兴趣等，因而是关于自己信息的最好来源。这种测量主要有以下三大类：

（1）兴趣与态度量表。兴趣量表是为测量职业兴趣的偏好而设计，主要用于职业咨询，也用于职业选拔。测量可以帮助识别人们感兴趣的职业领域而辅助其寻求职业，同样也可帮助组织选择他们需要的人员。就安全生产而言，保持职业兴趣是安全管理的三大基本原则之一。

态度量表一般有一个总分，表示个体对组织、群体、政策、规章制度或其他刺激的态度取向和强度。如作业者的安全行车态度，日本国铁就使用一种有 110 题的安全态度问卷，用于测验与行车有关的人员。笔者也曾与心理学家、安全学家一起设计了机务现场的安全态度问卷，测验效果比较理想。

（2）人格量表。人格量表主要用于测量性格、气质、兴趣、品德、情绪、动机、信念等方面的心理特征。它的关键作用就是筛选情绪稳定者和人格健康者，这对于将要从事高度紧张、高度危险工作或作业的人来说，是十分必要的。例如，飞行员、机动车驾驶员、军人或警察、核电站工作人员、国家公务员等。

（3）推理方法。它是对人们表现方式的过程进行测验，即评估回答所采用的方法。它主要运用投射技术，即把一个无结构的任务或情景呈现给个人，个人必须为了解释而创造出一个反应。如出示一张图片，图片中有一个小孩在玩玩具，旁边还有另一个小孩在说话。受测者必须想出第一个孩子可能给出的一个或一系列回答。

虽然兴趣量表和人格量表类别中的大多数测验是为集体测验而设计的纸笔测验，然而，在有些情况下，也可用作对个人的测验。兴趣量表和人格量表广泛应用于非临床的实践中。对员工进行心理测验是一件严肃的心理考查工作，主试者要具备心理检测的基本知识。主试者在进行心理测验前要进行适当的准备，掌握测验方法、步骤，检查测验工具是否齐全。对受试者，态度应该诚恳、热情、耐心，要尽量与受试者合作。心理测验要在受试者身体比较舒坦、情绪较安定时进行。不要在就餐前、受试者情绪不安时进行。心理测验的环境要安静，测验环境布置要自然。

以上两类为传统的心理学测验方法，而今已广泛采用了电脑测验。

任务三　铁路行车适应性测验

一、国外研究应用情况

西方发达国家十分重视铁路行车人员这类特殊职业人员的职业适应性研究和应用。一方面，各国都非常重视人的因素研究，他们普遍认为，在行车安全中，人是起决定性作用的因素；另一方面，根据行车的职业要求，通过职业适应性的科学测验评价，使铁路行车的各种岗位能够选聘到合适的人员，以增强行车安全的可靠性。下面简要介绍几个国家的研究应用概况。

（一）日本国铁（JR）研究应用情况

日本铁路一直把人的生命安全放在首位，在协调“人—机—环境”安全管理系统三者关系的综合治理中，将人的因素列为重要因素。1963 年，日本成立劳动科学研究所，集中了一大批专家学者，开展诸如心理学、生理学、人类工效学的研究。在各种安全设备不断发展的今天，为防止人们“一切靠机器”的思想，提出了“铁路安全最终靠人”的口号。为了保证铁路职工的素质，防止事故的发生，铁路部门在选拔、录用、提职时，采用各种各样的检测，从多方面测定待选人员的各种特性。同时，通过对在职员工的检测结果找出不同因素与事故发生的关系，制订预防各种事故的对策。

日本铁路高度重视机车乘务员在保证行车安全中的特殊作用，要求他们具备良好的职业生理和心理条件，因为职业责任心、劳动纪律、技术业务素质都与心理和生理素质密切相关，这些生理和心理素质很少是训练出来的，大多数情况下是由先天因素决定的，因此是比较稳定的。他们通过 JR 行车适应性检查，淘汰不合格或不良者，选拔职业生理和心理条件比较好的人担任机车司机，提高了机车乘务人员的安全可靠性，实践证明是非常有效的。日本在国际铁路医务联盟第 7 次大会介绍了采用职业适应性检查后事故率下降了 45%的经验。

日本铁路部门从 1935 年开始进行适应性检查工作。1945 年以后，原日本国铁整体的适应性检查正式走上轨道。1949 年，在《运行方面业务适应性考核基准规程》和《有关新干线运行方面业务适应性考核基准规程》中，对各种适应性能检查做了明确说明。日本的职业适应性检查项目是根据工作性质、职责范围而选用的，列出了主要检查项目。作业能力、识别性能、注意力分配以及机敏性检查结果表明，检查成绩优秀的职工比成绩较差的职工引起人为事故的概率明显要低。另外，结合这些检查的判定结果与事故发生率的关系，如从第一次检查合格与否来看事故，不合格者的事故发生率约为合格者的 1.8 倍。检查内容包括了智力检查、特殊能力检查及问卷测验、标准化设备检测，覆盖了人的心理过程与行车安全有关的各个方面。对于不同工种的人员，其检查项目是不同的。进入 20 世纪 90 年代，随着计算技术的普遍和应用，日本铁道综合技术研究所开发了微机化适应性检查。由于检查的微机化，在充实测定内容、提高测定精度的同时，提高了实施检查和采样、判定的效率。机车司机的检查程序包括常速铁路司机的 4 种和新干线高速司机的 5 种，共 9 种。根据日本运输部门规范规定，铁路部门中与行车有关的职工必须进行适应性检查外，除就职时检查外，以后每两年进行一次定期检查，并对发生事故者进行临时检查。

（二）俄罗斯铁路研究应用情况

俄罗斯也认识到从生理、心理角度挑选机车乘务员的重要性和必要性。苏联铁路医学科研究院劳动心理学和选择研究室的学者，对该问题进行了多年的研究，确认保证机车乘务员具有职业适应性的心理素质包括：紧急动作的能力、不怕工作单调、反应速度快、情绪稳定、遇事不慌。其中，最主要的是紧急动作的能力。

哈尔科夫铁路运输工程学院心理诊断实验室会同有关单位研制了自动生理测试电子仪，测试心脏收缩频率及其易变性、皮肤电阻及其灵敏性、闪光融合频率、选择反应时间、时间间隔会计等，然后确定在单调工作条件下紧急动作的准备程度。根据对紧急动作的准备程度和消除疲劳能力的指标评价中央神经系统功能状态，生理、心理状况和职业适应性的任务，挑选具有更好心理、生理素质的人担任司机，保证行车安全关键岗位上人的可靠性。用这种方法测试，在招收司机学校学生时，职业适应性不良者达 7.5%；而对造成了恶性事件的机车乘务员的专门调查，其职业适应性不良者达 45%。因而推断，即使不会出现像日本铁路采用适宜性检查后事故下降率 45%的确切数字，但可以淘汰一半容易造成恶性事件的机车乘务员。因此可以看出，尽管因职业适应性检查标准有所不同，但是用此方法淘汰生理、心理不合格者，保证机车乘务员有较高的素质，是降低行车事故率，保证行车安全的有效途径。

（三）法国铁路（SNCF）研究应用情况

法国国营铁路公司对所有求职者都要进行生理、心理检查，并作为录用职员的参考因素。其中的机车乘务员或与安全相关的人员，要接受专门的适宜性检查。此外，当被怀疑有可能引发失误或事故，或在驾驶作业行为及其他行为方面出现异常时，机车乘务员也要接受临时检查，检查中被判定心理状态有可能诱发（导致）行为失误时，有关部门就要采取相应措施，如限定乘务范围、暂时停岗等。

录用司机的适宜性检查的测验项目主要包括：心理运动机能及其持续、注意力分配和转移、反应速度、注意力、观察力、计算能力、空间图形的认知能力及语言能力等。此外，还要由心理专家进行面试。多项测试是通过计算机完成的。

（四）德国和其他欧洲国家研究情况

德国铁路集团公司（DB）录用机车乘务员的适宜性检查包括：对理论及技术问题的理解力、记忆力、反应速度和正确性、视觉听觉认知能力、工作能力。其生理与心理的测试与日本、荷兰等国家大体一致。瑞士联邦铁路局（SSB）在招收员工时都要进行心理、生理测验。但机车乘务员的适宜性检查要严格得多，有心理学专家进行 1 天半的纸笔和仪器检查及面试，内容包括智力测试、知觉正确度、注意力、视野开阔度、反应速度及正确度、人格等。荷兰铁路局（NS）、奥地利联邦铁路局（OBB）的机车乘务员也都进行类似的适宜性检查。波兰也有相应的生理心理素质标准，进行上岗前的评定。

二、中国铁路行车安全适宜性研究状况

自 20 世纪 90 年代起，中国有关的院校、科研机构及相关人员从不同角度进行了机车乘务员行车适宜性的研究。

（1）北方交通大学研究小组对 6 个铁路局的 42 个机务段 1 278 名机车乘务员按事故组和非事故组 1：2 的比例抽样实验，分别对 7 项心理指标（瞬间记忆力、学习能力、精神症状、SCL-90 自评量注意力分配与转移、反应时、作业稳定性、卡特尔人格）和 2 项生理指标的 88 个因子进行了全面综合的统计分析，提出了一套机车乘务员行车适宜性检查参考值。

（2）原铁道部劳动卫生研究所应用检验空军驾驶能力的心理情绪——五项纸笔方法（四数和计算机检验、注意广度检验、知觉鉴别检验、数字译成符号检验、曲线轨迹跟踪检验），对 4 个客运机务段的 213 名男性司机驾驶能力进行心理检验，检验项目有注意品质、思维、记忆、操作、情绪和态度等 6 项，并用 9 分制进行校对。结果表明除曲线轨迹相关较差不宜应用外，其余均可应用。

（3）南京铁道医学院（于 2000 年与东南大学合并，现为东南大学医学部）“安全性火车司机生理——心理模式”。该课题组自 1985 年先后对 11 个机务段 2 060 名司机和 8 061 例行车事故的规律、成因及危险因素，采用配对调查和社会、心理、行为、生理（包括体力、耐力、智力、注意力、反应力、个性、情绪、学习能力、精神类型、视力、融合闪烁频率、生物反馈和精神卫生状况等 13 个指标）测试方法，并对数据作一元分析和多元分析，认为合格司机的生理—心理模式是：身体、心理、卫生、健康无心理异常行为，智力中等以上，视力良好，社会适应性强，注意力的稳定性和注意分配及转移功能较好，反应较快而柔和，动作稳定、协调、准确，自制力与责任心强，情绪稳定，在有紧急状态下冷静处理问题的能力。

除了以上三项较大规模的研究外，相关部门或人员也就有关内容进行了较为详细的研究，分别从不同角度对机车乘务员安全行车心理素质进行了研究，取得了较为明显的成果。

以上国内外的研究表明，合格的机车乘务员起码在生理、心理素质应达到以下要求：

（1）认知能力。智力中等以上，视觉功能良好，反应较快、柔和，注意力集中、转移和分配较好，动作稳定、协调、准确。

（2）身体健康。身体无疾病，心理卫生健康，社会适应环境良好。

（3）人格特点。责任心强，情绪稳定，具有紧急状态下处理事故的能力，适宜单调作业和在长期疲劳状态下作业。

三、中国铁路机车乘务员的行车适应性检查规范

中国铁路机车乘务员的行车适应性检查几经波折，最终作为《铁路机车乘务员职业健康检查规范》中的一部分由成都铁路局中心卫生防疫站、安徽事故研究所、铁道部卫生研究所、四川大学华西公共组织了内容审定，由铁道部于 2004 年 1 月 30 日发布，2004 年 8 月 1 日实施。《铁路机车乘务员职业健康检查规范》内容主要包括以下三大方面。

1. 基本概念

驾驶适性——从事铁路机车驾驶工作应该具备的基本心理素质，其测评指标是指复杂反应判断、夜视力、速度估计及深视力。

2. 适用范围

适用于铁路机车乘务员的就业和定期健康检查，也适用于机车司机学校入学体检，不适用于高原及高速列车乘务员体检。

3. 测试内容和方法

（1）复杂反应判断。是指机体对外界刺激在一定时间内做出正确反应的判断能力。以误反应次数表示。该项检测采用复杂反应判断仪。该项测试的主要内容是作业的协调性和准确性，注意力的分配和转移能力。反应时间分为简单反应时间和复杂反应时间。而机车司机运行中反应基本是复杂反应，所以测试就采用了复杂反应。

测试方法：首先由测评人员对被试者做指导性说明，被试者坐姿端正，距离测试屏 1 m，测试时被试者按下手和脚三个反应键，当被指定的颜色显示灯亮时，松开相应的按键，如果两者动作不符即为错误。记录规定时间内的误反应次数。预测进行 8 次，正式测试进行 16 次。

（2）速度估计。是指受试者对物体运动速度感知判断的准确性，即对速度快速的估计能力。估计偏高或偏低均影响判断的准确性。主要测试被试者的速度感觉、焦躁反应、反应时。

测试方法：首先由测评员做指导性说明，被试者坐姿端正，使其眼睛位置与仪器的刺激光亮点明区高度一致，且距离不小于 1 m。被试者观察在横槽匀速运动的光点，当光点进入挡板后，被试者假设灯光以同样速度运动，推测通过固定挡板盲区的时间，并迅速按下应答键，读取时间，测 5 次，取平均值。

（3）夜视力。即暗适应视觉，指人在明亮环境下突然进入黑暗环境中逐渐恢复辨别物体的能力。例如，列车进入隧道后能准确辨别物体的时间，虽然此时也采取开放前照灯和

侧灯的措施，但司机仍需一定时间才能恢复辨别物体的能力。在无法辨别的时间内的列车运行通常称为盲区，无法准确及时地接收运行安全信息。

（4）深视力。指被试者对物体深度运动的相对距离和空间位置的感知能力。深视力对于机车司机十分重要，因为一切物体包括人自身都处于相对运动状态之中，司机常因对距离和速度的判断错误而发生事故隐患，特别是调车作业。研究表明，事故倾向性司机深度知觉明显低下。

（5）动视力。指人与视觉对象存在相对运动时，人眼辨别物体的能力。司机在行车过程中，近 95%视觉信息是动态信息。行车时，司机的注视点较远，随车速增加注视距离也相应增大，若动视力差，就无法看清信息，易发生事故。

《铁路机车乘务员职业健康检查规范》增加了身体健康、驾驶适性和职业禁忌证要求，这对于铁路机车乘务员实施科学的人力资源管理、提高其安全作业素质具有划时代意义。

但由于种种原因，该规范还有一些地方值得商榷，如大部分采用了汽车司机的测验指标，缺少人格测试内容和方法，未结合中国铁路机车乘务员的职业特性进行深入、系统的研究，也未吸收国内外相关的研究成果等，这些方面都降低了其适应性，以后有待改进。

国内现有关于机车司机工作压力的研究主要从以下几点展开：

（1）工作压力。

许德江（2005）在机车司机心理健康状况调查研究中发现，机车司机在工作中存在严重的工作压力，主要有以下两个方面：在工作性质方面，机车司机要提前 1.5 小时做出乘准备工作，在乘务过程中不断做机器间巡检，机车停靠站台下车做走行部巡检，机车到达终点要 1 ~ 1.5 小时做机车入库及退乘工作，担负着较为繁重、琐碎的工作。而值班员工作量相对较少，只是单一从事站台瞭望、接车与发车等；在工作环境方面，驾驶室空间相对狭小，柴油废气等不良环境因素长期作用，影响其健康。机车司机 SCL-90 量表测试结果所有因子均高于国内常模，与全国同类研究结果一致。客运任务繁重、列车速度快、值乘时间长、工作内容单调、紧张且有危险感、“视频摄像”的应用、轮班作业、缺乏与外界交流都构成了机车司机的工作压力。

（2）生理压力。

马良庆（2003）在对机车司机职业紧张对神经内分泌功能的影响研究中，从 1 100 名有两年以上作业工龄的现职司机（机车正、副司机）中随机抽取 54 人作为研究对象。通过采集尿液分析样本的方法，测定班前、班后尿样中氧化铝、肌酐浓度的变化。推测机车司机所承受的紧张程度是中等或偏上，其导致机体内稳态机制紊乱的程度，可能还在机体能够应对的范围内，但个体特异性反应及群体特异性反应的同时存在又说明紧张确实存在。

许德江（2005）在对济南机务段部分机车司机疲劳情况调查研究中，对济南机务段的 52 名当班值乘机车司机和 117 名车站值班员进行调查。先用问卷调查方法，对机车司机一般工作状况、疲劳自觉症状调查和心态疲劳三个方面进行了解，再对机车司机对于红黄蓝绿四色光线的反应时间，组间均值比较采用 u 检验，异常率的比较采用 χ^2 检验。结果发现机车司机主观疲劳 7 个方面的罹患率均高于值班员（$P<0.01$ 或 <0.05）；自觉疲劳症状中的躯体疲劳、精神疲劳和感觉疲劳阳性率均高于值班员（$P<0.01$ 或 <0.05）；对红色、绿色

的平均反应时间高于值班员，红色、黄色、绿色闪烁融合频率时间值均低于值班员（$P<0.05$）。得出结论，机车司机值乘后疲劳明显。

王新纯、陶明锐（2004）对铁路机车司机驾驶疲劳状况的调查研究中，也得出了类似的结论。机车司机在值乘后的疲劳感等指标有明显变化，并建议机车司机值乘 300 千米区间为宜。

孙庆华（2005）在对某铁路机车司机高血压患病情况了解及其主要危险因素研究中，对 1 585 名机车司机进行调查。采用 Excel 2003 和 SPSS 10.0 软件进行单因素和多因素 logistic 回归分析，高血压患病率为 51.86%。采用单因素分析，与高血压患病可能有关的危险因素有年龄、文化程度、吸烟、饮酒、体重指数（BMI）、总胆固醇、三酰甘油及血糖等。logistic 回归分析，机车司机高血压主要影响因素有年龄、饮酒、BMI，其 OR 值依次为 1.501、1.347 和 1.857。40 岁以上人群高胆固醇血症、高三酰甘油血症及空腹血糖异常也是高血压危险因素。这些结果表明机车司机高血压患病率较高。

董燕（2008）在铁路机车司机这一特殊工种与脂肪肝患病情况的关系研究中，对 1 240 名 25 ~ 55 岁的铁路司机超声检查结果整理分析。结果得出铁路机车司机查出脂肪肝 366 人，无脂肪肝 874 人，脂肪肝总检出率约为 29.51%；同时脂肪肝组血脂水平均较非脂肪肝组高。这个结果表明脂肪肝在铁路司机中发病率明显高于普通人群。

陈晓东、赵明（2005）在对噪声对铁路司机听力影响调查研究中，把铁路各厂段轨道车司机 90 人作为观察组。对照组 60 人，为从事非噪声作业的铁路工人，均为体检健康的听力正常人员，且无耳科疾病。环境噪声声级测定采用 ND-10 声级计，测等效持续 A 声级。听力测定采用 TBN-85 听力计。依据《职业性噪声聋》诊断标准，以语言频率 500 Hz、1 000 Hz 及 2 000 Hz 3 个频率的阈值平均达到 25 dB 者即视为噪声性耳聋。结果表明轨道车司机由于长期工作在噪声环境中，可发生噪声性耳聋。刘丽萍、亢文亲在铁路机车人员听力调查的研究中，也得出了类似的结论。噪声所致的听力损害是铁路机车乘务人员最主要的职业病之一，其病情的严重程度与噪声强度、接触时间密切相关。

（3）心理压力。

许德江（2005）在机车司机心理健康状况调查研究中发现，机车司机存在严重工作压力的同时还忍受着强大的心理压力。他采用 SCL-90 量表，对机车司机躯体症状、强迫症状、人际关系、抑郁症状、焦虑症状、敌对情绪、恐怖情绪、偏执情绪、精神病型 9 个方面进行了分析。结果表明，机车司机存在严重的心理压力，其中机车司机尚未结婚的占多数（83.8%），大都与父母同住，所经历的生活事件较少，影响他们心理的主要是工作单调、工作繁重、回报较低、危险等因素。

李永文、陈龙（2006）在机车司机压力、心理健康及组织管理的关系研究中指出，铁路机车司机作为保证铁路运输安全最直接的责任人，其心理健康状况直接影响到铁路运输安全。针对机车司机的特殊工作性质，从心理学的角度开展心理健康研究，通过在全路机务段随机选取机车司机进行问卷调查，根据统计数据，运用相关分析、方差分析、回归分析等统计方法对机车司机压力与心理健康的关系进行研究，并运用 PM 理论，探讨了不同管理情境和领导行为对机车司机压力与心理健康关系的作用，发现机车司机总体心理健康水平一般。机车司机总体 GHQ 的均值为 2.05，略高于常模 2.00 的水平，表明机车司机总体心理健康水平一般。机车司机心理健康水平与其工龄、工作岗位、婚姻状况和家庭人均月收入 4 项个体特征存在显著性差异。9 ~ 15 年工龄组司机、副司机岗位的机车司机、再婚机车司机、家庭人均月收入 2 000 元的司机，其 GHQ 得分为同组内最高，心理健康水平组内最低。在 4 种领导行为中，机车司机心理健康水平不同，P 型、M 型和 PM 型下的机车司机 GHQ 得分不但高于常模水平，而且还高于机车司机总体样本的水平，在 PM 型下的机车司机 GHQ 得分最低、心理健康水平最高。

复习思考题

1. 心理测验在决策中的具体作用是什么？
2.《铁路机车乘务员职业健康检查规范》规定的对机车乘务员测试的内容有哪些？
3. 有哪些关于铁路机车司机工作压力的研究。

参考文献

[1] 邵辉，赵庆贤，葛秀坤. 安全心理与行为管理[M]. 北京：化学工业出版社，2011.

[2] 杨炎坤. 行车安全心理[M]. 北京：中国铁道出版社，2009.

[3] 陈兰华. 高速铁路安全保障技术[M]. 北京：中国铁道出版社，2010.

[4] 魏玉光. 铁路安全风险管理普及读本[M]. 北京：中国铁道出版社，2012.

[5] 秦进. 铁路运输安全管理[M]. 南京：中南大学出版社，2011.

[6] 铁路总公司安全监察司. 铁路行车事故案例[M]. 北京：中国铁道出版社，2003.

[7] 赵吉山，肖贵平. 铁路运输安全管理[M]. 北京：中国铁道出版社，1999.

[8] 邵辉，王凯全. 安全心理学[M]. 北京：化学工业出版社，2004.

[9] 曾益汉. 铁路安全心理与管理[M]. 北京：中国铁道出版社，2001.